D1849132

Heidelberg 1982

Ernst-Otto Czempiel

Amerikanische Außenpolitik

Gesellschaftliche Anforderungen und politische Entscheidungen

Verlag W. Kohlhammer
Stuttgart Berlin Köln Mainz

Franz in memoriam

CIP-Kurztitelaufnahme der Deutschen Bibliothek

Czempiel, Ernst-Otto:
Amerikanische Außenpolitik: gesellschaftl. Anforderungen u. polit. Entscheidungen / Ernst-Otto Czempiel. –
Stuttgart, Berlin, Köln, Mainz:
Kohlhammer, 1979.
ISBN 3-17-004803-1

Alle Rechte vorbehalten
© 1979 Verlag W. Kohlhammer GmbH
Stuttgart Berlin Köln Mainz
Verlagsort: Stuttgart
Umschlag: hace
Gesamtherstellung: W. Kohlhammer GmbH
Grafischer Großbetrieb Stuttgart
Printed in Germany

Inhalt

Vorwort

Dieses Buch hat zwei Gesichter. Das eine ist dem Wissenschaftler zugewandt, lenkt den Blick auf die methodischen Probleme bei der Analyse Auswärtiger Politik, auf die Notwendigkeit der Modellbildung. Es diskutiert den sogenannten Zusammenhang von Innen- und Außenpolitik und bietet für dieses grundständige Problem eine neue Lösung an. Es unternimmt einen – erneuten – Versuch, den Ansatz zu einer Strukturanalyse der Umweltbeziehungen bürgerlich-kapitalistischer Staaten zu gewinnen.

Das zweite Gesicht ist dem »Verbraucher« zugewandt, dem Studenten, dem Lehrer. Es möchte die Kenntnis des politischen Systems der USA verbreitern und vergrößern, darauf aufmerksam machen, daß die Außenpolitik der USA nicht vom Weißen Haus, dem Kongreß und dem Außenminister gemacht wird, sondern verstanden werden muß als das Resultat eines viele Stadien durchlaufenden und viele Institutionen berührenden Entscheidungsprozesses. Es möchte die innenpolitische, die dem Ausland abgewandte Seite der amerikanischen Außenpolitik zeigen: nicht das unbekannte, aber das hierzulande vernachlässigte, gern übersehene Amerika.

Das Buch will dennoch nicht der Diener zweier Herren sein und es dabei keinem recht machen. Forschung und Lehre sind eng aufeinander zugeordnet, profitieren wechselseitig, auch wenn die Bedürfnisse nicht dekkungsgleich sind. Auf diesen engen Bezug ist die Arbeit abgestimmt.

Sie entstand im Zusammenhang mit einem Forschungsprojekt der Forschungsgruppe USA an der Hessischen Stiftung Friedens- und Konfliktforschung (HSFK), Frankfurt. Das Projekt untersucht die Interessen der amerikanischen Rüstungs-, Handels- und Energiepolitik in Europa sowie ihren Zusammenhalt untereinander. Es bot sich an, das Projekt mit einer Studie zu begleiten, die solchen Zusammenhang allgemein diskutiert, die Notwendigkeit und Möglichkeiten der Modellbildung exploriert. Darüber sind in der Forschungsgruppe viele und intensive Gespräche geführt worden, von denen dieses Buch profitiert hat. Dafür sowie für die Lektüre und Kritik der ersten Fassung weiß der Autor den Mitgliedern der Gruppe, den Herren Krell, Müller, Rode aufrichtigen Dank. Er kann nur hoffen, daß es ihm gelungen ist, die Verteilung geistigen Eigentums weitgehend unangetastet gelassen zu haben. Er ist gleichermaßen weit davon entfernt, die Forschungsgruppe der Kritik auszusetzen, die eventuelle Schwäche und Fehler seiner Arbeit verdienen mögen. Sie, zumindest, sind allein sein Werk.

Das Forschungsprojekt ist von der Stiftung Volkswagenwerk gefördert worden, wofür hier schon ein erster Dank abgestattet werden soll. Die aus dem Projekt unmittelbar hervorgehenden Studien werden ihn erneuern. Der Autor selbst konnte bei seiner Arbeit auf Unterlagen zurückgreifen, die ihm 1977 ein kurzer Forschungsaufenthalt in Washington verschafft hat; dessen Finanzierung ist der Deutschen Forschungsgemeinschaft zu verdanken. Im übrigen schuldet das Buch große Teile seiner Quellen der freundlichen und großzügigen Hilfsbereitschaft der Gesellschaft für Information und Dokumentation in Washington unter der Leitung von Herrn Dr. Ettel. Der Autor möchte der Gesellschaft, insbesondere Frau Anneliese Linner, die die Last getragen hat, an dieser Stelle verbindlich danken. Sie haben Forschungsförderung im praktischen Sinn geübt.
Frau Heidi Protzmann und Frau Marlies Sanner von der HSFK haben das Manuskript in den verschiedenen Phasen seiner Entstehung geschrieben und ihre unermüdliche Kooperationsbereitschaft auch nach noch so vielen Änderungen, Zusätzen und Neuformulierungen nicht verringert. Frau Brigitta Lasarzig von der Abteilung Internationale Beziehungen der Universität Frankfurt hat die Reinschrift der Anmerkungen, Herr Damm die Korrektur des Manuskripts besorgt. Verbindlicher Dank gilt ihnen allen.

Frankfurt, Sommer 1978 E.-O. Czempiel

1. Einführung

1.1 Friede als erkenntnisleitendes Interesse

Wer sich mit Außenpolitik beschäftigt, muß zunächst die Frage nach seinen erkenntnisleitenden Interessen beantworten. Richten sie sich auf Sieg oder Gewinn der gerechten – vielleicht noch der eigenen – Sache? Eine solche Orientierung wird vom anarchischen System der internationalen Politik durchaus plausibel gemacht, ist verständlich. Erst die geschichtliche Erfahrung setzt ein Fragezeichen dahinter. Wieviele Kriege sind im Zeichen der Gerechtigkeit geführt, wieviel Gewalt ist dafür angewandt und erlitten worden? Eine auf den geschichtlichen Fortschritt gerichtete Norm kann daher nicht auf Sieg und Niederlage, sondern muß auf Frieden lauten. Unter diesem Vorzeichen ist die Disziplin der Internationalen Beziehungen 1919 ins Leben getreten; an diese Norm hat die Friedensforschung seit den sechziger Jahren immer wieder gemahnt.[1]

Friede ist zwar die allein akzeptable, zugleich aber auch eine sehr schwierige Norm. Sie ist bisher keinesfalls zufriedenstellend diskutiert, geschweige denn geklärt worden.[2] Zwischenzeitlich hat sich als brauchbar erwiesen, unter Friede ein Prozeßmuster des internationalen Systems zu verstehen, das durch abnehmende direkte Gewalt und zunehmende soziale Gerechtigkeit gekennzeichnet wird. Diese Formulierung löst zweifellos nicht alle Probleme, betont aber die beiden zentralen Inhalte des Friedensbegriffes: die soziale Gerechtigkeit und das Fehlen direkter Gewaltanwendung; sie berücksichtigt den prozessualen Charakter der Geschichte und verklammert Innen- und Außenpolitik, ohne sie unkritisch miteinander zu vermengen.

Mit dieser normativen Orientierung läßt sich nicht nur die Außenpolitik jedes Staates mit gleichen Maßstäben prüfen; es lassen sich zugleich auch diejenigen Entscheidungen, Prozesse und Faktoren freilegen, die dieser Norm zuwiderlaufen. Daraus können Folgerungen für die politische Praxis abgeleitet werden. Die Disziplin der Internationalen Beziehungen hat sich, wie die Friedensforschung insbesondere, stets als praxisbezogene Forschung verstanden. Sie will die Ursachen von Gewalt und Ungerechtigkeit, von »Unfrieden« aufdecken und dieses Ergebnis der Öffentlichkeit und den Entscheidungsträgern übermitteln. Wenn möglich, sollten aus solchen Analysen auch Vorschläge zur Beseitigung dieser Ursachen abgeleitet werden.

Sie werden durch den gesellschaftlichen Standort des Wissenschaftlers beeinflußt; nach ihnen richtet sich dementsprechend die zweite Gretchenfrage. Sie nicht zu beantworten oder gar zu übergehen, täuscht eine

Objektivität vor, die es in den Sozialwissenschaften nicht geben kann und nicht geben soll. Hier wird von einem Standort aus argumentiert, der den in der europäischen Geschichte angelegten Dual von Gerechtigkeit und Freiheit nicht zugunsten einer Seite aufheben, sondern durch die gleichzeitige und größtmögliche Verwirklichung beider Inhalte abflachen will.
Die Beziehung zwischen diesem Standort und der Definition des Friedens ist evident; das gleiche gilt für den wissenschaftstheoretischen und methodischen Zugang. Er gehört der empirisch-analytischen Schule an, dem Kritischen Rationalismus. Er lehnt die ganzheitlichen, holistischen Ansätze ab, die zwar dem menschlichen Bedürfnis nach sinnhafter Interpretation der ihn betreffenden Vorgänge entsprechen, sozialwissenschaftlich jedoch nicht einlösbar sind und notwendig deterministisch werden.[3] Der Kritische Rationalismus beschränkt sich darauf, Hypothesen über begrenzte, testfähige Ursache-Folge-Beziehungen zu entwerfen und zu überprüfen.[4] Es gibt für diesen Ansatz nicht die eine, geschichtliche Wahrheit, mit der alles steht und fällt; genauso wenig gibt es den vollständigen Indeterminismus. Vielmehr herrscht eine Wechselwirkung zwischen Entscheidungen und Bedingungen vor, die flexibel gesteuert werden kann. Aufgabe der Wissenschaft ist es demnach, Teilzusammenhänge zu formulieren und zu überprüfen und die Ergebnisse daraus dem gesellschaftlichen Fortschritt, der »flexiblen Steuerung« (»plastic control« bei Popper) dienstbar zu machen. An die Stelle des großen, in seinen Annahmen unbeweisbaren und in seinen Konsequenzen unübersehbaren Entwurfs der Gesellschaft und ihrer »Entwicklungsgesetze« tritt eine »rationale Methode der Gesellschaftsveränderung«, die weiß, daß sie noch nicht weiß, was sie morgen wissen wird. Demzufolge intendiert sie einen »kontrollierten Prozeß der allmählichen Veränderung«,[5] bewirkt sie einen in der Richtung entschlossenen, aber in den Methoden behutsamen, sich an Versuch und Irrtum orientierenden Fortschritt. Hatte Kant gesagt, daß es nicht darauf ankommt, die Wahrheit zu ergründen, sondern Irrtümer zu vermeiden, so fügt der Kritische Rationalismus die Methode hinzu, nach der es besser ist, »daß wir unsere Hypothesen anstelle von uns selbst sterben lassen«.[6] Der Kritische Rationalismus sucht nach inhaltlich sinnvollen, aber empirisch-wissenschaftlich abgesicherten Einsichten und Erkenntnissen. Er verabsolutiert nicht die Methode, ist kein Positivismus, dem der Inhalt nichts und die Methode alles ist. Er wendet sich genauso dezidiert jedoch gegen die geschichtsphilosophische Spekulation, für die Wissenschaftlichkeit und methodische Exaktheit nur noch Hindernisse darstellen, die die »eigentlichen« Fragen verstellen.[7] Es geht ihm um kritische Einsichten, die aufgrund gescheiterter Falsifikation als vorab empirisch gesichert angesehen werden können.
Mit dieser Orientierung verläßt der empirisch-analytische Ansatz auch diejenige Phase der Sozialwissenschaften, in der gesellschaftliche Großgruppen, Staaten, als – womöglich noch eindimensional interpretierte – Einheiten aufgefaßt und dargestellt worden sind. Er teilt mit der moder-

nen Naturwissenschaft die Einsicht, daß der Begriff der Einheit von der Forschungsanordnung abhängig ist. Sie muß demzufolge so gerichtet werden, daß sie das Verursachungsniveau erreicht. Ebenso wie die Biologie heute weiß, daß beispielsweise ein Protein aus Polypeptidketten besteht, die bis zu 30000 Aminosäuren verbinden, müßte die Sozialwissenschaft zu wissen versuchen, aus welchen und wievielen Handlungszusammenhängen sich aufbaut, was auf dem obersten Abstraktionsniveau »Gesellschaft« und »Staat« genannt wird. Auf diesen Niveaus läßt sich keine sozialwissenschaftliche Forschung veranstalten. Der Kritische Rationalismus verläßt diese Niveaus dementsprechend und sucht die relevanten Teilverbindungen, die Handlungszusammenhänge auf, deren Verkettung das Phänomen Gesellschaft konstituiert. Gelingt es, diejenigen zu definieren und zu korrigieren, die immer wieder Gewaltanwendung und Ungerechtigkeit produzieren, so wird mit dieser »Stückwerkstechnologie« (»piecemeal social engineering« bei Popper) der gesellschaftliche Fortschritt konkret und punktuell bewirkt.

Forschung, die diesem Anspruch genügen will, muß umfassend und gleichzeitig mikroanalytisch angelegt werden. Sie muß über ein detailliertes Modell verfügen, das Hypothesen über Handlungszusammenhänge und ihre Verkettungen ermöglicht. Ein solches Modell für die amerikanische Außenpolitik zu entwerfen, jedenfalls in einer ersten Annäherung, ist die Absicht dieses Buches.

2. Außen- und Innenpolitik: ein strukturfunktionales Modell

2.1 Der Forschungsstand

Die bisher zur Erforschung von Außenpolitik entwickelten Modelle leiden durchweg darunter, daß sie eigens zu diesem Zweck angefertigt und demzufolge einseitig auf die Außenpolitik ausgerichtet worden sind. Zwar berücksichtigen sie, wie beispielsweise das ›decision making‹-Modell von Snyder, Bruck und Sapin,[1] den innerpolitischen und internationalen Bereich. Die spezifisch außenpolitische Ausrichtung des Modells verzerrt jedoch das Bild und ist, zusammen mit dem hohen Grad von Abstraktion, dafür verantwortlich, daß dieses Modell nur ganz sporadisch verwandt worden ist. Die Entscheidungsprozeßanalysen haben zwar an Zahl erheblich zugenommen.[2] Sie haben in ihren Modellen jedoch nich wieder die bei Snyder angestrebte Geschlossenheit erreicht.[3] An dem wohl anspruchsvollsten Modell, das Karl W. Deutsch entwickelt hat,[4] kann man ein weiteres Charakteristikum des Forschungsstandes ablesen: die Einmaligkeit und Folgelosigkeit der Modelle. Eine systematische Benutzung und Prüfung hat bisher nicht stattgefunden.

Interessanterweise haben sich Teiltheoreme zeitweise stark durchgesetzt, ohne daß sie bis zur Modellreife entwickelt worden wären. Das Bürokratie-Theorem der Außenpolitik[5] oder das des militärisch-industriellen Komplexes[6] gehören in diese Gruppe. Bei ihnen machen sich die aus der Beschränkung stammenden Einschränkungen entsprechend stark bemerkbar.

Läßt man die vielen Textbücher zur amerikanischen Außenpolitik unberücksichtigt, die ihren Wert im Umfang der vermittelten Information haben, so liegt auf der anderen Seite des Forschungsspektrums eine Fülle interessanter Arbeiten vor, die ohne Anleitung durch ein Modell oder in Verfolg einer exklusiven Theorie entstanden sind. Exemplarisch sei auf Morgenthaus »Politics among Nations«, eine hervorragende machtpolitische Analyse,[7] und auf Kolkos »Limits of Power«, eine reich annotierte marxistische Kritik der amerikanischen Außenpolitik, verwiesen.[8] Der Reichtum des Wissens, der von und zwischen diesen beiden Positionen entfaltet worden ist, läßt sich nicht einmal andeuten.[9]

Systematisches, akkumulierbares Wissen ist auf diese Weise indes nicht entstanden. Die Modelle wurden empirisch nicht benutzt, waren dazu auch nicht immer geeignet, blieben den Zusammenhang zwischen Innen- und Außenpolitik schuldig. Die empirischen Arbeiten waren entweder historiographisch orientiert oder einer eindimensionalen Theorie verhaftet. Trotz vorzüglicher Ergebnisse bewegt sich die Forschung nicht auf dem möglichen Leistungsniveau.

Um es zu erreichen, sind zwei Schritte erforderlich; der eine etwas zurück, der andere deutlich voraus. Akkumulierbares Wissen entsteht nur durch den systematischen Test von Hypothesen über Zeit. Solche Längsschnittanalysen sind methodisch nicht leicht, aber durchaus möglich. Sie erst ergeben Aufschluß über die Qualität von Handlungszusammenhängen, ihren Beitrag zu Krieg und Frieden. Dementsprechend wird die Korrektur, die »flexible Steuerung« möglich. Werden solche Teiltheorien verkettet und verknüpft, so ergibt diese Addition die allein mögliche Annäherung an das, was mit Gesamtanalysen angestrebt, aber notwendig verfehlt wird: die Struktur einer Außenpolitik. Sie wird nur in segmentarischer Gliederung angeboten werden können.

Um diesen großen Schritt voraus tun zu können, muß der Weg, der zu den Modellen führt, noch einmal begangen werden. Erst ein Modell, das die Handlungsfaktoren möglichst vollständig abbildet, inventarisiert die aktuellen und potentionellen Handlungszusammenhänge, erlaubt – und erzwingt – die notwendige Anzahl von Hypothesen. Sie müssen groß genug sein, um politisch relevante Handlungszusammenhänge zu erfassen, müssen andererseits begrenzt genug sein, um an der Empirie scheitern zu können. Sie müssen schließlich verknüpfungsfähig sein, damit die in der Empirie vorfindliche Verkettung nachgebildet werden kann.

Das Buch beschränkt sich darauf, ein Modell zu entwickeln, die Handlungsfaktoren zu zeigen, auf Handlungszusammenhänge aufmerksam zu machen. Es kann keine – oder nur einige wenige große – Hypothesen bilden, kann keine davon testen. Es verfolgt das Ziel, solche Tests zu ermöglichen und vorzubereiten. Bis dahin haben inhaltliche Aussagen, streng methodisch genommen, nur den Charakter von Annahmen oder Hypothesen.

2.2 Das Modell

Die Grundfigur eines Politik-Modells liegt in dem funktionalen Ansatz David Eastons vor. Er versteht unter dem politischen System einen grenzeinhaltenden Satz von Interaktionen, der in andere gesellschaftliche Systeme eingebettet, von ihnen umgeben und ihrem Einfluß ständig ausgesetzt ist.[1] Von ihnen unterscheidet sich das politische System durch die Funktion, autoritativ Wertzuweisungen für die Gesamtgesellschaft vornehmen zu können.[2] Diese Definition ist nicht unproblematisch, weil sie Wertzuweisungen mit nicht-gesamtgesellschaftlicher Reichweite, also etwa auf lokaler und regionaler Ebene, aus dem politischen System ausgrenzt. Darüber hinaus übersieht diese Definition auch, daß auch nicht-politische Systeme, etwa das wirtschaftliche System, Wertzuweisungen auf gesamtgesellschaftlicher Ebene vornehmen. Mit diesen Einschränkungen kann die Eastonsche Definition des politischen Systems zunächst durchaus Bestand haben.

Das System besteht nicht aus Personen, sondern aus Rollen, genauer aus

Interaktionen zwischen Rollen.[3] Nicht der Präsident oder der Secretary of State gehören in das politische System, sondern nur diejenigen Teile ihres Verhaltens, die auf die autoritative Zuweisung von Werten für die Gesellschaft gerichtet sind. Dabei lassen sich zahlreiche Rollen unterscheiden. Diese Differenzierungen sprachlich auszudrücken, dürfte sehr schwierig sein. Man wird also immer wieder auf Personalisierungen zurückgreifen müssen. Dies ist so lange unproblematisch, solange man sie als Kürzel für Rollenverhalten auffaßt und sich bewußt bleibt, daß diese Rollen in unterschiedlichen Handlungszusammenhängen unterschiedlich handeln können.

Das System funktioniert, indem es Forderungen aus seinen Umfeldern aufnimmt und als ›inputs‹ zuläßt, sie in den dafür vorgesehenen Kanälen, den Institutionen, behandelt, entscheidet und in Wertzuweisungen umwandelt, die dann als ›output‹ in die Umfelder zurückgegeben werden. Der ›output‹ ist dazu bestimmt, in diesen Umfeldern einen zureichend großen Grad von Unterstützung zu erzeugen, auf den das politische System zwecks seiner Erhaltung angewiesen ist.[4] An diesem Punkt hat Easton seinem Modell eine Theorie, genauer genommen, die Hypothese eingefügt, daß das politische System seine Dauer zum obersten Ziel hat und alle Entscheidungen danach ausrichtet. Weniger der Theorie-Einbruch in ein Modell als vielmehr die Richtung dieses Einbruchs hat Easton Kritik eingetragen,[5] sicherlich zu Recht. Da es keine Systeme gibt, die ihren Untergang anstreben – sie existieren dann eben nicht mehr –, hat jedes System selbstverständlich die Funktion, sich zu erhalten. Die entscheidende Frage lautet, ob dies die einzige Funktions ist bzw. sein muß, oder ob nicht vielmehr diese Funktion umgeben wird durch eine praktisch unbegrenzte Zahl anderer ›outputs‹. Räumt man diese Möglichkeit ein, so ordnet sie von selbst der Funktion der Systemerhaltung den angemessenen Platz im Hintergrund zu.

Den an das politische System gerichteten Forderungen vorgelagert sind die Bedürfnisse, von Easton als ›want‹ bezeichnet. Um politisch relevant zu werden, müssen sie in eine Forderung verwandelt und als ›input‹ in das System zugelassen werden. Die politische Struktur einer Gesellschaft entscheidet darüber, wer die Bedürfnisse in Forderungen umformulieren und über ihre Zulassung in das politische System entscheiden kann. Die politische Kultur hingegen definiert, was überhaupt politisch regulierbar ist, also als Forderung formuliert werden darf.

Auf diese akzeptierte, zum Gegenstand politischer Regelung erhobene Forderung reagieren die ›authorities‹. Darunter versteht Easton die institutionalisierten Rollen des politischen Systems. Sie antworten auf die Forderungen, indem sie die Hilfsmittel und Energien des Systems organisiert und gerichtet einsetzen.[6] Ihr Ergebnis sind Verwaltungs- und Rechtsakte, mit denen Werte zugewiesen werden. Auch die Ausführung dieser Zuweisung, sowie die begleitenden Erklärungen, gehören zum ›output‹. Mit ihm erzeugt das System in seiner Umwelt Unterstützung, die wiederum als ›input‹ in das System eingeht. Im Rückkoppelungsprozeß informiert sich dann das politische System über den ›outcome‹, die Reaktionen, die seine Wertzuweisungen in den Umfeldern ausgelöst haben. Wieder sind es meist die gleichen Personen, aber in anderen Rollen, die diese Reaktion festlegen. Sie schlägt sich in Unterstützung und/oder Kritik nieder, nimmt meistens die Form neuer Forderungen an. Der Regelkreis ist damit geschlossen.[7] Das Modell versteht den Entscheidungsprozeß als Bindeglied zwischen dem politischen System und der Gesellschaft, vermeidet also sowohl die Beschränkung auf den Raum der politischen Instanzen als auch die undifferenzierte Identifizierung von gesellschaftlich-partikularen Interessen mit Staatsfunktionen.

Die Differenzierung der Rollen – sehr viel zahlreicher als die ihrer Träger, die durchweg der Elite zuzurechnen sind – ist forschungspraktisch von besonderem Interesse. Sie gliedert den Entscheidungsprozeß in funktional definierte Phasen, die die Einwirkungs-, Transformations- und Wendepunkte in der wünschbaren Deutlichkeit aufweisen. Über jeden von ihnen sind Theorien erforderlich.

Das Eastonsche Modell weist zwei Defizite auf. Das eine, grundlegende, betrifft die Pauschalisierung des Umfeldes des politischen Systems. Zumindest das wirtschaftliche und das soziale Subsystem müßten in das Modell explizit aufgenommen werden, ebenso das Subsystem der politischen Kultur. Das zweite Defizit betrifft die Vernachlässigung der Umwelt der USA, also praktisch der Außenpolitik. Easton ist zwar darauf auch eingegangen, aber nur kurz und in einer vermutlich nicht weiterführenden Weise.[8] Er hat das internationale System einfach als »außergesellschaftliche Umgebung« dem innergesellschaftlichen Umfeld des politischen Systems gleichgestellt, es damit in den Regelkreis von Anforderung, Entscheidung und Unterstützung mitaufgenommen. Es zeigt sich jedoch, daß diese Gleichordnung nicht zulässig ist. Zwar richten auch andere politische Systeme Forderungen an die Vereinigten Staaten, reagieren auf deren Erfüllung gleichfalls mit Unterstützung. Beide, Forderung wie Unterstützung, haben hier jedoch eine fundamental andere Realität, da sie für die Existenz des politischen Systems der Vereinigten Staaten nicht im entferntesten so wichtig sind wie ihre Äquivalente innerhalb der USA. Für Prozesse solcher Unterschiedlichkeit darf man nicht die gleichen Begriffe verwenden.

Denn auch bei der »Außenpolitik« verarbeitet und erfüllt das politische System Forderungen, die aus seinem Umfeld stammen. Die meisten davon reichen ohnehin in die Umwelt hinein, lassen sich nicht ausschließlich »innenpolitisch« erfüllen, und zwar um so weniger, je kleiner die Einheit und je größer die Interdependenz ist. War konventionell als »Außenpolitik« erschien, zeigt sich jetzt als Ausführung von ›demands‹, die vornehmlich auf die Umwelt gerichtet sind. Diese Umwelt ist ihrerseits aktiv, bietet Widerstände, Entgegenkommen. Denn alle politischen Systeme führen in der internationalen Umwelt Anforderungen ihrer Umfelder aus.

Das politische System der USA sieht sich dementsprechend auch mit Aktionen anderer Systeme und Anforderungen aus deren Umfeldern konfrontiert, muß sie berücksichtigen. So kann die wirtschaftliche oder politische Stabilität anderer Staaten zu einem Aktionsobjekt des politischen Systems der USA werden. Letztlich aber erfüllt es damit nicht eine Anforderung dieser Staaten, sondern des eigenen gesellschaftlichen Umfeldes. Dessen Anforderung und Zustimmung sind entscheidend.
Innerhalb eines anderen theoretischen Kontextes hat Hanrieder mit Recht den Akzent auf diesen Konsens gelegt.[9] Hanrieders zweite Größe, Kompatibilität, weist auf die Größenunterschiede der Staaten und damit auf das unterschiedliche Maß hin, in dem Anforderungen der gesellschaftlichen Umfelder sich verwirklichen lassen. Aber auch wenn dieses Maß sehr klein ist, etwa bei einem abhängigen Kleinstaat, ist die Folgeleistung gegenüber dem größeren und stärkeren Staat nur möglich, wenn das gesellschaftliche Umfeld des Kleinstaats zustimmt. Andernfalls zählt sein politisches System zum Typ der Quislinge oder Marionetten und verfällt kurz über lang.
Außen- und Innenpolitik – die Begriffe werden, obwohl obsolet, zur leichteren Verständigung beibehalten – sind also nicht prinzipiell unterschieden. Es handelt sich stets um Erfüllung von Anforderungen aus dem eigenen Umfeld. Nur die Kontexte, in denen die Erfüllung vor sich geht, sind verschieden, dementsprechend auch die Modi der Wertzuweisung. Während innerhalb des eigenen Umfeldes das politische System die Wertzuweisung autoritativ – per Gesetz oder Erlaß oder Entscheidung – vornehmen kann, muß es innerhalb der Umwelt, des internationalen Systems, andere Modi verwenden. Gewalt, Macht, Einfluß, Tausch stehen hier zur Verfügung. Sie sind nicht unbedingt weniger wirksam, sind aber spezifisch anders.
Was konventionell als »Außenpolitik« bezeichnet wird, stellt sich also zunächst dar als Ausführung von Umfeldanforderungen in der Umwelt und unter den Bedingungen dieser Umwelt. Erfaßt werden damit die Handlungszusammenhänge (HAZ) des politischen Systems (PS) mit den politischen Systemen der Umwelt (PSuw) und ihren Umfeldern (UFuw). Bezeichnet man den ›input-output‹-Prozeß von Anforderung und Erfüllung mit <---> und Handlungszusammenhänge mit +, so enthält der konventionelle ›term‹ »Außenpolitik« zunächst drei Vorgänge:

UF <---> PS + PSuw
UF <---> PS + UFuw
UF <---> PS + PSuw + UFuw

Oder noch einmal verbal ausgedrückt:
In der »Außenpolitik« tritt das politische System in Handlungszusammenhänge mit anderen politischen Systemen und/oder deren Umfeldern ein, um dort auf nicht-autoritative Weise Werte zu erlangen, mit denen

es Anforderungen im eigenen gesellschaftlichen Umfeld erfüllen kann, gegebenenfalls auf autoritative Weise.

Das politische System ist aber keineswegs der einzige Akteur von Handlungszusammenhängen mit der internationalen Umwelt. Dieser Eindruck tritt nur bei Verwendung des klassischen, aber veralteten Billiardballmodells der internationalen Politik auf. Ersetzt man es durch das angemessenere Spinnwebmodell,[10] so zeigt sich sofort, daß auch zwischen den gesellschaftlichen Umfeldern Handlungszusammenhänge verlaufen. Je nach Organisationsform der Gesellschaft und Dichte der Interdependenz können sie nicht nur an Zahl, sondern auch Bedeutung die Handlungszusammenhänge der politischen Systeme weit überragen. Jedenfalls sind sie ihnen im Aufbau vergleichbar, insofern die Wertzuweisung in ihnen ebenfalls nicht-autoritativ vorgenommen wird. Wichtige Träger solcher Handlungszusammenhänge sind im Begriff der »Linkage-Gruppen« bereits erfaßt worden, mit dem man die Vorgänge der »transnationalen Politik«[11] präzisiert hat.[12]

Es gilt also allgemein, daß das Umfeld mit den Umfeldern der Umwelt und den politischen Systemen Handlungszusammenhänge unterhält:

UF + UFuw
UF + PSuw
UF + UFuw + PSuw (Multinationale Konzerne und 3. Welt)

Häufiger dürften Mischfälle sein, in denen das Umfeld direkt mit der Umwelt interagiert und gleichzeitig die Tätigkeit des politischen Systems anfordert, also:

UF	<---> +	PS + PSuw UFuw	(Zollpolitik)
UF	<---> +	PS + PSuw PSuw	(Handelsbeziehungen mit der Sowjetunion)
UF	<---> +	PS + PSuw PSuw + UFuw	(Handelsbeziehungen mit der 3. Welt)

Steckt die »Linkage-Gruppe« in allen drei Ausdrücken, so müßte sie in der umfassenden Formulierung von Link wohl so wiedergegeben werden:

UF	<---> +	PS + PSuw + UFuw PSuw + UFuw

Was konventionell als »Außenpolitik« bezeichnet wird, stellt sich jetzt dar als Bemühung um Schaffung und Zuweisung von Werten aus der Umwelt für das Umfeld, und zwar entweder als Anforderung an das politische System, oder innerhalb eigener Handlungszusammenhänge, die das Umfeld unterhält, oder in einer Kombination beider. Als Handlungszusammenhänge[13] sind Interaktionen zu verstehen, die von ihren Trägern zum Zweck der Erreichung und der Verteilung von Wert über Zeit aufrechterhalten werden. Sie sind insofern untereinander abgrenzbar. Sie können sich inter- wie intragesellschaftlich formieren. Träger solcher Handlungszusammenhänge sind keineswegs nur die »Eliten«, sondern prinzipiell alle Mitglieder einer Gesellschaft. Sie unterscheiden sich untereinander durch die Fähigkeit, Werte zu verteilen und Anforderungen erfolgreich zu plazieren. Man wird daher von einer großen Zahl solcher Handlungszusammenhänge auszugehen haben. Deren Verhältnis untereinander kann nur theoretisch, also über den Test von Hypothesen geklärt werden. Das erweiterte Eastonsche Modell, das die Fülle dieser Handlungszusammenhänge und ihrer Träger sichtbar macht, verhindert jedoch von Anfang an, daß nur einige Handlungszusammenhänge ausgewählt und zur »Gesamtgesellschaft« erklärt werden.

Die Konsequenzen für die Staatstheorie sind erheblich. Komplexität kann nicht mehr beliebig reduziert, sondern muß erhalten und in den Hypothesen reflektiert werden. Die Anforderungen des wirtschaftlichen Umfeldes können weder hypostasiert, noch eliminiert werden, sondern müssen in Konkurrenz (oder Koinzidenz) mit anderen Anforderungen anderer Umfelder: Gesellschaft, politische Kultur, gesehen und gewichtet werden. Anforderungen des wirtschaftlichen Umfeldes müssen in sich sowohl branchenspezifisch differenziert wie im Hinblick auf die von ihnen vorgenommenen und abgerufenen Wertzuweisungen qualifiziert werden. Nicht die »Logik kapitalistischer Wirtschaft«, sondern ihre effektive Verteilungsleistung in Umfeld und Umwelt wird zu einem Gegenstand der Hypothesenbildung.

Er muß in Relation gesetzt werden zu anderen Anforderungen, vornehmlich denen nach Sicherheit und Freiheit. Sicherheit vor externer Bedrohung zählt zu den stärksten Anforderungen des gesellschaftlichen Umfeldes an das politische System. Nicht minder gewichtig, zumindest in den USA, ist die nach Beschränkung der Verteilungskompetenz des politischen Systems und entsprechender Bewahrung des Handlungsspielraums, der »Freiheit« des einzelnen. Diese Anforderung wird vom Subsystem der politischen Kultur definiert.

Eastons ›support‹ ist also keine eindimensionale, sondern eine multidimensionale Größe, bezieht sich nicht nur auf die Verteilungsleistungen des politischen Systems, sondern auch auf sein Verhältnis zur Umwelt und auf die Struktur des ›regime‹.

Nimmt man nur diese drei Anforderungsgruppen, so zeigt sich, daß sie in unterschiedliche Beziehungen zueinander treten können. Die politische Kultur kann das politische System daran hindern, die Wertzuweisungen des wirtschaftlichen Subsystems autoritativ zu verändern oder sich seinen Anforderungen zu versagen. Andererseits kann gerade die politische Kultur die Kategorie der äußeren Bedrohung erheblich vergrößern und verschärfen, so daß hinter den Anforderungen nach Sicherheit Anforderungen des wirtschaftlichen Systems zurücktreten müssen. Nicht umsonst haben gerade die Demokraten in den USA die äußere Bedrohung dazu benutzt, das interne Wertzuweisungssystem zu verändern.

Im ›output‹ des politischen Systems muß also jeweils ein sehr variables Gleichgewicht eingespielt werden, das die Beziehungen zur Umwelt miteinbezieht. Das politische System kann den erforderlichen ›support‹ nicht allein dadurch erzeugen, daß es die Krisen erster und »zweiter Ordnung«[14] des wirtschaftlichen Subsystems stabilisiert. Es muß im ›output‹ auch die Anforderungen nach Sicherheit und Freiheit erfüllen, in denen sich das Interesse des einzelnen an der Erhaltung seiner Existenz und deren Entfaltung manifestiert. Die »Sicherheitsgesellschaft« konstituiert sich über ganz anderen Handlungszusammenhängen als die »Gewinngesellschaft«. In der Rivalität beider wird über die Prärogative des politischen oder des wirtschaftlichen Systems entschieden.

Lassen sich auf dieser Abstraktionsebene ohnehin keine testfähigen Hypothesen bilden, so liegen die Dinge mikroanalytisch sehr viel komplizierter. Die umweltgerichteten Teile multinationaler Korporationen, beispielsweise, treten im Ost-West-Bereich für Entspannung, also Gewaltminderung ein. Spannung schränkt die Handlungszusammenhänge und damit die Allokationskompetenz der Multis ein, beeinträchtigt den Gewinn in der Umwelt und im Umfeld. Systemerhaltung würde ihnen jedoch Spannungsverstärkung mit der Sowjetunion nahelegen. Sie wird stattdessen von den liberalen Demokraten und den Gewerkschaften vertreten, die der Wertallokation der Multis kritisch gegenüberstehen und die soziale Gerechtigkeit erhöhen wollen. Berücksichtigt man darüber hinaus, daß Entscheidungen des politischen Systems in diesen kontroversen Anforderungen innerhalb eines »Dreiecks« von Bürokraten, Parlamentariern und Lobbies getroffen werden, so zeigt sich die plurale, konkurrierende, streckenweise antagonistische Beziehung unterschiedlich gerichteter Handlungszusammenhänge und ihr Durchsetzungsreflex im politischen System, deren Manifestation über Zeit »Gesellschaft« darstellt. Sie kann nur in diesen Handlungszusammenhängen erfaßt werden, die zwischen dem politischen System und seinem Umfeld, zwischen beiden und der Umwelt ablaufen und den im Friedensbegriff enthaltenen Normen der Gewaltminderung und der zunehmenden Gerechtigkeit in unterschiedlicher, sogar inverser Weise Rechnung tragen. Über diese komplexen und konkreten Zusammenhänge Hypothesen bilden und prüfen zu können, ist die Aufgabe, die das erweiterte Easton-Modell leisten kann.

3. Das politische System der USA und sein Umfeld

Das politische System der Vereinigten Staaten und sein gesellschaftliches Umfeld können hier nicht umfassend abgehandelt werden. Jedoch müssen einige Charakteristika wenigstens kurz gestreift werden,[1] die für die Handlungszusammenhänge mit der internationalen Umwelt, die »Außenpolitik«, allgemein wichtig sind. Dazu gehören eine allgemeine Bewertung des politischen Systems in seiner Konkurrenz mit anderen Systemen der amerikanischen Gesellschaft, gehört ein Blick auf die Sozialstruktur und auf die politische Kultur der USA.

Traditionell spielte das politische System in den Vereinigten Staaten eine untergeordnete Rolle. Diese Republik verstand sich als radikale Alternative zu den zentralistischen Systemen Europas und sah es als das koststitutive Prinzip ihrer politischen Organisation an, den einzelnen vor der Regierung zu schützen. Nicht die Effizienz der Herrschaft, sondern ihre Kontrolle war – und ist – die Basis der politischen Organisation der amerikanischen Gesellschaft. Sie stellt den – noch heute lebendigen – Versuch dar, das liberale Staatsmodell Lockescher Prägung in die politische Wirklichkeit umzusetzen. Dies bedeutete keinen Verzicht auf politische Macht, sondern nur auf deren Zentralisierung. Die zerstreute Macht der Einzelstaaten nahm in der ersten Hälfte des 19. Jahrhunderts erheblich zu; das Mißtrauen richtete sich immer nur gegen die zentrale Macht des Bundes. Sie war demzufolge bis zum Ersten Weltkrieg von geringer Bedeutung und nur ganz marginal ausgestattet. Die Budgets aller Bundesregierungen von 1779 bis 1940 blieben weit unter dem Betrag, den die USA für den Zweiten Weltkrieg ausgaben.[2] Präsident Wilson pflegte lediglich drei bis vier Stunden täglich in seinem Amt zu arbeiten; einer seiner Nachfolger, Coolidge, hatte Zeit genug, pro Tag 11 Stunden zu schlafen.[3]

Die Entwicklung der Vereinigten Staaten zur reifen industriellen Gesellschaft im Stadium des Massenkonsums und die Übernahme einer Weltführungsposition während des Zweiten Weltkrieges und danach wendeten das Blatt. Vor allem die wirtschaftliche Herausforderung stärkte das politische System. Präsident Roosevelt vermochte ihm während des New Deal eine Reihe von wirtschaftspolitischen und arbeitspolitischen Kompentenzen zuzuführen, die jedoch nach Überwindung der Krise größtenteils wieder verlorengingen, im übrigen niemals ein wirklich durchorganisiertes zentralisiertes politisches System zu schaffen vermocht hatten. Es war und blieb stark fragmentiert, gekennzeichnet durch den Stil der Verhandlung und des Tausches zwischen den zahlreichen Regierungsämtern.[4] Dieser Stil hat sich erhalten, auch nachdem sich das politische System nach dem Zweiten Weltkrieg vergrößert und verstärkt hatte. In der Exekutive und Legislative in Washington arbeiteten 1975 rund 3 Millionen Amerikaner, das sind 3,1% aller amerikanischen Arbeitnehmer – das Militär nicht mitgerechnet.[5] Diese Bundesbehörden bilden jedoch keine zentralisierte Hierarchie, sondern ein gegliedertes Nebeneinander gleichberechtigter Ministerien, Kommissionen und Ämter. Hat das politische System also nach 1945 Kompetenzen hinzugewonnen, so sind sie so zersplittert, daß sie nicht geschlossen eingesetzt werden können. Im Gegenteil. Die eigentlich relevanten Handlungssysteme in der föderativen Gewalt verlaufen zwischen den interessierten Gruppen, der Lobby, dem Behörden- oder Bürochef und dem zuständigen Kongreßausschuß. In diesem »eisernen Dreieck«,[6] in dem die Anforderung sich unmittelbar in den Konversionsprozeß eingeschaltet hat und den output mitbestimmt, wird die eigentliche Macht ausgeübt.

3.1 Das Verhältnis von Politik und Wirtschaft

Die bürgerlich-liberale Republik sieht klassisch den Zweck des Staates darin, die wirtschaftliche Tätigkeit des einzelnen zu erleichtern und ihr Zusammenspiel mit anderen zu ordnen. In diesem – Lockeschen – Sinne hat die amerikanische Demokratie von Anfang an versucht, die politische Macht von der wirtschaftlichen abzuspalten und zu trennen. Während im feudal-aristokratischen Europa die Inhaber der wirtschaftlichen Macht auch die politische besaßen, versuchten die Vereinigten Staaten, diese beiden Systeme sorgfältig auseinanderzuhalten. Das wirtschaftliche System war von Anfang an so stark, daß es das politische durchaus außer Acht lassen konnte. Und umgekehrt gewendet: die Demokratisierung des politischen Systems konnte vorgenommen werden, ohne daß sich daraus Folgen für das wirtschaftliche ergaben. Diese Abkoppelung des wirtschaftlichen Systems vom politischen System ist »das große amerikanische Experiment«.[1] Der Dualismus zwischen diesen beiden Systemen bestimmt die amerikanische Geschichte.

Seine Entwicklung kann hier nicht im einzelnen nachgezeichnet, sondern nur in groben Strichen angedeutet werden. Unter Präsident Jackson hatte sich das politische System durchaus an der Regulierung der Wirtschaft versucht. Es hatte sogar Staatsbetriebe gegeben. Dieser Merkantilismus war jedoch offensichtlich nicht imstande, sich der raschen industriellen Entwicklung in der zweiten Hälfte des 19. Jahrhunderts anzupassen. Die Parteien versagten, die Republikanische Partei wurde praktisch von der Großindustrie unterwandert und aufgesogen.[2] Das politische System zog sich aus dem wirtschaftlichen zurück, überließ ihm die Industrialisierung des Landes, die Versorgungseinrichtungen und die dazu gehörigen Kompetenzen. Die Parteien waren um 1896 fast vollständig entpolitisiert, ihre Funktionen zerstört worden.[3] Nach der kurzen ›progressive era‹ von 1900 bis 1916 folgte die lange Periode des Republikanismus, in der die Wirtschaft unangefochten den Ton angab. Erst F. D. Roosevelt unternahm in der Weltwirtschaftskrise den Versuch, an die Tradition wirtschaftsregulierender Funktionen des politischen Systems anzuknüpfen. Dadurch verunsichert, setzte die Wirtschaft während des Zweiten Weltkriegs zu einer bis in die Gegenwart hineinreichenden umfassenden Propagandaoffensive an, in der sie die Effizienz der Privatwirtschaft gegenüber der staatlichen Lenkung verbreitete. Anstatt, wie bisher, nur einzelne Gesetzesvorlagen zu bekämpfen, ging sie dazu über, »to advertise ideology on a large scale«.[4] Es gelang ihr, den ›American way of life‹ derartig erfolgreich zu sozialisieren, daß bald jedermann es für besser befand, selbst Versorgungsbetriebe in private als in staatliche Hände zu geben. Hatte vordem das politische System wenigstens noch das Mißtrauen der öffentlichen Meinung gegenüber den Großunternehmen und Monopolen für sich, so ist es offensichtlich als Folge dieser Kampagne einer allgemeinen Akzeptierung der Großwirtschaft gewichen.[5]

Die Machtverteilung zwischen beiden Systemen zu bewerten, ist dennoch nicht einfach. Für das Übergewicht des wirtschaftlichen Systems spricht die anhaltende Schwäche der politischen Parteien, die vorherrschende Auffassung von der strikten Trennung zwischen Politik und Wirtschaft. Es dürfte daher mit Sicherheit verfrüht, vielleicht sogar nicht möglich sein, auf die Vereinigten Staaten das Konzept des »organisierten Kapitalismus« anzuwenden.[6] Das wirtschaftliche System ist vermutlich noch so stark, daß es auf die Zusammenarbeit mit dem politischen System gar nicht angewiesen ist. Andernfalls hätte es längst das Instrument der politischen Partei aktiviert, würde es sich nicht auf »Wahlkampfhilfen« für die Kongreßmitglieder und auf das »Drehtür-Verhältnis« zwischen Wirtschaft und Spitzenpositionen in der Exekutive beschränken.

Der Konflikt zwischen dem politischen und dem wirtschaftlichen System ist deswegen noch nicht entschieden. Zumindest eine Bedingung, die in Europa das politische System gestärkt hat, ist für die Vereinigten Staaten erst seit 1945, genauer seit 1954, eingetreten: die Möglichkeit der direkten militärischen Bedrohung des Kontinents. Nicht umsonst hat das politische System der Vereinigten Staaten seinen Machtzuwachs vornehmlich auf den Bereichen Sicherheits- und Verteidigungspolitik ausbauen können, während es beispielsweise auf dem Bereich Außenwirtschaftspolitik nach wie vor in der Mitte der siebziger Jahre völlig unterentwickelt war. Zu dieser Zeit machte sich auch dort, jedenfalls auf dem Energiesektor, eine Abhängigkeit bemerkbar, die das politische System herausfordert. Die Einrichtung eines Energieministeriums und der Versuch, die Erzeugung und den Verbrauch von Energie gesetzlich zu regeln, deuten die Richtung an, in der die Machterweiterung des politischen Systems vermutlich voranschreiten wird.

Auf den Gebieten Währungs- und Handelspolitik, eingeschlossen die Investitionen, setzt das wirtschaftliche System mindestens genau so viele politisch relevante Daten wie das politische System auf den Gebieten Sicherheits- und Verteidigungspolitik. Sich nur auf diese letzteren zu konzentrieren, heißt, nur einen Teil der amerikanischen »Außenpolitik« zur Kenntnis zu nehmen, heißt, völlig zu übersehen, daß und in welchem Maße die vom Wirtschaftssystem realisierten Interessen mit denen des politischen Systems kollidieren. Zu wessen Gunsten dieser Konflikt ausgeht, läßt sich nicht absehen. Daß hier aber ein fundamentaler Konflikt vorliegt, muß von Anfang an deutlich gesehen werden. Ganz anders als bei den europäischen Staaten, in denen das politische System über den Primat der Außenpolitik bereits durchweg das Schwergewicht erlangt hat, strukturiert noch die Auseinandersetzung in den USA die amerikanische »Außenpolitik«. Sie kann – das ist jedenfalls die zentrale These dieser Arbeit – sinnvoll nur auf dem Hintergrund dieses Wettbewerbs begriffen werden, in dem das wirtschaftliche System eine Unabhängigkeit und Prärogative zu erhalten, das politische sich über die Sicherheits- und Verteidigungspolitik zu emanzipieren sucht.

3.2 Sozialstruktur und Eliten

Die zweite Bedingung, die das politische System in Europa gestärkt hat, die soziale Frage, ist in den Vereinigten Staaten nicht aktuell. Die Gründe dafür sind weitgehend unbekannt. Obwohl es sich bei den Vereinigten Staaten um eine Schichtgesellschaft handelt, die sowohl das Einkommen wie die Steuerlast ungerecht verteilt,[1] ist der Konsens, der support für das Regime, verhältnismäßig hoch. Er stieg, wie die Umfragen erkennen lassen, von 34% 1974 auf 57% 1978 an.[2] Die gleiche Auskunft gibt auch die Wahlbeteiligung. Sie liegt durchweg knapp oberhalb von 60%, sank freilich 1972 auf 55% ab.[3] Mehr als die Hälfte der amerikanischen Wähler, mehr als die Hälfte der amerikanischen Bevölkerung (nimmt man die Umfrageergebnisse hinzu) akzeptieren und bejahen das Regime. Liest man die Zahlen umgekehrt, so ergibt sich, daß beides bei knapp der Hälfte der Amerikaner nicht der Fall ist. Sie zählen zu denen, die ein geringes Einkommen, eine unzureichende Erziehung aufweisen. Dies trifft, sieht man die Einkommensverteilung an, für mehr als die Hälfte der amerikanischen Bevölkerung zu. Die unteren 3/5 der Bevölkerung, also 60%, liegen mit ihren Einkommensanteilen von 5,6%, 12,3 bzw. 17,6% unterhalb des ihnen bei einer gleichmäßigen Einkommensverteilung eigentlich zustehenden Prozentsatzes. Umgekehrt hat das oberste Fünftel mit 41,0% einen doppelt so hohen Anteil als ihm eigentlich zustehen würde.[4]
Die Beziehung zwischen Einkommensverteilung und Wahlbeteiligung ist nicht eindeutig. Das gilt auch für die interessantere Beziehung zwischen Sozialstruktur und auswärtiger Politik. Gibt es sie überhaupt und welcher Art ist sie?
Systematische Forschungen darüber existieren nicht, obwohl der Zusammenhang seit langem evident und bekannt ist. Es gehört zu den Grundannahmen bürgerlich-liberaler Theorie, daß eine Einkommensverteilung, die die Entfaltungserwartungen der einzelnen zufriedenstellt, eine der

wichtigsten Voraussetzungen für den Verzicht auf Gewaltanwendung darstellt. Freilich muß die These differenziert und präzisiert, sie müßte vor allem systematisch überprüft werden.
In den Vereinigten Staaten kann von einer Gleichverteilung der Einkommen nicht die Rede sein. Die Ungleichheit ist vielmehr sehr deutlich ausgeprägt, und sie hat sich in den Jahren 1922 bis 1969 kaum gemindert. 0,5% der amerikanischen Bevölkerung besaßen 1929 32,4% des amerikanischen Reichtums. Der Anteil verminderte sich in Zeiten der Depression oder des Krieges, stabilisierte sich dann zwischen 21 und 23% zu Anfang der sechziger Jahre.[5] Der Aktienbesitz war noch stärker konzentriert, wurde freilich auch weiter gestreut. Befand er sich 1953 zu 86% in den Händen der 0,5% Reichsten, so hielten sie 1969 nur noch 44% aller Aktien.[6] Es läßt sich also eine geringe Abnahme der Ungleichverteilung feststellen. Zwar haben sich alle Einkommen in der Nachkriegszeit erhöht, aber eben um den gleichen Prozentsatz. Ihr Verhältnis untereinander blieb im großen und ganzen unberührt.[7]
Von den beiden Möglichkeiten, diese Einkommensverteilung mit der Lohn- oder der Steuerpolitik zu verbessern, haben die amerikanischen Regierungen nur in Krisen- bzw. Kriegszeiten, und dann auch nur temporär und nicht allzu durchgreifend, Gebrauch gemacht. Im Gegenteil. Die Steuergesetzgebung der Jahre 1953 bis 1975 hat die Ungleichheit noch insofern verschärft, als die Steuerbelastung der Durchschnittsfamilien von 11,8% auf 22,7% des Einkommens angehoben, also fast verdoppelt wurde. Familien mit einem Einkommen, das doppelt so hoch war wie das Durchschnittseinkommen, mußten im gleichen Zeitraum nur 49,1% Steuern mehr zahlen. Lag ihr Einkommen viermal so hoch wie der Durchschnitt, so stieg die Steuerbelastung nur um 46%.[8] Die ärmsten Familien hatten also in diesem Zeitraum 100%, die reichsten nur 50% mehr an Steuern aufzubringen. Das System der Steuerfreibeträge, Steuerabzüge und Abschreibungen trägt dazu bei, wie das gesamte Steuersystem selbst, daß »die Reichen reicher werden«.[9]
In dieses Bild muß noch die besondere Benachteiligung der Frauen, der Jugendlichen und insbesondere der Schwarzen eingefügt werden. Sie sind zwar rechtlich gleichgestellt, werden aber wirtschaftlich und sozial immer noch stark diskriminiert. Ihr Einkommen liegt unter, ihre Arbeitslosigkeit weit über dem Durchschnitt.[10]
Für die »Außenpolitik« dürfte diese starke Schichtung in aller Praxis relevanter sein als die Frage nach den Eliten. Sie ist seit C. Wright Mills' berühmter Studie immer wieder gestellt, nie abschließend beantwortet worden. Mills selbst hat schließlich die Eliten nur in einem Zirkelschluß definieren können als eben diejenigen, die die nationalen Entscheidungen treffen. Als einigermaßen gesichert kann gelten, daß es eine Wirtschafts-Elite gibt, aus der der wirtschaftliche Führungsnachwuchs rekrutiert wird.[11] Der Versuch, eine entsprechende politische Machtelite zu bezeichnen, ist hingegen bisher nicht geglückt. Domhoffs These, daß diese Macht-

elite aus den großen Unternehmen und Banken stammt und die Führungspositionen in den Ministerien, den Ausschüssen und Planungsgruppen einnimmt,[12] hält nicht nur einer empirischen Überprüfung nicht stand, sondern benutzt auch ein unzutreffendes Bild des Entscheidungsprozesses. Er wird keineswegs in erster Linie von den Spitzenpositionen in den Executive Departments bestimmt, sondern vom »eisernen Dreieck« zwischen Bürochef, Lobby und Kongreß. Die Großwirtschaft ist also vertreten, aber nur zu einem Drittel. In der Exekutive stammten zwischen 44 und 65% der Spitzenbeamten aus dem Bereich der großen Firmen,[13] praktisch also die Hälfte. Einmal zeigt der häufige Personalwechsel auf diesen Positionen, daß es sich hier weniger um politisch tendierende Eliten als darum handelt, daß die Wirtschaft, da Parteien nicht zur Verfügung stehen, als nachwuchsbildende Institution fungieren muß. Zum zweiten zählen die Abteilungsleiter nicht zu den Spitzenpositionen und gehören meist dem Berufsbeamtentum an.

Das Konzept der Elite muß qualifiziert und erweitert werden. Wie der Blick auf die Einkommensverteilung zeigt, haben 40% der amerikanischen Bevölkerung, zumindest das oberste Fünftel, die für eine Elite-Position notwendige Ausbildung und Startchance. Das sind, nimmt man gleiche Familiengrößen an, rund 26,5 Millionen Amerikaner. Nimmt man das zweite Fünftel hinzu, so erweitert sich die Zahl auf 50 Millionen. Aus ihnen – und nicht nur aus den 108000 Namen, die in dem berühmten »Social Register« aufgeführt sind – werden in Politik und Wirtschaft die Führungspositionen besetzt, die ebenfalls sehr viel zahlreicher sind,[14] als das in den geschlossenen Elite-Theorien angenommen wird. Will man also am Begriff der Eliten festhalten, so wird man sie als zahlreich, diffus und inhomogen anzusehen haben.

Läßt sich die Elite nur dem Einkommen und dem Status nach von der Nicht-Elite unterscheiden, hat sie keinerlei gemeinsame Interessen? Oder bildet sie vielleicht doch, wie es die rigide Eliten-Theorie will, den geheimen Herrscher der Vereinigten Staaten, der lediglich nicht regiert? Lowi hat für dieses Problem eine interessante Lösung vorgeschlagen, die hier übernommen wird. Die Elite verhält sich verschieden, je nachdem ob distributive, regulative oder redistributive Probleme zur Lösung anstehen.[15] Sie tritt mit einem geschlossenen Interesse – im Sinne der rigiden Eliten-Theorie – auf, wenn es um die Redistribution der politischen und wirtschaftlichen Macht geht, um Umverteilungsprozesse für Eigentum und Einfluß. In diesem Fall verteidigt sie ihre Gesamtposition gegen die Nicht-Elite. Geht es jedoch um distributive und regulatorische Entscheidungen, also um die kurz- und mittelfristigen Wertzuweisungen im Rahmen politischer Entscheidungen und Einrichtungen, so zerfällt sie in konkurrierende, um Zuteilung, Gewinn und Einfluß ringende Gruppen mit ganz unterschiedlichen Interessen.

3.3 Politische Kultur

Die politische Kultur[1] einer Gesellschaft legt zunächst fest, was politisch regelungsbedürftig ist. Sodann bestimmt sie aber auch die Art der Entscheidungen, ihre Ziele und ihre Mittel, stellt die »Spielregeln« fest, aufgrund deren Zuweisungen entschieden und Adressaten ausgewählt werden. Mit Devine wird man dementsprechend die politische Kultur (im Gegensatz zu Easton, der sie nur außerhalb des politischen Systems angeordnet hat) auf beiden Seiten der Grenze, mit je unterschiedlichen Funktionen, lokalisieren.[2]

Die Grundlage der amerikanischen politischen Kultur besteht darin, Macht nicht zu effektivieren, sondern zu begrenzen. Obwohl die amerikanischen Handelsinteressen spätestens seit dem letzten Drittel des 19. Jahrhunderts eindeutig nach außen wiesen,[3] wurden die außenpolitischen Kompetenzen des politischen Systems erst nach 1945 erhöht. Der Grund ist klar; 1945 war zu den politischen und wirtschaftlichen Interessen – deren qualitative Veränderung selbstverständlich ebenfalls berücksichtigt werden muß – ein neuer Satz von Zielen hinzugekommen: Sicherheit und Verteidigung. Erst sie haben das politische System von manchen Einschränkungen befreit, freilich nicht von allen. So gelang es beispielsweise nicht, die Auslandspropaganda voll dem politischen System zu überstellen; sie ist nach wie vor zum Teil der Privatwirtschaft überlassen.[4] Die allgemeine Wehrpflicht konnte zwar eingeführt, mußte aber nach dem Ende des Vietnam-Krieges wieder abgeschafft werden. Selbst die Geheimdienste, die im Zeichen der »Sicherheit« jahrelang üppig wuchern und sich zu einem innenpolitischen Kontroll- und Disziplinierungsinstrument entwickeln konnten, wurden zurückgeschnitten und auf ihre ursprünglichen Aufgaben verwiesen. Eine Kompetenzerweiterung auf das Gebiet der Wirtschaft gelang ohnehin nicht.

Die von der amerikanischen politischen Kultur vorgeschriebene Minderausstattung des politischen Systems ist also grundsätzlich noch in Kraft, hat sich jedoch schon abgeflacht. Dieser Prozeß wird sich fortsetzen. Die Anforderungen nach Sicherheit und Verteidigung werden das politische System veranlassen, seine Kompetenzen ständig zu erweitern, auch wenn in der zweiten Hälfte der siebziger Jahre eine starke föderale und antizentralistische Strömung, geradezu ein »neuer Anarchismus«,[5] vorherrscht. Ein Krisenpunkt wird dann erreicht werden, wenn die Kompetenzerweiterung des politischen Systems auf den Autonomieanspruch des wirtschaftlichen Systems treffen wird.

Die zweite Funktion der politischen Kultur wirft die Frage auf, welche gestaltende Normen sie enthält. Auch hier bewegen wir uns auf einem weitgehend unerforschten Gebiet. Die politische Kultur ist »das Muster individueller Einstellungen und Orientierungen gegenüber der Politik ... ist die Grundlage der Politik und gibt ihr ihren Sinn«.[6] Solche Muster lassen sich naturgemäß nur schwer feststellen. Hypothetisch können für

die Vereinigten Staaten zwei genannt werden: das Bewußtsein eines historischen Auftrags, nämlich der Verwirklichung der Ziele des Liberalismus, der Befreiung von Herrschaft und der Teilhabe aller an den erzeugten Gütern. Zweitens das Bewußtsein, daß die gesellschaftliche und politische Organisation der Vereinigten Staaten für die Verwirklichung dieses Auftrags geeignet ist.
Diese politische Kultur hat durchaus auch Brüche zu integrieren vermocht, ist aber nicht beliebig wandelbar. Sie läßt Fehler und Abweichungen zu – bis hin zum Krieg gegen Vietnam. Wird sie sich aber des fundamentalen Ausmaßes solcher Fehler bewußt, so reagiert sie hart und ohne Rücksicht auf Konsequenzen. Sie hat das Eingeständnis der Niederlage in Vietnam und praktisch den Rücktritt zweier Präsidenten erzwungen, um damit eine Politik zu korrigieren, die als falsch und als Widerspruch zur politischen Kultur erkannt worden war. Nachdem sich erwiesen hatte, daß der Vietnam-Krieg keine Hilfe für eine befreundete Nation, sondern eine amerikanische Intervention darstellte, wurde er konsequent liquidiert.
Die politische Kultur Amerikas ist gekennzeichnet durch das Bewußtsein, mit der bürgerlich-liberalen Gesellschaftsordnung innen wie außen einen revolutionären Fortschritt in der Geschichte zu verwirklichen. Diese Kultur kann weder durch Fehler noch durch Abweichungen enttäuscht werden. Die permanente Auseinandersetzung um die beste Art der Verwirklichung stellt niemals die Übereinstimmung hinsichtlich des Auftrags selbst in Frage.
Welchen Platz nimmt die Gewalt in der politischen Kultur der USA ein? Sie wird, wie die Kriege und Interventionen Amerikas zeigen, nicht abgelehnt, durchaus akzeptiert. Darin unterscheiden sich die Vereinigten Staaten also nicht von anderen Gesellschaften, jedenfalls in der Periode 1947 bis 1974. Haben wir es aber nicht vielleicht doch mit einem Spezifikum insofern zu tun, als die Gewaltanwendung nach außen mit einem hohen Grad von Gewaltanwendung im Inneren korreliert? Zweifellos gibt es sehr viel direkte Gewalt in den Vereinigten Staaten: traditionell gegen die schwarze Minderheit, selektiv gegen einzelne, sogar gegen Präsidenten. Ist daher generell die politische Kultur Amerikas gewaltgeneigter als die anderer Gesellschaften? Die Frage zu stellen, heißt nicht, sie zu beantworten. Das amerikanische wirtschaftliche und politische System wird von allen gesellschaftlichen Gruppen, auch den Minderheiten, akzeptiert. Innerhalb der großen weißen Mittelschicht wird selten direkte Gewalt angewendet, wird aber ihre Anwendung nach außen durchaus akzeptiert. Richtig ist auch, daß in den amerikanischen Schulen und Universitäten ein aggressiverer Verhaltensstil eingeübt, zumindest toleriert wird, als etwa in Europa. Darin liegt nicht notwendigerweise ein Index für Gewalt, sondern eher einer für Dynamik. Nimmt man die Selbstmorde als einen Index für den Grad der Repression, so muß er 1969 halb so hoch gewesen sein wie in der Bundesrepublik und in der Schweiz.[7] Fragt man

nach den Kriegen der Vereinigten Staaten, so nehmen sie in der Rangordnung der kriegführenden Nationen den 11. Platz ein, rangieren nach allen europäischen Großmächten.[8]

Damit ist die Rolle der Gewalt in der politischen Kultur und in der Politik der USA natürlich nicht geklärt worden. Dies wird nur über systematische, komplexe und komparative Analysen möglich sein. Da sie fehlen, können alle inhaltlichen Aussagen nur beanspruchen, Vermutungen oder Annahmen zu sein. Sie sind nicht unwichtig, aber sie müssen so rasch wie möglich ersetzt werden durch Hypothesen und deren Test, also durch Theorien. Sie vorzubereiten und anzuleiten ist die Aufgabe, die sich das Buch gestellt hat.

4. Sicherheit und Entspannung: Anforderungen

Im Modell Eastons stammen die Anforderungen auf autoritative Wertzuweisungen des politischen Systems aus seinen Umfeldern. Easton hat sie nicht explizit behandelt. Die beiden wichtigsten lassen sich aber aus der Ortsangabe der »Converter« erkennen, die Bedürfnisse in Anforderungen umwandeln und zur Regelung in das politische System zulassen: das wirtschaftliche und das gesellschaftliche System. Anforderungen entstehen demzufolge in der öffentlichen und der veröffentlichten Meinung, in den Verbänden der Wirtschaft, in den Parteien.

4.1 Die öffentliche Meinung

Welche Anforderungen hat die amerikanische Öffentlichkeit hinsichtlich der Sicherheit der Vereinigten Staaten, der Entspannung, der Rüstung bzw. Abrüstung und der Auslandshilfe an das politische System gerichtet? Die öffentliche Meinung stellt kein einheitliches, sondern ein sehr komplexes Phänomen dar, in dem mannigfache Strömungen und Tendenzen dicht nebeneinander liegen können. Sie artikuliert sich nicht selbst, sondern tritt nur auf fragenden Abruf in Erscheinung. Sie äußert sich eher begrenzend als zustimmend, gibt schneller zu erkennen, wogegen sie ist als wofür.[1] Oder genauer: ihre Zustimmung läßt sich leichter beeinflussen als ihre Ablehnung. Beeinflußbar ist die öffentliche Meinung in einem gewissen Grade ohnehin, gerade in der Außenpolitik. Da sie selbst keinen Zugang zu den Vorgängen im internationalen System hat, ist sie für Informationen durch das politische System, vornehmlich die Exekutive, besonders aufgeschlossen. Die Versuchung ist daher groß, den Informationsvorsprung auszunutzen, um mit dem Hinweis auf Krisenlagen oder auf erhebliche Verteidigungsdefizite einen Konsens zu mobilisieren, der andernfalls nicht auftreten würde. Elemente davon finden sich in der Luftbrücken-Politik Trumans, Eisenhowers Intervention im Libanon und der Quarantäne-Entscheidung Kennedys.[2] Gerade mit Hilfe des Modells Eastons läßt sich sehr gut darstellen, wie (freilich nicht nur in den USA) Leistungsdefizite des politischen Systems durch den output von Propaganda oder Ideologien kompensiert werden. Es läßt sich die Formel aufstellen: Je höher der Ausstoß von Propaganda und Ideologie, desto geringer der Grad der Befriedigung von Anforderungen des Umfeldes durch das politische System.

Ist die öffentliche Meinung abhängig von der Information und insofern manipulierbar, so ist sie doch keineswegs nur ein Reflex dieser Information. Wie gerade die rasch zunehmende Kritik am Vietnam-Krieg in den

USA zeigt, läßt sich die Öffentlichkeit nicht beliebig und nicht beliebig lange täuschen. Ihre Reaktion ist ein zwar zu beeinflussendes, aber nichtsdestoweniger eigenständiges Datum. Man wird ihr auch mit dem Begriff der »Stimmung« nicht gerecht, weil sie weder oberflächlich noch instabil ist.[3] Freilich ist sie auch keine stabile oder unveränderliche Größe.[4] Sie entwickelt sich, kann lernen, sich korrigieren und anpassen. Gerade die amerikanische Öffentlichkeit ist von einigen zentralen Forderungen nicht oder nur ganz kurzfristig abgerückt.

Eine dieser Grundforderungen lautet, Krieg zu vermeiden. Sie ist keineswegs etwa eine Konsequenz aus dem Vietnam-Trauma, durch das sie lediglich verstärkt wurde. Zwar hatten 1964 38% der Befragten, und unter ihnen gerade Angehörige des ›attentive public‹, ein militärisches Engagement in Vietnam befürwortet. Sowie sich aber zeigte, daß es sich hier nicht um eine kurzfristige Hilfsaktion, sondern um eine kriegsähnliche Intervention handelte, sank die Befürwortung, stieg die Kritik. Dieser Prozeß setzte bereits im August 1965 ein. Im Oktober 1967 überwogen die Kritiker die Befürworter.[5] Die Tet-Offensive vom Frühjahr 1968 zerstörte den Rest des Konsensus, der seit dem Beginn des Kalten Krieges wirksam war, die amerikanische Machtentfaltung und die militärische Intervention zugunsten von Alliierten ermöglicht hatte.[6] Generell aber sah während der sechziger Jahre eine stabile Mehrheit die größte Gefahr in einem Atomkrieg, und dies auch in dem kurzen Zeitraum, in dem eine Mehrheit die Intervention in Indochina befürwortete.[7] Krieg nahm dementsprechend durchweg den ersten Platz unter den nationalen Sorgen ein, der Friede den unter den nationalen Forderungen.[8]

Die physische Sicherheit zu garantieren, ist eine der beiden obersten Anforderungen, die ein politisches System erfüllen muß. Von daher versteht sich die prinzipielle Unterstützung, die die amerikanische Rüstung immer wieder erfahren hat und erfährt. Sie ist freilich nicht unqualifiziert. Vielmehr hatte der Vietnam-Krieg gezeigt, daß Rüstung und militärische Intervention den Frieden nicht nur nicht gewährleisten, sondern geradezu gefährden können. Die oberste Anforderung wurde daher in der zweiten Hälfte der siebziger Jahre zunehmend anderen Strategien überstellt: 64% der Befragten nannten dafür eine weltweite Rüstungskontrolle; 67% sprachen sich für die Kooperation aus.[9] Diese Mehrheiten kontrastieren deutlich mit den 20 bis höchstens 30%, die vor 1964 für eine Kürzung des amerikanischen Rüstungsbudgets eingetreten waren.[10] Nach 1968 war stets mehr als die Hälfte der Befragten dafür, das amerikanische Rüstungsbudget drastisch zurückzuschneiden. Das Kürzungsinteresse galt nicht nur den Interventionen zugunsten anderer Staaten – hier stieg die Abneigung auf das hohe Niveau, das unmittelbar vor dem Zweiten Weltkrieg geherrscht hatte[11] –, es galt auch dem eigenen Aufwand für militärische Sicherheit.

Sicherheit nicht allein durch Rüstung, sondern gerade auch durch Entspannung zu erzielen – dahin läßt sich die zweite Forderung der öffentlichen Meinung an das politische System formulieren. Sie begrüßte das Ende des Kalten Krieges und war bei aller gebotenen Skepsis mehrheitlich der Meinung, daß Friede mit der Sowjetunion möglich sei.[12] Weniger als ein Drittel lehnte die Zusammenarbeit mit der Sowjetunion und der VR China ab, eine Mehrheit begrüßte sogar die diplomatische Anerkennung Kubas.[13] Eine veränderte Einstellung der Sowjetunion gegenüber war keinesfalls nur eine Folge des Vietnam-Krieges gewesen. Sie entstand schon früher. Schon in der Mitte der sechziger Jahre hielt die öffentliche Meinung diplomatische Instrumente gegenüber der Sowjetunion für wichtiger als militärische; 1967 wurden sie bereits von fast 20% positiv eingeschätzt – dieser Anteil stieg 1973 auf über die Hälfte aller Befragten.[14] Darin spiegelt sich natürlich auch die Entspannungspolitik Nixons wieder. Es ist aber interessant, daß die Bereitschaft dazu in der amerikanischen Öffentlichkeit schon bestand, als von dieser Politik noch gar nichts zu sehen war. Die Entspannungspolitik Nixons erfüllte, so muß man sagen, ein politisches Bedürfnis, das in der amerikanischen Öffentlichkeit verbreitet und intensiv war.

Es nahm zu, je mehr nach dem Ende des Vietnam-Krieges und mit der Öl-Krise vom Herbst 1973 die wirtschaftlichen Probleme in den Vordergrund der Aufmerksamkeit traten. Die Öffentlichkeit registrierte zunehmend, wie sehr die Vereinigten Staaten in das internationale System verflochten, wie stark die wirtschaftlichen Rückwirkungen außenpolitischer Entscheidungen der amerikanischen Regierung im Umfeld USA waren.[15] Anschauungsbeispiele dafür hatte nicht nur die Energie-Krise, sondern auch die Weizenlieferung an die Sowjetunion geboten. Die Kenntnisse solcher Interdependenz sind in der amerikanischen Öffentlichkeit sehr verbreitet; sie weiß, wie sehr sie nicht nur hinsichtlich der Ölversorgung, sondern auch hinsichtlich der Rohstoffe, der Märkte, der Versorgung mit Nahrungsmitteln mit der Welt zusammen- und von ihr abhängt.[16]

Es ist interessant, daß die unteren drei Fünftel der amerikanischen Bevölkerung, diejenigen, die lediglich Volks- oder Hauptschulbildung aufzuweisen hatten, diese Zusammenhänge schon sehr viel früher erfahren und berücksichtigt hatten als die oberen zwei Fünftel mit College-Bildung. Die Tatsache, daß dieses ›attentive public‹ stets interventions- und aggressionsbereiter war als die breite Masse, hat ihren Grund nicht nur darin, daß die Eliten über ihre Bildung und Information an den Handlungszusammenhängen beteiligt werden konnten, die die amerikanische Intervention bewirkten. Die komplizierten und komplexen Zusammenhänge der internationalen Politik setzen zweifellos ein Verständnisniveau voraus, das an ein bestimmtes Bildungsniveau gekoppelt ist. Wichtiger ist, daß die soziale Lage der unteren drei Fünftel kein Engagement-Potential für außenpolitische Probleme übrigließ. Sie waren an den Handlungszusammenhängen nicht aktiv beteiligt, wurden vielmehr als Lohnempfänger der unteren Einkommensklassen von den Doppelfolgen interventionistischer Außenpolitik, nämlich Inflation und Stagnation, besonders hart betroffen. Die Lohnerhöhungen der Jahre 1958 bis 1969 wurden durch die Preissteigerungen, die 19–15% pro Jahr betrugen, praktisch wieder zunichte gemacht.[17] In konstanten Dollar gemessen, sank der Lohn des durchschnittlichen Industriearbeiters während dieser Zeit. Nur in der zweiten Hälfte der sechziger Jahre (und 1973) sank die Arbeitslosigkeit unter die 6% Marge. Sonst blieb sie wieder, wie davor, zwischen 6 und 7%, stieg 1975 auf 9% und war 1978 noch nicht sehr viel tiefer.[18] Da diese Einkommensgruppen überdurchschnittlich viele Soldaten stellten, wurden sie auch von den Verlusten des Krieges besonders betroffen. Es ist verständlich, daß diese Gruppen jedem außenpolitischen, vor allem jedem militärischen Engagement ablehnend oder indifferent gegenüberstanden.

Genauso negativ reagierten diese Gruppen auf die Auslandshilfe. Ihnen mußte sie sich zu Recht als eine Einkommensübertragung darstellen, die nicht nur nicht ihnen, sondern dem Ausland zugute kam und von ihnen über ihre Steuern auch noch teilweise aufgebracht werden mußte. War und ist die Ablehnung der Auslandshilfe weit verbreitet, so ist sie bei den Gruppen geringerer Schulbildung sehr viel intensiver ausgeprägt als bei den College-Absolventen.[19] Vor allem lagen bei beiden Gruppen ganz unterschiedliche Motivationen vor. Zwar glich sich nach 1973 die Einschätzung des Vietnam-Krieges an: die College-Absolventen kritisierten ihn sogar jetzt noch schärfer als die Gruppen geringerer Schulbildung; die Gründe aber waren verschieden. Die oberen zwei Fünftel erkannten, daß die Gewaltanwendung ein spezifisch untaugliches Mittel ist, um im internationalen System Ziele durchzusetzen. Für die unteren Gruppen aber blieb der Vietnam-Krieg ein Zeichen ihrer direkten wirtschaftlichen und individuellen Schädigung, ein Anlaß zur Entfremdung.[20]

Es ist denkbar, daß die relative Minderbewertung der Rüstung und die relative Hochbewertung politischer und wirtschaftlicher Zusammenarbeit eine Reaktion auf das Trauma des Vietnam-Krieges darstellten, die sich mit der Zeit wieder abflachen wird. Anzeichen dafür finden sich in der zweiten Hälfte der siebziger Jahre. Wenn jedoch die These stimmt, daß wir es hier mit Grundanforderungen zu tun haben, dann wird diese Abflachung nur gradueller, nicht prinzipieller Natur sein. Soweit sich Forderungen der öffentlichen Meinung an das politische System überhaupt distinkt ausmachen lassen, lauteten sie auf Sicherheit und Entspannung, auf die Verbindung beider.

4.2 Verbände

Die Verbände haben in einer bürgerlich-demokratischen Gesellschaft die Funktion, Interessen zu aggregieren und sie in das politische System hineinzuvermitteln.[1] Die politikwissenschaftliche Diskussion hat sie dementsprechend, seit Bentley 1908 die Gruppentheorie entwickelte, als Bestandteil des Meinungsbildungsprozesses akzeptiert und diskutiert.[2]

Ihre Tätigkeit ist nicht als solche, sondern nur dann problematisch, wenn sie die politische Diskussion und Entscheidungsfindung unterläuft bzw. ausschaltet. Je höher der Grad der Politisierung des politischen Systems, je stärker die Funktion der Parteien, desto unproblematischer die Tätigkeit von Interessenverbänden.
Infolge des geringen Grades der Politisierung nehmen in den Vereinigten Staaten die Interessenverbände einen großen und problematischen Platz ein. Sie bilden einen Pfeiler des »eisernen Dreiecks«, innerhalb dessen die meisten Wertzuweisungen vorgenommen werden. Ihre Tätigkeit ist keinesfalls auf das politische System beschränkt. Die großen und relevanten Akteure sind längst dazu übergegangen, selbständig im internationalen System aufzutreten, Handlungszusammenhänge mit korrespondierenden Akteuren oder mit anderen politischen Systemen aufzubauen.[3] Das gilt nicht nur für die großen multinationalen Konzerne, es gibt, beispielsweise, auch für die Kirchen und für die Gewerkschaften. Bei ihrer Einwirkung auf das eigene politische System werden sie also nicht nur die unmittelbar dort zu realisierenden Interessen, sondern auch die autonom in der internationalen Welt verfolgten im Auge haben.
Zugunsten beider entwickeln die Interessenverbände eine dritte Aktivität: sie beeinflussen das gesellschaftliche Umfeld des politischen Systems, um damit auf das System einzuwirken und günstige Bedingungen für ihre autonomen Handlungszusammenhänge zu schaffen. Die Beeinflussung der öffentlichen Meinung der Vereinigten Staaten ist dementsprechend ein wichtiges Tätigkeitsmerkmal der Interessengruppen.
Die Zahl der Interessenverbände ist nicht genau festzulegen, 1976 wurden mehr als 1000 gezählt,[4] ihre Zahl dürfte jedoch weit höher liegen. Zwar müssen sich nach der Federal Regulation of Lobbying Act von 1946[5] alle Interessenvertreter im engeren Sinne beim Kongreß registrieren lassen; ihre Namen werden vierteljährlich veröffentlicht. Doch war das Gesetz sehr undeutlich formuliert, wurde dennoch 1954 vor dem Obersten Gerichtshof angefochten und hat bis zur Mitte der siebziger Jahre alle Bemühungen, es zu präzisieren und zu verschärfen, gut überstanden.[6] Auch um die Erfassung der Foreign Lobbies ist es nicht sehr viel besser bestellt. Sie wurden zwar schon 1938 mit der Foreign Agents Registration Act gezwungen, sich offiziell einzuschreiben. Erst 1966 aber wurde das Gesetz so verändert, daß es nicht nur die früheren Adressaten, wie Faschisten und Kommunisten erfaßte, sondern alle politischen Interessenvertreter fremder Länder. Noch 1975 mußte Fulbright feststellen, daß das Gesetz praktisch umgangen wurde. Vor allem erfaßt der Kongreß nur diejenigen Gruppen, die sich selbst ausschließlich als Interessenvertreter, als Lobbyisten, ausgeben. Das sind die wenigsten.

4.2.1 Gewerkschaften

Die im Dachverband AFL-CIO zusammengeschlossenen amerikanischen Gewerkschaften sind traditionell sehr stark außenpolitisch orientiert. Ihre Wirkung und ihre Einfluß ist zwar bei weitem nicht vergleichbar dem der großen Wirtschaftsverbände und Unternehmen, er ist aber vorhanden. Vor allem ist er transparent.[7]

Die amerikanischen Gewerkschaften haben eine lange und große Tradition als autonomer außenpolitischer Akteur: sie arbeiteten seit 1911 im Internationalen Gewerkschaftsbund mit. Ihre Interessen verstärkten sich durch den Zweiten Weltkrieg erheblich. 1943 richteten sie bereits einen ständigen Ausschuß für internationale Beziehungen ein. In Paris eröffneten sie nach dem Kriege ihr erstes europäisches Büro.[8] Ihr Hauptinteresse richtete sich in der ersten Nachkriegszeit auf die Einrichtung unabhängiger und freier Gewerkschaftsorganisationen in den besiegten Ländern und deren Beitrag zur Demokratisierung dieser Staaten. Die amerikanischen Gewerkschaften bildeten einen sehr intensiven Handlungszusammenhang mit ihren westdeutschen Partnern aus, zu deren Gunsten sie vielfach intervenierten, beispielsweise gegen die alliierten Demontagen.[9]

In dem Maße, in dem sich der Kalte Krieg entwickelte, trat der Anti-Kommunismus als zweites Leitbild neben die Demokratisierung. Ziel der gewerkschaftlichen Außenpolitik war der Widerstand gegen den Totalitarismus von rechts und links, wobei der Anti-Kommunismus zumindest der Quantität nach alsbald die Oberhand gewann. Man sollte aber nicht übersehen, daß sich die amerikanischen Gewerkschaften stets gegen das Franco-Regime, für die Entkolonialisierung und gegen den Rassismus der Republik Südafrika ausgesprochen haben.

Die Auseinandersetzung mit dem Kommunismus bestimmte und bestimmt große Teile der autonomen gewerkschaftlichen Außenpolitik, angefangen von der Mitbegründung des Internationalen Bundes Freier Gewerkschaften, über den Austritt daraus wie später auch aus der ILO bis hin zu der Einrichtung von besonderen Hilfsinstituten für die Gewerkschaftsbewegungen in Afrika, Asien und Lateinamerika. Ihr Interesse an der Einrichtung freier Gewerkschaften im Sinne des amerikanischen Selbstverständnisses hat die amerikanische Gewerkschaftsbewegung mit großem Aufwand verfolgt. Es ist sicherlich nicht unberechtigt, von einer gewissen »Fixierung auf die Außenpolitik« zu sprechen,[10] die sogar noch in dem Maße zunahm, in dem, jedenfalls in den Augen der Gewerkschaftsführung, der Einfluß der Vereinigten Staaten in der Welt zurückging. Sie ließ sich in dieser Betonung auch durch die Kritik nicht irritieren, die verständlicherweise in ihren eigenen Reihen aufkam.[11] Unter der Leitung George Meanys interpretierten die amerikanischen Gewerkschaften ihren gesellschaftlichen Auftrag weltweit und bauten dementsprechend zahlreiche autonome Handlungszusammenhänge auf.

Dem gleichen Ziel diente ihre Beeinflussung des politischen Systems der

USA. Sie kooperierten sogar direkt, etwa auf dem Gebiet der Auslandshilfe. Ihre Ausbildungsinstitute für Asien, Afrika und Lateinamerika arbeiteten mit der Agency for International Development und ihren Vorläufern zusammen.[12] Dies trug ihnen den Vorwurf ein, sie identifizierten sich mit der amerikanischen Außenpolitik, also mit den Zielen des amerikanischen Kapitalismus.[13] Der Vorwurf verkennt, daß der Handlungszusammenhang zwischen den Gewerkschaften und dem politischen System nur dort und nur so lange Bestand hatte, wie die vom System verfolgte Politik mit den Anforderungen des gewerkschaftlichen Akteurs übereinstimmte. War diese Übereinstimmung nicht gegeben, so paßten sich die Gewerkschaften nicht an, sondern stellten den Handlungszusammenhang von Kooperation auf Konflikt um.

Seit der Administration Nixon sind die Gewerkschaften unter ihrem Vorsitzenden Meany zu einem der konsequentesten und schärfsten Kritiker der Entspannungs- und Abrüstungspolitik geworden. Für Meany war Entspannung lediglich »eine Strategie zur Förderung sowjetischer Ziele«,[14] die Entspannungspolitik ein großer Mißerfolg. Diese Auffassung wurde in der Substanz von der Mehrheit der Gewerkschaftsmitglieder offensichtlich geteilt. Sie kritisierten sowohl den Machtverlust der Vereinigten Staaten wie den in der Entspannung sich realisierenden Machtzugewinn der multinationalen Korporationen, deren Handels- und Investitionspolitik auf den amerikanischen Arbeitsmarkt zurückwirte. Die amerikanischen Gewerkschaften hatten ihre größten Erfolge in der Lohnpolitik und Arbeitsplatzsicherung während der Periode des Kalten Krieges; es muß auch unter diesem Aspekt gesehen werden, daß sie die Entspannung, die von den Wirtschaftsunternehmen zum Nachteil des amerikanischen Arbeiters ausgenutzt wird, kritisierten.

Diese Kritik war für das politische System der Vereinigten Staaten keinesfalls belanglos. Die amerikanischen Gewerkschaften sind eine große politische Kraft, ein wichtiger Pfeiler der demokratischen Koalition. Präsident Carter hätte ohne die Unterstützung durch die AFL-CIO[15] die Wahl 1976 nicht gewonnen. Mit beinahe 21 Millionen Gewerkschaftsangehörigen 1972 – davon fast 17 Millionen im Dachverband AFL-CIO zusammengeschlossen – stellen die Gewerkschaftsmitglieder fast ein Siebentel aller Wahlberechtigten dar, praktisch (bei einer Wahlbeteiligung von 50%) ein knappes Drittel. Der Lobby-Arm der Gewerkschaften, das Committee on Political Education (COPE), wurde in seinen Wahlkampfspenden erst 1976 von den Spenden der Wirtschaft übertroffen. COPE gehört auch zu denjenigen vier Interessenverbänden, die das Abstimmungsverhalten jedes Kongreßmitgliedes öffentlich bewerten. Kritik oder Zustimmung der Gewerkschaften wird damit für jeden Abgeordneten ein wichtiges politisches Datum.

Der hauptsächliche Einfluß der Gewerkschaften liegt selbstverständlich auf dem Gebiet der Innen-, nicht der Außenpolitik. Die AFL-CIO unterscheidet sich damit nicht von den anderen großen gesellschaftlichen Gruppen. Sie muß aber außenpolitisch als einer der aktivsten, wenngleich nicht immer der einflußreichsten Akteure gelten.

4.2.2 Industrie- und Handelsverbände

Bei der amerikanischen Handelskammer, der U.S. Chamber of Commerce, und der National Association of Manufacturers muß das Verhältnis geradezu umgekehrt bewertet werden. Ihre unmittelbare außenpolitische Tätigkeit ist relativ gering, weil sie sie, als Dachverbände, ihren Mitgliedern selbst überlassen können. Auf der anderen Seite ist der Einfluß beträchtlich, eben weil beide Verbände die wichtigsten Bereiche der amerikanischen Wirtschaft repräsentieren. Die amerikanische Handelskammer zählt zu ihren Mitgliedern 2600 lokale Handelskammern, mehr als 1000 Handelsverbände, und beinahe 50000 Einzelfirmen.[16] Ein derartiges Konglomerat kann selbstverständlich keine dezidierte und einheitliche Meinung vertreten. Politische Erklärungen der Kammer kommen daher in der Regel nur auf den großen Jahresversammlungen und als Kompromisse zustande. Gegenstand solcher politischen Erklärungen können naturgemäß nur Grundsätze, keine Einzelinteressen sein.
Die Handelskammer arbeitet ebenfalls dreigleisig. Sie hat eigene Handelszusammenhänge mit Korrespondenten im internationalen System aufgebaut, sei es über zweiseitige Handelskammern, sei es über die Mitgliedschaft in der 1920 in Paris gegründeten Internationalen Handelskammer. Die Mitgliedschaft läuft über einen eigenen U.S. Council of the International Chamber of Commerce, der 250 Mitglieder hat. Die größere Bedeutung dabei kommt sicherlich den zweiseitigen Handelskammern zu. Wie Werner Link am Beispiel der deutsch-amerikanischen Handelskammer in New York und ihrem Partner, der American Chamber of Commerce in Germany in Frankfurt nachgewiesen hat,[17] wirken diese Kammern als transnationale Einrichtungen zur Realisierung wechselseitiger wirtschaftlicher und politischer Interessen. Ihre Kontakte erstrecken sich nicht nur in das wirtschaftliche, sondern auch in das politische System der beiden Länder. Die zweiseitigen Handelskammern und die internationale Handelskammer sind ein Paradebeispiel für autonome Handlungszusammenhänge und die in ihnen ablaufenden Aktionen.[18]
Eine zweite Initiative entfaltet die amerikanische Handelskammer in das amerikanische Umfeld des politischen Systems. Indem sie eine ausgedehnte Informationstätigkeit betreibt, versucht sie steuernd auf die Einstellungen des Umfeldes und damit indirekt auf die des politischen Systems einzuwirken. Das gilt vornehmlich innen- und sozialpolitisch: die Handelskammer ist ein Hort des traditionellen republikanischen Konservatismus und der kapitalistischen Ideologie, dementsprechend ein Gegner der Gewerkschaften. Sie nimmt aber selbstverständlich auch zu übergeordneten außenpolitischen Problemen Stellung, insbesondere zu außenwirtschaftspolitischen.

Besonders wichtig aber ist natürlich der dritte Aktivitätsbereich, der input von Anforderungen in das politische System. Mit der National Association of Manufacturers und dem Committee for Economic Development ist die amerikanische Handelskammer sicherlich einer der wichtigsten Interessenverbände in wirtschafts- und gesellschaftspolitischer Hinsicht. Sie arbeitet eng mit den entsprechenden Ministerien zusammen; sie tritt in jeder relevanten Anhörung des amerikanischen Kongresses auf. Naturgemäß geht es ihr dabei hauptsächlich um außenwirtschaftspolitische Entscheidungen (die unten behandelt werden). Ihre außenpolitischen Anforderungen jedoch waren in den siebziger Jahren eindeutig auf Entspannung gerichtet.

Die amerikanische Handelskammer begrüßte und unterstützte die Entspannungspolitik der Vereinigten Staaten gegenüber der Sowjetunion und China. Sie führte dafür zwei Gründe an.[19] In der interdependenten Welt habe die amerikanische Wirtschaft die Möglichkeit, als Fabrik und Farm der Welt zu wirken. Das System der freien Wirtschaft und des Wettbewerbs zu erhalten, die Zusammenarbeit der westlichen Industriestaaten zu verstärken und die Dritte Welt zu entwickeln – all diese Probleme ließen sich nicht lösen, wenn »die begrenzten Mittel unseres kleinen Planeten zunehmend auf die Produktion von Rüstungen verwendet werden«.[20]

Darüber hinaus maß die Handelskammer dem zweiseitigen Handel mit der Sowjetunion und den sozialistischen Staaten eine erstrangige Bedeutung für die Überwindung der zwischen diesen Ländern herrschenden Gegensätze zu. Sie hatte bis 1976 bereits gemeinsame Wirtschaftsräte mit Rumänien, Bulgarien, Polen, Ungarn und der Tschechoslowakei eingerichtet. Ein entsprechender Vertrag mit der Sowjetunion stand wegen der vom Kongreß errichteten Hindernisse in Form des Jackson-Vanik-Amendments zum amerikanischen Handelsgesetz von 1974 noch aus. Die entspannungsfeindliche Wirkung dieses Gesetzes wurde von der amerikanischen Handelskammer immer wieder kritisiert. Sie wurde nicht müde zu versichern, daß »nichtdiskriminatorische Zoll-Vereinbarungen mehr für die Förderung des Respekts gegenüber den Menschenrechten tun können als die Einschränkung normaler Handelsbeziehungen«.[21]

Selbstverständlich war auch für die amerikanische Handelskammer Sicherheit die oberste Forderung. Da sie auch die Rüstungsindustrie repräsentiert, konnte sie nicht direkt gegen deren Interesse argumentieren. Sie beschränkte sich hier auf allgemeine Wendungen, forderte jedoch dezidiert das politische System zur Politik der Entspannung auf. Es muß offenbleiben, ob sie dabei mehr dem traditionellen liberalen Konzept der internationalen Ordnung folgte oder dem Interesse der großen multinationalen Korporationen, das sich eindeutig auf Entspannung und Freihandel als deren ökonomisches Korrelat richtete. Wichtig ist, daß die Resultante der in der Handelskammer vertretenen wirtschaftlichen Interessen Entspannung forderte. In der Mitte der siebziger Jahre war damit Entspannung die Option der wirtschaftlichen Interessenverbände.

Damit ist die Grundforderung auch der National Association of Manufacturers schon charakterisiert. Der Verband ist kleiner als die Handelskammer, aber immer noch sehr groß, vertritt mehr als 16000 Unternehmen, die 85% der Industrieproduktion der Vereinigten Staaten bestreiten und mehr als 15 Millionen Menschen beschäftigen.[22] 1895 gegründet, war die NAM stets erheblich konservativer als die Handelskammer, sehr viel stärker auf den Kampf mit den Gewerkschaften ausgerichtet. Sie vertrat den klassischen Unternehmerstandpunkt und siedelte politisch am rechten Flügel des Republikanismus. Außenwirtschaftspolitisch unterschied sich ihre Position nicht von der der Handelskammer. Auch sie trat in der Mitte der siebziger Jahre für die Entspannung als der Voraussetzung für die Realisierung wirtschaftlicher Interessen ein.[23]
Prononciert wurde diese Position vom Committee for Economic Development vertreten, in dem 200 Manager, meist großer Firmen, vertreten sind.[24] Entspannung, ohne die Sicherheit zu gefährden, war die Forderung der wirtschaftlichen Interessenverbände an das politische System. Hatten die Gewerkschaften die Entspannungspolitik aufgrund ihrer Wertvorstellungen und ihrer Arbeitsplatzbeschaffungsinteressen kritisiert, so traten die Wirtschaftsverbände für die Entspannungspolitik ein, weil sie ihren Gewinninteressen ebenso entsprach wie ihren Konfliktlösungspräferenzen. In den Handlungssystemen, die das internationale System ausmachen, sind Einstellungsmuster wie Interessen gleichermaßen wirksam.

4.2.3 Kirchen

62% der amerikanischen Bevölkerung gehören einer Religionsgemeinschaft an. Die größten und wichtigsten sind die protestantischen Gemeinschaften mit 71 Millionen Mitgliedern, die katholische Kirche mit rund 50 Millionen, die jüdischen Gemeinschaften mit 6 Millionen.[25] 30 protestantische Denominationen, mit insgesamt mehr als 40 Millionen Mitgliedern, sind im National Council of the Churches of Christ zusammengeschlossen.
Wie diese ideellen Handlungszusammenhänge das Rollenverhalten ihrer Träger in anderen, interessenorientierten Handlungszusammenhängen beeinflussen, ist eine offene Frage. Sie angesichts der langen Koexistenz von Christentum und Machtpolitik negativ zu beantworten, ist nur bedingt richtig. Gerade in den Vereinigten Staaten haben die christlichen Kirchen ihre Mitglieder immer wieder dazu motiviert, die aus dem Glauben abgeleiteten politischen Wertvorstellungen auch in der Realität durchzusetzen. Ein Musterbeispiel dafür waren das Church Project on U.S. Investments in Southern Africa sowie das Interfaith Center on Corporate Responsibility, Forschungsinstitute der protestantischen Kirchen, die sich um das Investitionsverhalten amerikanischer Firmen in Südafrika sowie generell um die Wirtschaftspolitik der multinationalen Korporation kümmern.[26] Sie versuchten, auf das Verhalten dieser Firmen durch öffentliche

Kritik sowie durch entsprechende Voten in den Aktionärsversammlungen Einfluß zu nehmen. Die katholische Kirche konzentrierte sich im Rahmen der justitia et pax-Kommission der Gesamtkirchen auf Probleme der Dritten Welt. Bei den mosaischen Religionsgemeinschaften gingen die ideellen und die Israel-bezogenen Handlungszusammenhänge sowieso ineinander über. Man wird dementsprechend die Kirchen zu den wichtigen transnationalen Akteuren zu zählen haben, die über eine große Anzahl autonomer und aktiver Handlungszusammenhänge in der Welt wirksam werden.

Wie stellten sich die Kirchen zu den Forderungen nach Sicherheit und Entspannung? Sie vertraten Forderungen, die durchweg unter die Entspannung fallen, selbstverständlich ohne die Sicherheit der Vereinigten Staaten in Frage zu stellen. Der National Council of Churches verlangte »spürbare Kürzungen der Verteidigungsausgaben und die Überstellung der dadurch frei werdenden Gelder in Entwicklungsprojekte zu Hause und im Ausland«,[27] verlangte eine radikale Kürzung und strikte Kontrolle der Waffenlieferungen an andere Länder. Er definierte das Nationalinteresse der Vereinigten Staaten dahin, daß die Güter der Welt gerecht verteilt, Verteidigungsausgaben und Rüstungsverkäufe reduziert, die Vereinten Nationen unterstützt und die amerikanischen multinationalen Konzerne einem internationalen Verhaltenskodex unterworfen werden sollten.[28]

Die katholische Kirche der Vereinigten Staaten argumentierte ähnlich, wobei sie immer wieder auf die entsprechenden Enzykliken der Päpste verwies. Sie kritisierte an Hand konkreter Zahlen, daß die amerikanische Militärhilfe die Wirtschaftshilfe überstieg und auch jene sehr häufig mit Sicherheits- oder Militärinteressen verbunden war. Sie bezweifelte eine Verpflichtung der Vereinigten Staaten, reaktionären Regimes in Asien zu helfen, sah die Befriedigung sozialer Bedürfnisse in den Vereinigten Staaten selbst als wichtiger an. Sie verurteilte die amerikanische Waffenhandelspolitik, die den Rüstungswettlauf antreibt, statt ihn zu verlangsamen. Einen gleich starken Akzent legte sie auf die Kritik an der Entwicklungspolitik, bezweifelte, daß sie dem offiziell geäußerten Ziel der Gleichverteilung des Reichtums dient. Sie verpflichtete die Außenpolitik der Vereinigten Staaten darauf, für die Durchsetzung der Menschenrechte in der Welt zu sorgen und wies dieser Politik nach, daß sie sehr wohl die wirtschaftlichen, politischen und militärischen Möglichkeiten dazu besitzt.[29]

Die Position der mosaischen Religionsgemeinschaften läßt sich schwer erfassen, weil sie ihre politischen Aufmerksamkeiten in erster Linie auf die Probleme des Staates Israel richteten. Soweit sie sich exklusiv für diese Probleme engagierten, werden sie bei der Gruppe der ›foreign lobbies‹ behandelt. Ihre Interessen reichten aber selbstverständlich sehr viel weiter. Das American Jewish Committee wurde 1906 gegründet, um das Leben und die Rechte der Juden im Ausland und in den Vereinigten Staaten zu schützen. Insofern müssen die Juden auch als Minderheit in den Vereinigten Staaten angesprochen werden, leiten dann über zu der Rolle, die ethnische Minderheiten in der Außenpolitik der Vereinigten Staaten generell spielen. Zweifellos sind die Juden eine sehr einflußreiche Minderheit. Sie machen zwar nur 3% der amerikanischen Bevölkerung aus, stellen aber, weil sie sehr aktiv sind, 4% aller Wähler. Soweit sie sich als Religionsgemeinschaften äußerten, ging es ihnen, wie den christlichen Religionen, um die Herstellung von sozialer Gerechtigkeit und die Beseitigung von Unterdrückung. Sie wandten sich gegen die abnorme Zunahme des Waffenhandels und der amerikanischen Waffenverkäufe, zeigten sich sensibel gegenüber den Gefahren der wechselseitigen Abschreckung. Sie machten darauf aufmerksam, daß allein schon die wirtschaftliche und politische Größe der Vereinigten Staaten sie immer wieder in die Versuchung bringt, kleinere und schwächere Nationen zu penetrieren, verlangten demgegenüber Umverteilung der Macht und ihre Verantwortlichkeit gegenüber den einzelnen.[30]

4.2.4 Minderheiten

Der Einfluß ethnischer Minderheiten auf die amerikanische Außenpolitik ist so groß, daß George F. Kennan in dieser Außenpolitik nichts anderes sah als die »konvulsischen Reaktionen der Politiker auf ein politisches Leben, daß durch lautstarke Minoritäten beherrscht wird«.[31] Die Übergänge zwischen solchen ethnischen Minderheiten und den ihnen zuzuordnenden Interessengruppen, den ›foreign lobbies‹, sind fließend. Für die Einflußnahme reicht es prinzipiell aus, daß eine Minderheit groß und entschlossen genug ist, die Wahlen zu beeinflussen. Der sich verschärfende Anti-Kommunismus Präsident Trumans nach 1945 erklärt sich nicht zuletzt aus seiner Rücksichtnahme auf Katholiken polnischer und italienischer Abstammung im Osten der USA.[32] Die jüdischen Stimmen in New York City sind für jeden demokratischen Präsidentschaftskandidaten ein ernstzunehmender Faktor, auch ohne Blick auf die schlagkräftige Lobby des American-Israel-Political-Action-Committee (AIPAC). Wenngleich die Existenz einer Lobby den Einfluß der ethnischen Minderheit erheblich erhöht, müssen beide auseinandergehalten werden, auch deswegen, weil ethnische Minderheiten keinesfalls immer eine einheitliche Position entwickeln. Amerikanische Juden waren geteilter Meinung hinsichtlich der Errichtung eines selbständigen Staates Israel. Vergleichbares gilt 1978 für die Amerikaner griechischer Herkunft im Hinblick auf die amerikanische Mittelmeerpolitik.

Die schwarze Minderheit in den Vereinigten Staaten verfügt (noch) nicht über eine schlagkräftige Lobby. Mit 11,5% der Gesamtbevölkerung bilden die Schwarzen die größte Minderheit, gleichzeitig sicherlich auch die außenpolitisch bislang am wenigsten einflußreiche.[33] Erst in den siebziger Jahren begann sich ein außenpolitisches Interesse der amerikanischen Schwarzen zu formieren, und zwar in bezug auf die amerikanische Afrika-Politik. Hier ist ihr Einfluß offensichtlich im Steigen begriffen. 1971 wurde der Black Caucus schwarzer Mitglieder des Repräsentantenhauses gegründet; eines seiner Mitglieder, Charles C. Diggs Jr., war lange Zeit Vorsitzender des Unterausschusses Afrika des Auswärtigen Ausschusses im Repräsentantenhaus. Schwarze Journalisten stärkten die Aufmerksamkeit gegenüber den Problemen Afrikas, schwarze Vereinigungen wie »Africare« entwickelten Hilfsprogramme.[34] Der Einfluß der schwarzen Minderheit wird freilich nur bei demokratischen Administrationen wirksam, weil die Schwarzen vornehmlich der demokratischen Partei nahestehen. Erneut zeigt sich, daß die Basis des Einflusses der Minderheiten in der politischen Unterstützung liegt, die die Politiker erfahren und erwarten können.

4.2.4.1 Foreign Lobbies

Auch die Foreign Lobbies, also Interessengruppen, die zugunsten oder im Dienste eines anderen Staates arbeiten, sind erfolgreich nur in dem Maß, in dem sie den ›support‹ (latent oder aktiv), eventuell die Anforderung großer gesellschaftlicher Gruppen mobilisieren können. Am einfachsten haben es hier die Lobbies, die ihre Arbeit auf die Anforderung ethnischer Minderheiten in den USA stützen können. Die drei wichtigsten sind die China-, die Israel- und die Griechenland-Lobby. Den Ursprung der China-Lobby bildete die China Defense Suppliers Inc., die während des Krieges gegründet wurde und von 1945 bis 1949 intensiv an der Privatisierung der amerikanischen Hilfe für die chinesische Nationalregierung beteiligt war.[35] Nach der kommunistischen Revolution war ihr Ziel, die Anerkennung der VR zu verhindern und die Förderung Taiwans zu verlängern. Dazu entfaltete sie über viele Jahre hin eine ausgedehnte und intensive Propagandatätigkeit und rief viele Ausschüsse ins Leben, etwa das bekannte »Committee of One Million« – das bestenfalls 6000 Mitglieder hatte. Die China-Lobby hat die Normalisierung der amerikanischen China-Politik 20 Jahre lang vereitelt mit Folgen, zu denen durchaus auch der Vietnam-Krieg gezählt werden muß. Seit 1972 bemüht sie sich, propagandistisch die Interessen Taiwans zu vertreten und die Normalisierung der politischen Beziehungen der Vereinigten Staaten mit China zu verzögern.

Die stärkste ›foreign lobby‹ ist die israelische. Ihr Interesse ist auf die Sicherung der Existenz Israels gerichtet; dazu bedient sie sich des Einflusses der jüdischen Minderheit. Er beruht auf der Solidarität der amerikanischen Juden für den Staat Israel, auf der Tatsache, daß 60% aller Wahlfonds für die demokratische Partei und 40% der Wahlgelder der republikanischen Partei von amerikanischen Juden stammen. Seit den sechziger Jahren steuerte das American-Israel-Political-Action-Committee die Berücksichtigung der Interessen Israels in den Vereinigten

Staaten. Der Ausschuß übertrieb sicherlich nicht, als er von sich behauptete, niemals eine politische Schlacht in den USA verloren zu haben.[36] Ihm war es zu verdanken, daß Israel 1973 die bestgerüstete Armee im Nahen Osten erhielt.

Freilich setzte in diesem Jahr mit der Öl-Krise auch die Wende ein. Die Abhängigkeit der Vereinigten Staaten vom amerikanischen Öl ist seitdem so groß geworden, daß die arabische Lobby zunehmend Unterstützung mobilisieren kann.

Der beispiellose Erfolg der Israel-Lobby, die sich mit dem Jackson-Vanik-Amendment zur Trade Act von 1974 auch gegen große wirtschaftliche Interessen durchsetzte, kann nicht nur dem politischen Einfluß der Juden in Amerika gutgeschrieben werden. Er beruhte wesentlich auch darauf, daß AIPAC viele einflußreiche Gruppen, viele ›converter‹ dafür gewinnen konnte, israelfreundliche Anforderungen zu formulieren und an das politische System zu richten. Eine ›foreign lobby‹ ist nur dann erfolgreich, wenn sie ihr Interesse in inneramerikanischen Anforderungen übersetzen kann.

Das verstand auch die Griechenland-Lobby. Sie konnte im Winter 1974/75 den amerikanischen Grundsatz, daß amerikanische Waffen prinzipiell nicht zum Kampf gegen Alliierte verwendet werden dürfen, dazu benutzen, ein Waffenembargo gegenüber der Türkei durchzusetzen. Praktisch nahm sie damit einen beträchtlichen Einfluß auf die amerikanische Nahost-Politik. Die griechische Minderheit besitzt zahlreiche Propaganda-Einrichtungen mit den entsprechenden Public-Affairs-Committees. Das American-Hellenic-Institute, das vornehmlich die Türkei-Politik beeinflußt, ist nur eines unter mehreren.

Die ethnischen Minderheiten sind die wichtigsten und einflußreichsten, keineswegs aber die einzigen foreign lobbies. Es gibt rund 15000 foreign lobbyists in Washington. Infolge der Bedeutung der Vereinigten Staaten für jeden Bereich der internationalen Politik lobbiieren fast alle Staaten und größeren Wirtschaftsgruppen in Washington. Sie beschränken sich nicht darauf, ihre Interessen bei der amerikanischen Regierung diplomatisch zu repräsentieren. Sie unterhalten Lobbies, die diesen Interessen den Anschein einer inneramerikanischen Anforderung oder die Verheißung inneramerikanischer ›supports‹ verleihen können. Nicht umsonst übertragen sie diese Aufgaben bekannten Persönlichkeiten oder bedeutenden Anwaltsfirmen. So war beispielsweise Dean Acheson nach 1945 für Venezuela tätig, Clark Clifford für Algerien, der frühere Justizminister Kleindienst ebenfalls für Algerien, der frühere Außenminister Rogers für den Schah von Persien. George W. Ball vertrat, bevor er stellvertretender Außenminister wurde, die Interessen Australiens. Die Bundesrepublik hatte bekanntlich 1964 den früheren Militär Klein angeheuert.[37]

4.2.5 Öffentlich-allgemeine Interessengruppen

Die Interessengruppen im engeren Sinn lassen sich nach Schattschneider danach unterscheiden, ob sie öffentliche, d. h. allgemeine Interessen vertreten oder private, spezielle.[38] In beiden Fällen hängt ihr Erfolg davon ab, wieviel ›converter‹ sie für sich gewinnen, wieviel ›support‹ sie in Aussicht stellen können.

Für die öffentlichen, allgemeinen Belange vertretenden ›public interest groups‹ macht die Außenpolitik nur einen Teil ihres Wirkungsfeldes aus. Auf der kommunalen Ebene nehmen solche ›public interest groups‹ quasi den Platz der politischen Parteien ein, haben sie eine beherrschende Stellung. Auf der bundesstaatlichen Ebene ist ihre Position schwächer, darf aber keineswegs vernachlässigt werden. Die Gruppe »Common Cause«, beispielsweise, versteht sich als ›open government lobby‹. 1970 durch den früheren Minister für Gesundheit, Erziehung und Wohlfahrt, John Gardner, gegründet, gelangte sie während des Watergate-Skandals zu großem Einfluß. Auf diesem Höhepunkt hatte Common Cause mehr als 314000 Mitglieder; ihre Zahl verringerte sich 1977 auf 250000, stabilisierte sich dort. Die Mitglieder stammen vornehmlich aus der weißen Mittelklasse und sind zu 57% demokratisch, zu 21% republikanisch und zu 22% unabhängig orientiert.[39] Common Cause forderte die Transparenz aller politischen Entscheidungen. Sie schlug z. B. vor, ein eigenes Büro für Ernennungen einzurichten. Die von einem solchen Amt zu erarbeitende Information über Kandidaten hätte selbstverständlich auch Einfluß auf die Ernennung von Diplomaten und hohen Beamten in den außenpolitischen Ressorts.

Die Forderungen, die solche ›public interest groups‹ an das politische System richten, sind keineswegs bedeutungslos für die auswärtige Politik. Dies gilt auch für andere Gruppen, etwa für die Urban Coalition, oder die von Ralph Nader geleitete Congress Watch. Schließlich sind auch solche Gruppen hinzuzurechnen, die sich schon deutlicher dem Charakter der Partei nähern. Auch hier gibt es ganz unterschiedliche Größenordnungen. Die League of Women Voters umfaßt 140000 Mitglieder, organisiert in mehr als 1000 lokalen Verbänden. Die Mitglieder sind durchweg weiß und der Mittelklasse zuzurechnen, mit einer ausgeprägten liberalen Einstellung. Der Verband verfügt über ein Budget von mehr als 2 Millionen Dollar jährlich, gibt mehrere Zeitschriften heraus, darunter »Up Date International‹, ausschließlich für internationale Probleme.[40] Die Liga trat für die Entspannung ein, begann 1966 eine Studie des China-Problems, die 1969 in die Empfehlung mündete, diplomatische Beziehungen zur Volksrepublik aufzunehmen. 1970 bildete die League of Women Voters zusammen mit dem Emergency Committee on American Trade das Trade Action-Coordinating Committee, das sich um das Schicksal des Handelsgesetzes kümmerte und den Protektionismus bekämpfte. Die Liga selbst setzte sich sehr energisch dafür ein, veranstaltete Hearings in zahlreichen Städten Amerikas zum Problem des Freihandels und trat mehrfach vor den Kongreß-Ausschüssen auf. Sie vertrat dort den Standpunkt, »daß dem öffentlichen Interesse am besten gedient sei durch eine Handelspolitik, die den möglichst freien Austausch von Gütern und Ideen über die nationalen Grenzen fördert«.[41] Gleichermaßen warb sie für die Zollbefreiung aller Exporte aus den Entwicklungsländern, trat sie seit 1965 bereits für den Ost-West-Handel ein.[42]

Nicht alle ›public interest groups‹ betonen die Entspannung. Sie können genauso eine konservative Orientierung haben, stärker den Akzent auf die Sicherheit legen, wie etwa die 1965 gegründete Zeitschrift »The Public Interest« und die sie bestimmende Gruppe um Senator Moynihan.

4.2.6 Private Interessengruppen

Zu den privaten Interessengruppen zählen die, die exklusivierende, nicht allgemeine, sondern Interessen spezieller Gruppen vertreten. Sie sind von den öffentlich-allgemeinen Gruppen nicht randscharf, aber doch eben plausibel abgrenzbar.

Auf der konservativen, den Sicherheitsaspekt betonenden Seite lassen sich klar zwei Generationen solcher Interessengruppen unterscheiden. Die erwähnten Traditionsverbände, wie die Daughters of the Revolution, haben ihre militante, auf nationale Stärke ausgerichtete Orientierung auch in die Zeit nach dem Zweiten Weltkrieg mitgenommen. Das gilt auch für die zwar weniger elitären, aber Mitglieder-stärkeren Veteranenverbände. Der wichtigste unter ihnen ist die American Legion, die als Interessengruppe die Nachfolge der Grand Army of the Republic, in der die Veteranen des Bürgerkrieges zusammengeschlossen waren, übernahm. Die American Legion hatte bereits 1961 mehr als 2,7 Millionen Mitglieder.[43] Hinzu kommen die Verbände der Veterans of Foreign Wars, Disabled American Veterans und die American Veterans of World War II (AmVets), ferner die Veterans of Foreign Wars. Diese Verbände traten durchweg für die militärische Stärke der Vereinigten Staaten ein, waren skeptisch gegenüber der Entspannung, plädierten für die militärische Macht. Mit solchen Anforderungen können sich die Verbände über ihre unmittelbaren Mitglieder hinaus bei all denen verständlich machen, die durch ihre Militärdienstzeit und ihre Teilnahme an Kriegen eine gemeinsame Sozialisation erfahren haben. Ihre Zahl belief sich 1974 auf beinahe 30 Millionen.[44] Wenngleich die meisten von ihnen längst den Weg zurückgefunden hatten in eine zivile Karriere, so blieben doch viele ansprechbar für den Wert des militärischen Aspekts von Sicherheit, nicht zuletzt über die Mitgliedschaft in speziellen Waffengattungsverbänden wie der Navy League, der Air Force Association oder der Association of the United States Army.[45] Den jungen Menschen wurde dieser Aspekt nahegebracht durch die Reserve-Verbände, die bis zum Höhepunkt des Vietnam-Krieges (und teilweise auch wieder danach) unangefochten ihre Büros direkt in den Universi-

täten hatten (ROTC). Diese Ansprechbarkeit für den militärischen Aspekt von Sicherheit wird von außenpolitischen Interessengruppen wie dem American Security Council ausgenutzt und gleichzeitig erweitert. Der ASC ist eine mächtige Organisation, in deren Führungsgremien pensionierte Militärs mit großem Namen, wie beispielsweise die früheren Generalstabchefs Lemnitzer, Twining, Wheeler, zusammen mit früheren Diplomaten, mit Geschäftsleuten und Wissenschaftlern sitzen. Ihr Interesse wird bestimmt durch die Beibehaltung, tunlichst die Erhöhung des amerikanischen Militäraufwands. Dazu setzt der American Security Council alle Hebel der Öffentlichkeitsarbeit in Bewegung, von Filmen, Zeitungsanzeigen bis hin zu Briefaktionen. 1971 startete er beispielsweise eine »Operation Wachsamkeit«, in der er brieflich alle Reserveoffiziere auf die Abrüstungsbemühungen einiger Senatoren und Abgeordneter aufmerksam machte und um Geldspenden für »einen massiven Kreuzzug für das Überleben« ersuchte.[46] Seine Mitglieder waren überzeugt davon, daß sich die Vereinigten Staaten in einem militärisch zu interpretierenden Konflikt befanden, daß Rüstungskontrolle und Entspannung lediglich Täuschungsmanöver des Gegners darstellten. Hier bewirken Einstellungsmuster Interessen, ohne daß es dazu zusätzlicher Anreize bedürfte.
In Kombination mit wirtschaftlichen und anderen materialen Interessen bildete sich der »militärisch-industrielle Komplex« aus. Das Syndrom stellt keineswegs das originäre Ergebnis wirtschaftlicher Anforderungen dar, es geht vielmehr aus Entscheidungen und Anforderungen, die innerhalb des politischen Systems selbst, vor allem beim Militär und in der politischen Bürokratie anzusiedeln sind, hervor. Die Industrie muß erst durch politische Entscheidungen und entsprechende Anreize dazu gebracht werden, einen Rüstungsteil auszubilden. Erst dann stellt sie die Forderung, diesen Teil beizubehalten. Der »militärisch-industriell-bürokratisch-gewerkschaftlich-universitäre Komplex«[47] (wie er eigentlich heißen müßte) wird nicht nur durch militärische und wirtschaftliche, sondern durch Interessen der verschiedensten Art konstituiert, vor allem auch durch Einstellungen gegenüber Konflikten und Konfliktlösungen.[48]

Nach dem Ende des Vietnam-Krieges und mit dem Beginn der Entspannungspolitik Nixons bildete sich eine zweite Generation von sicherheitsorientierten Interessengruppen. Sie rekrutierten sich aus Politikern, Wissenschaftlern und Publizisten, deren Position – im beruflichen wie im attitudinalen Sinn – mit der Betonung des Sicherheitsaspekts verbunden gewesen war. Die Coalition for a Democratic Majority bildete eine »Foreign Policy Task Force« aus, deren Vorsitz der frühere stellvertretende Außenminister Eugene V. Rostow innehatte. Sie warnte vor der Entspannung, weil sie mit russischer Rüstung und amerikanischer Abrüstung einhergehe, wollte sie durch eine Gleichgewichtspolitik ersetzen.[49] Das National Committee on American Foreign Policy, dessen Vorsitzender kein Geringerer als Hans J. Morgenthau war, kritisierte 1974 die

»Serie einseitiger amerikanischer Konzessionen zu Lasten der Sicherheit und der nationalen Interessen der Vereinigten Staaten wie ihrer demokratischen Alliierten und Freunde«.[50] Anfang der siebziger Jahre bildete sich das Committee on the Present Danger.[51]

Diese zweite Generation argumentiert sehr viel differenzierter als die traditionell militärisch orientierten Interessenverbände. Sie ist durchaus nicht kriegsorientiert, sondern hält militärische Stärke für das Mittel, mit dem die ihrer Ansicht nach unabdingbare Voraussetzung jeder wirklichen Entspannungspolitik, nämlich das Gleichgewicht der militärischen Kräfte, geschaffen werden muß.[52] Sie fordert daher konsequent das politische System auf, diese Voraussetzung durch vermehrte Rüstungsanstrengungen zu schaffen. Wieweit der im letzten Drittel der siebziger Jahre zu registrierende – jedenfalls von einigen Instituten registrierte – Umschwung in der Einstellung des Kongresses und der öffentlichen Meinung zugunsten erneut zunehmender Rüstungsanstrengungen auf den Einfluß dieser Gruppen zurückzuführen ist, läßt sich schwer entscheiden.[53] Nicht zu bezweifeln ist jedoch, daß die Autorität der in diesen Vereinigungen tätigen Wissenschaftler und Politiker einen beträchtlichen Einfluß auf das politische System und auf sein gesellschaftliches Umfeld hat.

Auf der Entspannungsseite bildete sich bereits 1946 die Federation of Atomic Scientists, später umbenannt in Federation of American Scientists. In der Gesellschaft sind mehr als die Hälfte der amerikanischen Nobel-Preisträger zusammengeschlossen, hinzu kommt eine seit 1970 steigende Anzahl von früheren Politikern und höheren Beamten. In Anbetracht der von der Kernenergie ausgehenden militärischen Gefahren warb diese Gruppe von Anfang an für eine Politik der Entspannung, der Rüstungskontrolle und des Friedens. Ihre Zeitschrift, das »Bulletin of the Atomic Scientists« bildete ihr wichtigstes Sprachrohr, die von ihr inaugurierte Pugwash-Konferenz, auf der Wissenschaftler aus Ost und West zusammentrafen, ihr wichtigstes Instrument zur Einwirkung auf die politischen Systeme. Im Bereich dieser Gruppe sind die frühesten und die wichtigsten Arbeiten zu den Gefahren der nuklearen Abschreckung und den Möglichkeiten der Rüstungskontrolle entstanden.[54]

Der vom Physiker Leo Szilard 1962 gegründete Council for a Livable World versteht sich als eine ausgesprochene Lobby-Organisation mit dem Ziel, das nukleare Wettrüsten zu beenden und die Militärausgaben zu kürzen. Der Council konzentriert sich auf die Beeinflussung des Senates, unterstützt die Wahlkampagnen liberaler und entspannungsfreundlicher Senatoren finanziell. 1973 konnte er für sich in Anspruch nehmen, die Wahlkampagnen von 27 Senatoren aktiv unterstützt zu haben.[55] Er stand auch hinter der Präsidentschaftskandidatur McGoverns. Die Mitglieder des Council – durchweg hoch angesehene Naturwissenschaftler – beraten die Senatoren und beeinflussen sie auf diese Weise zugunsten der Entspannung. Diesem Einfluß wurde zugeschrieben, daß der Atomtest-Stoppvertrag, die Verlängerung der Rüstungskontroll- und Abrüstungsbehörde, sowie vor allem die Ablehnung des Sentinel ABM-Systems durch den Senat kamen. Von den 50 Senatoren, die gegen das ABM-System gestimmt haben, hatten 41 an den Seminaren teilgenommen, die der Council veranstaltet hatte.[56]

Vietnam-Krieg und Rüstung hatten natürlich auch außerhalb der Naturwissenschaften Reaktionen ausgelöst. Die 1947 gegründete Americans for Democratic Action, eine entschieden liberale Gruppe, wurde zum schärfsten Kritiker des Vietnam-Krieges, bewertete die Abgeordneten nach ihrem einschlägigen Abstimmungsverhalten.[57] Die National Students Association, der größte Studentenverband in den USA, warnte unablässig vor möglichen Einsätzen des amerikanischen Militärs im Ausland.[58]

Die Arms Control Association, 1971 gegründet, reagierte auf den praktischen Widerstand, den die verschiedenen amerikanischen Administrationen der Abrüstung entgegenbrachten. Die Initiative zu dieser Gründung ging von früheren Angehörigen der Arms Control and Disarmament Agency aus, also von Leuten, die es wissen mußten. Die ACA sieht ihre Hauptaufgabe darin, das Umfeld des politischen Systems zugunsten von Abrüstung und Rüstungskontrolle zu beeinflussen. Das gleiche gilt für die sehr viel breiter angelegte World Peace Foundation und den National Council for the Prevention of War. Es gilt auch für die vielleicht wichtigste Gruppe auf der Entspannungsseite des Verbände-Spektrums, für SANE. 1957 gegründet und mit bekannten Wissenschaftlern wie Seymour Melman und Erich Fromm unter ihren Mitgliedern, hat sich diese Gruppe für Abrüstung und eine Friedenspolitik der Vereinigten Staaten eingesetzt. Obwohl sie sich auch als Aktionsgruppe versteht, also direkt auf das politische System zielt, liegt ihre Bedeutung vornehmlich darin, daß sie das Umfeld des politischen Systems beeinflußt.[59]

Auch auf der Entspannungsseite gibt es eine zweite Generation von Interessengruppen, entstanden wohl hauptsächlich als Reaktion auf die steigende Entspannungskritik seit 1973. 1974 wurde das American Committee on East-West Accord gegründet, dem George F. Kennan und J. K. Galbraith von der akademischen, D. Kendall, der Pepsico Vorsitzende, von der wirtschaftlichen Seite angehörten. Schatzmeister und Co-Chairman war Carl Marcy, von 1955–1974 Stabschef des Senate Foreign Relations Committee. 1977 schlossen sich 40 Aktionsgruppen aus religiösen, gewerkschaftlichen oder berufsständigen Vereinigungen zur Coalition for a New Foreign and Military Policy zusammen. New Directions, eine Bürgerlobby, wurde 1976 gegründet, um speziell zugunsten von SALT II zu wirken.[60]

Der Versuch, die außenpolitischen Interessengruppen entlang der Linie Sicherheit–Entspannung zu verorten, darf nicht dazu führen, große Gruppen auszulassen, die sich dieser alternativen Einordnung entziehen. Die Foreign Policy Association, kurz nach dem Ersten Weltkrieg gegründet, verstand sich ursprünglich als eine Lobby für liberale internationalistische Politik. Sie hat sich nach dem Zweiten Weltkrieg auf eine Informa-

tions- und Aufklärungspolitik konzentriert, in der zwar konservative Obertöne vorherrschen, aber nicht exklusiv sind.[61]
Auch die Councils on Foreign Relations – der wichtigste unter ihnen zweifellos mit dem Sitz in New York – waren zunächst, entsprechend dem Gründungsanlaß, dem Ersten Weltkrieg, auf den Frieden orientiert. Nach dem Zweiten Weltkrieg identifizierte sich der New Yorker Council alsbald mit den Interessen und Zielen des Ostküsten-Establishments, wurde dementsprechend konservativ. Er wird gern als »Politbüro des Kapitalismus«, als geheime und geheimnisvolle Kommandozentrale der amerikanischen Außenpolitik bezeichnet, jedenfalls von linken und rechten Kritikern.[62] Der New Yorker Council on Foreign Relations steht dem republikanischen Wirtschafts-Establishment nahe. Seine Aufgabe besteht primär darin, die Interessen dieser Gruppen durch wissenschaftliche Arbeiten und deren Verbreitung zu fördern. Die Bedeutung des Council als Interessengruppe liegt vornehmlich in seiner Wirkung auf das gesellschaftliche Umfeld des politischen Systems, etwa durch die von ihm herausgegebene Zeitschrift »Foreign Affairs«.
Vergleichbar arbeitet auch der Chicago Council on Foreign Relations, eine nur dem Namen nach verwandte, im übrigen völlig unabhängige Einrichtung, die von der Geschäftswelt Chicagos getragen wird. Die von ihr mitgeförderte Zeitschrift »Foreign Policy« wendet sich an eine speziellere Öffentlichkeit: Diplomaten, Beamte, Abgeordnete, Publizisten und Wirtschaftler. Finanziell vornehmlich unterstützt durch das »Carnegie Endowment«, ist »Foreign Policy« sehr viel aufgeschlossener und liberaler als »Foreign Affairs«. Auch die World Affair Councils, in vielen Städten vor allem des mittleren Westens vertreten, verstehen sich als Informations- und Diskussions-Foren. Sie müssen aber auch zu den Interessenverbänden gerechnet werden, weil sie die Anforderungen der großen wirtschaftlichen und politischen Führungsgruppen artikulieren.
In den Unschärfenbereich zwischen wissenschaftlicher Analyse und Umwandlung von Bedürfnissen in politische Anforderungen sind auch die zahlreichen Forschungsinstitute für internationale Politik zu zählen. Sie werden von den Streitkräften (etwa die Rand Corporation), von den Universitäten (Harvard, Columbia, Johns Hopkins, Stanford) oder eben von privater Seite unterhalten. Das Wichtigste und größte unter ihnen ist die der Demokratischen Partei nahestehende Brookings-Institution in Washington. Noch näher an der »dünnen Linie, die Forschung von Beeinflussung (advocacy) trennt«,[63] liegen die Hoover Institution on War, Revolution, and Peace, oder das Georgetown University Center for Strategic Studies in Washington. Auf der anderen Seite des politischen Spektrums befindet sich das Institute for Policy Studies, Washintong.[64] Soweit diese Institute politische Bedeutung haben, müssen sie den Interessengruppen gleichgestellt, in vielen Fällen ihnen zugeordnet werden.

4.3 Wirtschaft

Die Wirtschaft richtet in bürgerlich-kapitalistischen Systemen außenpolitische und außenwirtschaftspolitische Anforderungen an das politische System. Die Anforderungen an die Außenwirtschaftspolitik stehen deutlich im Vordergrund. Sie sind aber, analytisch gesehen, nicht sonderlich problematisch, werden im Abschnitt 7.1 behandelt werden. Politologisch relevanter und analytisch sehr viel schwieriger zu erfassen sind jedoch die Forderungen, die die Wirtschaft an die »politische« Außenpolitik stellt, an Sicherheit und Entspannung. Hier geht es um Interessen, die die Struktur des politischen Systems, seines gesellschaftlichen und seiner internationalen Umwelt betreffen. Diese Anforderungen verlangen vom politischen System, Bedingungen herzustellen, unter denen sich wirtschaftliche Interessen verwirklichen lassen. Geht die Anforderung nicht soweit, ist sie nicht derart explizit, so enthält sie doch zumindest die Beurteilung der Bedingungen, die das politische System hergestellt hat. Die Wirtschaft bemißt danach ihren ›support‹ oder dessen Verweigerung. Bei der überragenden Stellung, die das wirtschaftliche System in den Vereinigten Staaten innehat, sind Anforderungen und Beurteilungen dieser Art für das politische System ein ganz entscheidendes Datum, sehr viel relevanter als die Forderungen der einzelnen Verbände.

Sind die drei Entwürfe der amerikanischen Nachkriegspolitik[1] ausschließlich – oder doch vornehmlich – auf die Anforderungen der Wirtschaft zurückzuführen? War die amerikanische Wirtschaft auf die Führungsrolle der USA angewiesen, oder hat sie sie nur ausgenutzt? Lag es in ihrem Interesse, diese Führungsrolle hauptsächlich militärisch zu definieren, wie das in der Zeit zwischen der Truman- und der Nixon-Doktrin der Fall war, oder ist diese Ausprägung vornehmlich dem Konto der »Sicherheitsmanager«[2] zuzuschreiben? Wie stand die amerikanische Wirtschaft zur Auseinandersetzung mit der Sowjetunion, brauchte sie den Kalten Krieg oder brauchte sie die Entspannung? Verlangt sie die Abhängigkeit der Dritten Welt, und braucht sie dazu die Auslandshilfe des politischen Systems? Hat sie zuerst investiert und dann das politische System zur Absicherung dieser Investition zu Hilfe gerufen, oder folgte sie der Ausweitung des Einflusses des politischen Systems?

Sicher ist der Zusammenhang zwischen der amerikanischen politischen Hegemonie und der Expansion der amerikanischen Wirtschaft in die Welt unverkennbar.[3] Seine systematische Erforschung steht jedoch aus, ist auch in den zahlreichen kritischen oder imperialismustheoretischen Arbeiten nicht geleistet worden.[4] Dementsprechend gibt es keine gesicherten Aussagen darüber, ob und in welchem Maße die bürgerliche Gesellschaft die in der liberalen Theorie gesetzten Ziele von Freiheit und Gerechtigkeit verwirklicht hat, gerade auch in ihren Außenbeziehungen. Der soziologisch richtigen Grundannahme Kants, daß die Demokratie als Herrschaft der Betroffenen den Krieg eliminieren werde,[5] steht die Erfahrung der inter- und intragesellschaftlichen Gewaltanwendung der bürgerlichen Demokratien gegenüber.[6] Tragen die Appeasementpolitik der bürgerlichen Demokratien vor 1939 und die Außenpolitik Großbritanniens und der Bundesrepublik nach 1945 dem bürgerlichen Ideal weitgehend Rechnung, so weicht der Vietnam-Krieg der USA und Frankreichs davon ab.

Die Lösung kann hier nicht geboten, sondern nur, wie erwähnt, vorbereitet werden durch eine analytische Aufbereitung des Forschungsgegenstands der bürgerlichen Gesellschaft und eine klärende Aufgliederung des erkenntnisleitenden Begriffs des Friedens in Prozesse abnehmender Gewalt und zunehmender sozialer Gerechtigkeit innerhalb von Handlungszusammenhängen und durch sie. Inhaltliche Aussagen können dementsprechend nur vermutenden, forschungsanleitenden Charakter haben.

Zu bezweifeln ist, daß der Umschlag von der Neutralitäts- zur Interventionspolitik der USA dem Wirtschaftssystem anzulasten ist, da es sich vor und nach dem Zweiten Weltkrieg nicht geändert hat. Hypothetisch muß vielmehr gelten, daß die Verschiebungen im politischen System der USA, vornehmlich das durch den Zweiten Weltkrieg bedingte Hervortreten einer militärischen und einer administrativen Führungsschicht – eben die Manager der nationalen Sicherheit –, maßgeblich diese Veränderung verursacht hat. Sie läßt sich beschreiben als Ausdruck der Emanzipation des politischen Systems gegenüber dem wirtschaftlichen. Um so weniger können die ›outputs‹ des politischen Systems als Funktion wirtschaftlicher Anforderungen verstanden werden. Vielmehr ist offensichtlich eine Wettbewerbssituation entstanden, in der die Wirtschaft ihre traditionelle Unabhängigkeit und Eigenständigkeit bewahren und dementsprechend das politische System nur hilfsweise einschalten will, während dieses System mit Hilfe der Anforderungen nach Sicherheit und Verteidigung seinen Allokationsbereich ständig zu erweitern trachtet. Der Ausgang dieser Konkurrenz ist keinesfalls entschieden, sie strukturiert vielmehr mit wechselnden Vor- und Nachteilen den Verlauf der amerikanischen Umweltbeziehungen, vor allem seit den sechziger Jahren, in denen die multinationalen Konzerne die Interdependenz weiter verdichtet haben.

Die Anforderungen der amerikanischen Wirtschaft spielen dementsprechend eine besonders wichtige Rolle. Sie ist um so wichtiger, als die amerikanische Wirtschaft seit langem eigene autonome und außerordentlich kräftige Handlungszusammenhänge entwickelt hat, die im Fall der multinationalen Konzerne und Banken bereits zu Teilintegrationen vorangetrieben wurden. 1970 bestritten die Töchter amerikanischer Multis bereits 21% aller Exporte aus den OECD-Ländern.[7] Im gleichen Jahr brachten solche Unternehmen in der Bundesrepublik 12,3% des Investitionskapitals auf, in Großbritannien sogar 20,9%.[8] Diese Teilintegrationen bewirken große Konflikte, in die die amerikanische Wirtschaft, das politische System der USA und das politische System des betroffenen Gastlandes verwickelt sind.[9] Der Widerstand solcher amerikanischer Tochtergesell-

schaften (Majority-Owned Foreign Affiliates, MOFA) gegen die westdeutsche Mitbestimmungsregelung 1974 ist ein Beispiel dafür.
Welche Anforderungen auf den Gebieten Sicherheit und Entspannung resultieren aus solchen Teilintegrationen? Der große Mischkonzern ist dadurch charakterisiert, daß seine Teile notwendig unterschiedliche Interessen verfolgen und die sie leitenden Manager, im Gegensatz zum früheren Unternehmer, keine einheitlichen, langfristigen politischen Interessen mehr besetzen.[10] Freilich gibt es ein gemeinsames Interesse, nämlich den Krieg zu vermeiden. Zumindest im Ost-West-Bereich würde jeder Krieg die entstandenen Teilintegrationen zerstören und die Handlungszusammenhänge beeinträchtigen. Er würde darüber hinaus die Kontrolle des politischen Systems verstärken, die Handlungsmöglichkeiten der Wirtschaft einschränken. Das Interesse an Sicherheit in diesem Bereich muß daher einhergehen mit einem Interesse an der Vermeidung des Krieges.
In der Tat lassen sich keine Anforderungen der Wirtschaft auf Krieg oder auch nur Spannungsverschärfung im Ost-West-Bereich feststellen. Soweit Umfragen Gültigkeit beanspruchen können, erweisen sie, daß die amerikanische Wirtschaft kein Interesse an großen Militärausgaben hat, sich davon weder Sicherheit für ihre überseeischen Wirtschaftsinteressen noch eine Ankurbelung der amerikanischen Konjunktur verspricht.[11] Mehr als die Hälfte der amerikanischen Wirtschaft würde die Verteidigungsausgaben senken. Die These von der Notwendigkeit der amerikanischen Rüstung zum Zwecke der Surplus-Verwertung wird damit erneut widerlegt.[12]
Die amerikanischen Multis richteten an das politische System ganz entschieden die Forderung nach Entspannung. Sie haben massiv gegen das Jackson-Vanik-Amendment gekämpft, immer wieder seine Aufhebung gefordert.[13] Das Interesse an der Verwirklichung des amerikanisch-sowjetischen Handelsvertrags war ungleich größer als das, die Frontstellungen des Kalten Krieges aufrechtzuerhalten.
Entspannung ist damit als die eine große Forderung zu bezeichnen, die die amerikanische Wirtschaft, vorab die Multis, an das politische System der Vereinigten Staaten gerichtet haben. Sie bezieht sich freilich nur auf den Ost-West-Konflikt, muß auch dort im Kontext der wirtschaftlichen Interessen gesehen werden, kann also nicht ohne weiteres mit einer Forderung nach Frieden identifiziert werden. Dazu müßte erst geprüft werden, welche Wertzuweisungen innerhalb dieser Handlungszusammenhänge und durch sie vorgenommen wurden. Unbestreitbar ist jedoch, daß in bezug auf dieses Konfliktsystem die Forderung der amerikanischen Wirtschaft nach Entspannung und nicht nach Wiederaufnahme des Kalten Krieges, gar nach seiner Verschärfung gelautet hat.
Die sicherheitspolitischen Anforderungen der amerikanischen Wirtschaft lassen sich schon sehr viel schwieriger bestimmen. Sicherheit hat nicht nur eine militärische, sondern auch eine politische und wirtschaftliche Ausdehnung. Die militärische Sicherheit stand als Forderung sowieso nie in

Frage – das erwähnte Interesse an der Rüstungsminderung findet selbstverständlich dort seine Grenze, wo etwa die Sicherheit der Vereinigten Staaten tangiert worden wäre. Auch Machtentfaltung, Machtdemonstration und Prestige fallen unter Sicherheit. Hypothetisch kann gelten, daß die amerikanische Wirtschaft Sicherheit auch in diesem Sinne verstanden und zu ihren Gunsten eine entsprechend große militärische Rüstung gefordert und gefördert hat. In ihrer Grundstimmung konservativ, war die Wirtschaft für die Beibehaltung der Militärallianz, schätzte sie die Bedeutung militärischer Macht allgemein durchaus. Für die Sicherung ihrer außenwirtschaftspolitischen Interessen vertraute sie lieber auf ihre eigenen Mittel als auf die militärischen, hielt den militärisch instrumentierten Kontrollanspruch für unnötig und übertrieben, seine Ausführung wie im Falle Vietnams für absolut schädlich.[14]

Der Zusammenhang zwischen Wirtschaftsinteressen und militärischer Sicherheit muß einerseits umfassender, andererseits detaillierter interpretiert werden. Der stärksten Militärmacht der Welt anzugehören, schafft einen Prestige-Vorteil, der sich auch für das wirtschaftliche Entrée ausnützen läßt. Die Präsenz des amerikanischen Militärs erleichtert die der Wirtschaft. Die amerikanischen Direktinvestitionen im Ausland sind ohne Berücksichtigung des politischen Sicherheitssystems der USA nicht denkbar, dessen Aufrechterhaltung die Konzerne folgerichtig auch mitfinanziert haben.[15] Die amerikanische Großindustrie braucht das Prestige des amerikanischen Militärs, von dem sie profitiert, und nicht dessen Einsatz, der sie kontrolliert.

Andererseits wäre zu prüfen, ob die Wirtschaft nicht auch detailliertere Anforderungen an das politische System gerichtet hat, etwa bei der Ausgestaltung von Beistands- und Verteidigungsverträgen, bei Waffenlieferungen. Wie die Wirtschaft bereit war, sich den sicherheitspolitischen Exportbeschränkungen zu unterwerfen, so war sie daran interessiert, von den sicherheitspolitischen Entscheidungen zu profitieren, etwa im Hinblick auf den Zugang zu Rohstoffen oder zu den Märkten in dem betreffenden Land.[16]

Einen Sonderfall bietet die amerikanische Auslandshilfe. Da der Export der amerikanischen Landwirtschaft über viele Jahre hin nur durch die Auslandshilfe finanziert und gewährleistet werden konnte, muß auch die Frage gestellt werden, in welchem Maße die amerikanische Auslandshilfe Folge der Anforderung der amerikanischen Landwirtschaft nach Exportförderung gewesen ist. In den Kapiteln 7.1 und 8.2.5 wird diese Frage noch einmal aufgeworfen werden.

Sicherheits- und entspannungspolitische Anforderungen der Wirtschaft an das politische System müssen aber auch unter ihren Folgen innerhalb des gesellschaftlichen Umfeldes gesehen werden. Handlungszusammenhänge dienen dazu, kontinuierliche Interessen in unterschiedlichen Umfeldern zu realisieren. Als eine der wichtigsten Anforderungen an das politische System kann angenommen werden, keine sicherheitspolitischen

Entscheidungen auf diesen Gebieten zu treffen, die das innergesellschaftliche Verteilungssystem prinzipiell beeinflussen würden. Dies ist lediglich eine Vermutung, eine Annahme, die sich darum bemüht zu erklären, warum die Vereinigten Staaten trotz der Entspannung Über-Rüstung beibehalten. Die überragende Position, die das amerikanische Militär im Entscheidungssystem gewonnen hat, erklärt nicht alles. Der Bau-, Transport- und Konsumgüterindustrie müßte an öffentlichen Geldern mindestens genauso gelegen sein wie der Rüstungsindustrie, zumal deren Anteil an der Gesamtwirtschaft relativ klein ist.[17] Die Prioritäten in dieser Weise neu zu ordnen, würde aber die bisherigen Verteilungssysteme zur Diskussion, vielleicht sogar in Frage stellen. Durchschnittlich sind die amerikanischen Wirtschaftler zwar liberaler als die Republikaner, jedoch konservativer als die Demokraten und in jedem Falle sehr reserviert gegenüber einer Neuverteilung des Einkommens.[18] Bei ihren Anforderungen hinsichtlich der Entspannungs- und Sicherheitspolitik dürfen solche verteilungspolitischen Aspekte zumindest nicht außer Acht gelassen werden. Nur als Annahme läßt sich dementsprechend formulieren, daß die amerikanische Wirtschaft eine Entspannungspolitik fordert, die die Sicherheit der Vereinigten Staaten nicht in Frage stellt, den Prestigewert ihrer Gewährleistung außenwirtschaftlich nutzbar macht und die innergesellschaftlichen Verteilungssysteme prinzipiell nicht verändert.
Außerhalb des Bereiches des Ost-West-Konflikts treten zu diesen allgemeinen Anforderungen noch spezielle hinzu. Sie betreffen die militärische und politische Absicherung von Auslandsinvestitionen, vornehmlich in der Dritten Welt. Hier müssen Regionen, historische Phasen und Wirtschaftsbereiche unterschieden werden. Hinsichtlich Lateinamerikas wurde die Forderung häufiger gestellt, in der Phase des Dollar-Imperialismus öfter als nach 1932 und nach 1945. Sie konzentrierte sich auf extraktive Industrien; Guatemala (1954) ist die Ausnahme, die die Regel bestätigt. In bezug auf die extraktiven Industrien in Lateinamerika hat sich die Forderung nach politischer und militärischer Intervention des politischen Systems auch nach dem Zweiten Weltkrieg erhalten, freilich mit sehr unterschiedlicher Ausprägung und ganz unterschiedlichem Ergebnis. ITT verlangte in Chile den Einsatz zunächst vergeblich,[19] später erfolgreich. In Peru ist die Forderung gar nicht erst gestellt worden, obwohl in der Perspektive der Revolution von 1968 die Verstaatlichung von zumindest der Hälfte der Industrie enthalten ist.
In Kuba, wo es sich freilich nicht um extraktive Industrien, aber um beträchtliche Investitionen handelte, hat die Wirtschaft keine direkte Intervention gefordert, aber wohl die indirekte gefördert. Wie sich dabei wirtschaftliche und militärische Interessen zueinander verhielten, ist trotz der umfangreichen Literatur weitgehend ungeklärt.[20] Beim Eingriff in die Dominikanische Republik war das Interesse am Herrschaftssystem offensichtlich größer als das an den wirtschaftlichen Investitionen. Außerhalb Lateinamerikas sind solche Forderungen nicht erst gestellt worden. Die

Intervention, die bei den Kämpfen um die Unabhängigkeit Angolas erwogen wurde, war politisch motiviert und wurde alsbald verworfen. Der amerikanische Öl-Multi Gulf arbeitet in Cabinda ungestört weiter.
Es ist zu erwarten, daß die Forderung nach militärischer Sicherheit extraktiver Investitionen in der Dritten Welt sich weiter abschwächen wird in dem Maße, in dem sich diese Investitionen in die Entwicklungspolitik der Gastländer einfinden, so daß sich auch deren Einstellung verändern kann. Das Beispiel Algerien zeigt, wie sich extraktive Interessen multinationaler Korporationen in eine entschlossene staatliche Entwicklungspolitik einfügen lassen.
Ein entscheidender Test für das Verhältnis wirtschaftlicher Interessen zur Sicherheitspolitik der Vereinigten Staaten vollzieht sich seit dem letzten Viertel der siebziger Jahre im Nahen Osten. Die zunehmende Abhängigkeit der Vereinigten Staaten vom importierten Öl – das zu rund einem Drittel aus den arabischen Staaten des Nahen Ostens stammt – verlangt, die Beziehung zu den arabischen Staaten zu verbessern, um die Importe und den daran hängenden Gewinn der ARAMCO zu sichern. Diese Forderung kollidiert mit dem politischen, durch die jüdische Minderheit innenpolitisch machtvoll abgestürzten Interesse, den Staat Israel und sein erweitertes Territorium gegen arabischen Druck zu halten. Die Entwicklung der amerikanischen Nahost-Politik wird zeigen, und zwar an einem sehr neuralgischen Fall, ob kurzfristige politische, auch innenpolitische Interessen oder langfristige wirtschaftliche Anforderungen, zu denen sich selbstverständlich auch langfristige politische Sicherheitsinteressen gesellen, die Oberhand behalten werden.
Die politischen Anforderungen der Wirtschaft bieten also ein sehr vielfältiges, kompliziertes Bild. Weil der Grad der Politisierung der amerikanischen Gesellschaft gegenwärtig noch immer sehr gering ist, hat die Wirtschaft als der wichtigste Demandeur zu gelten, der Anforderungen und Unterstützungsleistungen definiert. Beide fallen nicht einheitlich, sondern höchst unterschiedlich aus; sie werden auch durch das politische System ganz unterschiedlich eingeschätzt und beantwortet.

4.4 Die Parteien

Im erweiterten Modell Eastons stehen die Parteien sowohl innerhalb wie außerhalb des politischen Systems. Ihre primäre Funktion liegt in der Übersetzung von Bedürfnissen der Gesellschaft in politischen Anforderungen und in deren Zulassung in das politische System. In dieser Funktion sind sie hier zu behandeln. Soweit die Auswahl der Entscheidungsträger innerhalb des politischen Systems parteipolitisch bestimmt ist, sind die Parteien im politischen System präsent, müssen und werden sie dort behandelt werden.
In der Bundespolitik der Vereinigten Staaten spielen die Parteien bekanntlich eine nur sehr untergeordnete Rolle. Sie erschöpft sich größten-

teils darin, die Kandidaten für das Amt des Präsidenten und des Vizepräsidenten zu nominieren und deren Wahlkampf zu unterstützen.[1] Da diese Funktion nur alle vier Jahre fällig wird, kommt ihr auf Anhieb keine größere Bedeutung zu. Die Parteiprogramme strotzen nach allgemeiner Ansicht von Allgemeinheiten, die vornehmlich den Wählerfang beabsichtigen und keine Verbindlichkeiten enthalten. Diese Ansicht ist jedoch nur bedingt richtig. Die Programme der amerikanischen Parteien sind, vergleicht man sie einmal mit bundesrepublikanischen Gegenstücken, bemerkenswert konkret und ausführlich. Ferner muß zumindest für die erste Nachkriegszeit gelten, daß der Wähler seine außenpolitischen Präferenzen nach der Partei bestimmte, der er zuneigte.[2] Dies hat sich seit den fünfziger Jahren geändert, so wie sich die Bereitschaft der Amerikaner, sich mit einer der beiden großen Parteien zu identifizieren, abgeschwächt hat.[3] Der amerikanische Wähler hat durchweg aufgehört, ein Parteiticket zu wählen, er differenziert sehr genau zwischen den einzelnen Kandidaten und den Ämtern, für die sie sich bewerben.[4] Die rationale Entscheidung tritt an die Stelle reiner Partei-Loyalität. Mehr als ein Drittel der amerikanischen Wählerschaft erklärte sich in der zweiten Hälfte der siebziger Jahre für unabhängig, neigte also einer dritten Partei zu oder behielt sich seine Entscheidung bis zum Wahltag vor.[5]

In bemerkenswertem Kontrast zu der untergeordneten Rolle, die die Parteien in der Bundespolitik spielen, haben ihre außenpolitischen Forderungen fast bei allen Präsidentschaftswahlen der Nachkriegszeit eine wichtige Basis der Wahlkampagnen abgegeben. 1952 stellte Eisenhower seine Kandidatur auf die Beendigung des Korea-Krieges und den »Kreuzzug für die Freiheit«. Kennedy machte 1960 die »Raketen-Lücke« zu einem seiner Hauptwahlschlager. Goldwater verlor die Wahl 1964 hauptsächlich wegen seiner intransigenten Haltung gegenüber dem Vietnam-Krieg. Johnson stürzte 1968, weil er entgegen seinen Versprechungen vier Jahre zuvor eine solche intransigente Politik geführt hatte. Richard Nixon gewann 1968, weil er das Ende des Vietnam-Krieges in Aussicht stellte, 1972, weil er die Entspannung mit der Sowjetunion vorweisen konnte. Eigentlich zum ersten Mal nach dem Kriege zeigte die Wahl 1976 ein stark innenpolitisch blickendes Gesicht. Aber in der Auseinandersetzung zwischen den beiden republikanischen Präsidentschaftskandidaten Ford und Reagan spielte die Politik der Entspannung gegenüber der Sowjetunion eine so entscheidende Rolle, daß Präsident Ford sich gezwungen sah, das Wort aus seinem Sprachschatz zu streichen. Fast alle Präsidentschaftswahlen seit 1952 sind maßgeblich aufgrund außenpolitischer Optionen entschieden worden.

Die Bedeutung, die die Außenpolitik in den Präsidentschaftswahlen erhielt, kontrastiert nur scheinbar mit der ›bi-partisanship‹, die die Außenpolitik zwischen den Wahlperioden zu beherrschen scheint. Zunächst hat es diese »Überparteilichkeit« nur in Kriegszeiten und unmittelbar danach gegeben, als es, beispielsweise, um das gemeinsame Ziel der Auseinandersetzung mit der Sowjetunion ging.[6] Diese Basis zerbrach endgültig mit dem Vietnam-Krieg, wie sie schon 1952 bei dem Korea-Krieg ins Wanken geraten war. Größtenteils aber muß ›bi-partisanship‹ instrumentell erklärt werden, und zwar einmal aus der Struktur des amerikanischen Regierungssystems, das den Präsidenten und die Legislative gegenüberstellt, nicht die Regierungs- und die Oppositionspartei. Zum anderen war sie schiere Notwendigkeit für republikanische Präsidenten, die durchweg mit demokratischen Mehrheiten im Kongreß auskommen mußten. Auch bei den demokratischen Administrationen erzwingt doch die Fraktionierung der beiden großen Parteien in einen konservativen und liberalen Flügel und die sich gerade in der Außenpolitik häufig einstellende Koalition zwischen Südstaaten-Demokraten und Mittelwest-Republikanern vom Präsidenten die Vernachlässigung der Parteigrenzen. Nur in diesem Sinne kann ›bi-partisanship‹ als Überparteilichkeit interpretiert werden.

Die Bedeutung der Außenpolitik in den Präsidentschaftswahlen muß freilich noch anders erklärt werden. Infolge der föderalen Struktur der Vereinigten Staaten ist die Außenpolitik das einzige Gebiet, auf dem die Bundesexekutive, der Präsident, originale Kompetenzen beanspruchen kann, und zwar exklusiv. Nur außenpolitisch kann er sich profilieren, kann er nationales Ansehen gewinnen. Hinzu kommt, daß die Außenpolitik sich vorzüglich dazu eignet, bundesweit Motivation und Zustimmung zu erzielen. Der geringe Informationsstand der Wähler erbringt für den Präsidenten immer wieder Versuchung und Möglichkeit, sich als der ›opinion-leader‹ zu erweisen.

Schließlich vermag sich der Präsidentschaftskandidat auch innerhalb seiner Partei nur außenpolitisch zu profilieren. Da sie, als Föderation von Staaten-Parteien mit ausgeprägten Interessen und Positionen innerhalb dieser Staaten, dem Kandidaten innenpolitisch kaum Manövrierraum läßt, kann er ihn nur außenpolitisch gewinnen. Spielen also die Parteien als außenpolitische Anforderer in der Tat eine geringe Rolle, so erhebt doch ihr Exponent, der Präsidentschaftskandidat und sein Stellvertreter, gerade diese Forderung zur Basis seiner Kampagne. Dementsprechend sind die außenpolitischen Teile der Wahlkampfprogramme keineswegs etwa bedeutungslos.

Vergleicht man beispielsweise die Wahlprogramme beider Parteien für 1976,[7] so unterscheiden sich beide nicht nur in ihrer Einschätzung der Nixon-Ford-Administration und ihrer Außenpolitik. Sie setzen auch die Akzente ganz anders. Das Demokratische Programm unter dem Einfluß des Kandidaten Carter betonte die innen- und sozialpolitischen Aspekte von Sicherheit, hielt dementsprechend Rüstungsminderung für möglich und betonte die – risikofrei gehaltene – Kooperation mit der Sowjetunion. Das Republikanische Programm hingegen stellte fast ausschließlich auf die Stärke der amerikanischen Rüstung ab, verlangte eine »überlegene nationale Verteidigung«, sah in der militärischen Stärke den Weg zum Frieden. Sie hielt daher die Forderung nach einer ›second to none‹-Ver-

teidigungskapazität aufrecht. Deswegen wurde die Entspannung von den Republikanern keineswegs abgelehnt; sie warnten jedoch vor unangemessenen Konzessionen und vor einseitigen Vorleistungen.
Die Programme lassen also sehr wohl deutliche Unterschiede erkennen, auch in der Außenwirtschaftspolitik, die sehr ausführlich abgehandelt wird. Auffällig ist, daß sich die Positionen beider Parteien, vergleicht man sie mit denen von 1968,[8] beinahe vertauscht haben. 1968 trat die Republikanische Partei für die internationale Zusammenarbeit als der besten Hoffnung für den internationalen Frieden ein, verteidigte die Vereinten Nationen und kritisierte die Weltpolizisten-Rolle, die die Vereinigten Staaten unter demokratischer Führung eingenommen hätten. Die Demokratische Partei hingegen betonte die Rüstung und die Richtigkeit des Vietnam-Krieges.
Diese Schwenkung läßt sich natürlich erklären: Von 1969 bis 1976 hatten die Republikaner die Regierung inne und damit die Verantwortung; während die Demokraten sich auf die oppositionelle Kritik zurückziehen konnten. Ihre Identifikation mit dem Vietnam-Krieg verblaßte dementsprechend, die der Republikaner nahm zu. Auffällig ist jedoch die Schwankungsbreite. Sie umfaßt nicht nur Einzelpositionen, sondern beinahe das gesamte Konzept. Daß es in diesem Maße zur Disposition stehen kann, zeigt noch einmal die Schwäche der politischen Parteien in der Bundespolitik.
Treten die großen Parteien außenpolitisch nur alle 4 Jahre in Erscheinung, so sind sie in Gestalt ihrer Kongreßfraktionen ständig mit der Außenpolitik befaßt. Freilich darf dies nicht mit europäischen Maßstäben beurteilt werden. Das Gewaltenteilungssystem verwischt die Frontstellung zwischen den Parteien. Sie wird vor allem traditionell unterlaufen durch die »Konservative Koalition« von Südstaaten-Demokraten und Republikanern. Die Abstimmungslinien im Kongreß verliefen dementsprechend, auch in der Außenpolitik, in vielen Fällen nicht entlang den Parteilinien.[9] In der Mehrheit der Fälle wurden ›bi-partisan‹-Mehrheiten gebildet, schieden sich Demokraten und Republikaner in konservative und liberale Gruppierungen. Diese traditionellen Bruchlinien im Kongreß, die einer gemäßigten Gruppe von ca. 40 Abgeordneten der Republikanischen Partei im Haus die Rolle des Züngleins an der Waage zuschoben, waren überschaubar und kalkulierbar. Sie trugen maßgeblich zur Club-Atmosphäre des Kongresses bei.[10]
Sie ging 1970 zu Ende. Zunächst verjüngten die Wahlen von 1970 die Demokratische Fraktion im Haus durch starken Zuzug neuer Mitglieder. Insbesondere veränderte sich die Repräsentation der Südstaaten: An die Stelle der Konservativen traten zunehmend loyale Parteiangehörige.[11] Mit dem neuen Sprecher des Repräsentantenhauses Carl Albert, der 1971 McCormack abgelöst hatte, zog die Bereitschaft in die Führung des Hauses ein, den Wünschen der jüngeren Generation von Abgeordneten Gehör zu schenken. Schließlich mobilisierte der Amtsantritt von Präsident Nixon

1969 die liberalen Nordstaaten-Demokraten im Haus, insbesondere deren im September 1959 gegründete Democratic Study Group.[12] Sie fürchteten, daß die »Konservative Koalition« mit Nixon zusammenarbeiten könnte, und machten sich daran, die institutionelle Basis dieser Koalition, nämlich die Verfahrensregeln des Hauses vornehmlich bei der Zusammensetzung von Ausschüssen und der Ernennung ihrer Vorsitzenden, zu ändern. In den Jahren 1968 bis 1975 kam es zu einer tiefgreifenden Reform dieser Regeln mit dem Erfolg, daß das Club-System durch ein Partei-System ersetzt wurde.[13] Das Senioritäts-System bei der Besetzung der Ausschußvorsitzenden wurde durch ein Wahlsystem abgelöst, die Macht der Vorsitzenden auf diese Weise gebrochen und auf die Fraktionsversammlungen übergeleitet. Als Folge ist eine stärkere Politisierung des Hauses zu verzeichnen.

Auf der republikanischen Seite des Hauses gab es nur schwache Entsprechungen. Die Republican Study Group wurde 1973 gegründet, in erster Linie wohl als Antwort auf die Aktivität der Democratic Study Group. Mit ihren 75 Mitgliedern stellt sie jedoch mehr den rechten konservativen Flügel der Republikanischen Haus-Fraktion dar als ein politisierendes Element.[14] Sie versucht vielmehr, ein Gegenstück zu dem wachsenden liberalen Element im Haus – und im sozialen Umfeld des politischen Systems generell – zu bilden, die konservativen Kräfte zu sammeln.[15] Diese konservativen Kräfte sind, wie erwähnt, nicht notwendig auf die Republikanische Partei beschränkt. Die sich gegen Ende der siebziger Jahre im gesellschaftlichen Umfeld abzeichnende Formierung einer »neuen Rechten« schließt sowohl republikanische wie demokratische Orientierungen ein, unterstützt finanziell konservative Kandidaten beider Parteien in den Wahlkämpfen.[16]

Ist also eine stärkere Politisierung der Kongreß-Fraktion zu erwarten, so wird sie in erster Linie der Demokratischen Partei zugute kommen, generell aber auf den Kongreß beschränkt bleiben.

4.5 Bilanz

Die Anforderungen auf den Gebieten Sicherheit und Entspannung, wie sie von den verschiedenen Gruppen im sozialen Umfeld des politischen Systems und von den Parteien formuliert wurden, lassen sich nicht leicht bilanzieren. Dafür sind sie zu diffus, zu breit gestreut und zu ungenau formuliert. Das gesellschaftliche Umfeld bestimmte eher die Eckwerte, die nicht überschritten werden dürfen, eingehalten werden müssen, als daß es konkrete, nicht kompensierbare Forderungen erhob. Den Vietnam-Krieg zu beenden – dies war sicherlich eine solche Anforderung, sicherlich aber eben auch die Ausnahme, nicht die Regel. Immerhin wurde mit dieser Forderung der Grenzwert, der nicht überschritten werden darf, sehr deutlich bezeichnet und dabei die funktionale Zusammenarbeit zwischen dem gesellschaftlichen Umfeld und dem politischen System in hinlänglicher

Deutlichkeit sichtbar. Die Reaktion des Umfeldes kam spät, aber sie kam. Ihre Support-Verweigerung zwang das politische System zu Kurs- und Strukturänderungen, die es erschweren sollen, daß künftig diese Eckwerte wieder überschritten werden.
In bezug auf diese Eckwerte waren die politischen Anforderungen des gesellschaftlichen Umfeldes klar und eindeutig. Innerhalb dieser Werte aber lassen sie ganz offensichtlich eine beträchtliche Anzahl von ›outputs‹ zu, die zwischen Entspannung und Sicherheit eine Balance einspielen. Sie darf weder die Sicherheit gefährden noch die Entspannung revidieren. Für eine innerhalb dieser Grenzen bleibende Mischung jedoch vermag das politische System ganz offensichtlich eine ausreichende Unterstützung, ggf. von wechselnden Gruppierungen, zu erzielen. Dabei muß es die autonomen Handlungszusammenhänge berücksichtigen, die zwischen dem gesellschaftlichen Umfelt und der internationalen Umwelt bestehen. Es kann sie aber bis zu einem gewissen Grade durchaus beeinträchtigen. Stärke und Relevanz der Gruppen spielen dabei natürlich eine wichtige Rolle.
Der Handlungsspielraum des politischen Systems in bezug auf die Anforderungen nach Sicherheit und Entspannung ist also beträchtlich, aber nicht unbegrenzt. Bei seinem Versuch der Emanzipation hat das politische System die Weite und die Grenzen dieses Handlungsspielraums kennengelernt: mit dem Beginn, mit dem Ende und mit den Konsequenzen des Vietnam-Krieges. In den Bereichen Handel und Währung jedoch ist das politische System, wie später zu zeigen sein wird, bei der Minimal-Rolle verblieben, die es stets innegehabt hatte.

5. Sicherheit: Entscheidungen

5.1 Der Präsident und das White House Office

Alle wichtigen außenpolitischen Entscheidungen werden vom Präsidenten selbst oder in seinem Namen getroffen. Der Präsident ist der oberste ›executive officer‹ der Vereinigten Staaten; er ist die Spitze der Exekutive. Das heißt nicht, daß er sie kontrolliert. Er ernennt zwar die Minister und Behördenchefs, ist dabei aber auf die Zustimmung des Senates angewiesen. Der Kongreß insgesamt errichtet Ministerien und Behörden, beschließt ihre Etats, ihre Organisation. Der Präsident muß sich mit dem Kongreß die Kontrolle der Bürokratie teilen.[1] Die Minister und Behördenchefs bilden das Kabinett, das jedoch mit vergleichbaren europäischen Einrichtungen nur den Namen gemeinsam hat. Der Präsident ist auf die Zustimmung seines Kabinetts nicht angewiesen; er ist völlig unabhängig. Das gilt, wenn nicht in der Theorie, so doch in der Praxis, umgekehrt auch für die Minister und Behördenchefs. Sie fungieren als Teil der Bürokratie, die weitgehend unabhängig vom Präsidenten existiert und arbeitet. Diese Konstruktion muß man berücksichtigen,[2] wenn man das Hauptproblem der amerikanischen Außenpolitik verstehen will: die aus der Machtlosigkeit entstandene Machtfülle des Präsidenten und der Präsidentschaft.

Die »imperiale Präsidentschaft« war die Konsequenz eines Auswegs, den Präsident Roosevelt 1939 gewählt hatte. Mit den 37 Mitarbeitern, aus denen das Präsidentenamt 1933 bestand, konnte Roosevelt die Aufgaben, die in der Wirtschaftskrise auf ihn zukamen, nicht lösen. Von den beiden Änderungsmöglichkeiten: entweder die Ministerien zu vermehren und zu stärken und sich auf diese Weise zum Chef einer Kabinettsregierung zu machen oder aber das Präsidialamt auszubauen, wählte Roosevelt die zweite. Er schlug damit eine Entwicklung ein, die das Präsidialamt ständig vergrößerte, es zu einer zweiten Bürokratie werden ließ, die Trennung zwischen dem Präsidenten und der Ministerialbürokratie vertiefte, die Entscheidungsprozesse verdoppelte, das Chaos ermöglichte. Seitdem haben beinahe unzählige Untersuchungskommissionen die Probleme der Regierungsorganisation studiert und Vorschläge dazu unterbreitet. Sie laufen am Ende der siebziger Jahre darauf hinaus, den Weg einzuschlagen, den Roosevelt 1939 verworfen hatte: Präsident und Kabinett stärker einander zuzuordnen.[3]

Roosevelts Lösung, ›the designed chaos‹, bewirkte, daß 1975 1837 Personen im Executive Office des Präsidenten beschäftigt waren, im White House Office allein 586. Beide Institutionen bilden die institutionelle Präsidentschaft. Das Executive Office of the President wurde 1939, 1949 auf Vorschlag der Hoover-Kommission das White House Office als Teil des Executive Office und als dessen Kern eingerichtet. Neben dem Büro des Weißen Hauses bilden das Office of Management and Budget, das die haushaltspolitischen Entscheidungen trifft, und der National Security Council, der für den Sicherheitsbereich zuständig ist, die wichtigsten Bestandteile des Executive Office of the President.

Im White House Office Präsident Carters waren 1977 mehr als 70 Assistenten, Sonderberater des Präsidenten und deren Stellvertreter tätig. Diese organisatorische Ausstattung des White House Office drückt auch das organisatorische Problem der Präsidentschaft deutlich aus. Zu den Beratern des Präsidenten für nationale Sicherheitsfragen, für Innenpolitik, Gesundheitspolitik, Haushaltsfragen lassen sich unschwer die Gegenstücke zum Außen-, Innen-, zum Gesundheitsminister und zum Budgetdirektor erkennen. Über sie, statt über die Minister, versuchte der Präsident, die Arbeit der Bürokratie zu steuern. Verdoppelung und Konflikt sind auf diese Weise vorprogrammiert, insbesondere natürlich dort, wo es sich um wichtige und mächtige Ministerien handelt, die auf ihre Unabhängigkeit achten. Dominant wurde dementsprechend die institutionelle Präsidentschaft nur gegenüber einem einzigen Ministerium, das ohne Klientel und demzufolge schwach war: dem Außenministerium. Während auf allen anderen Bereichen der Präsidentschaft starke, meist kaum überwindliche Grenzen gezogen sind, galt dies nicht für die Außenpolitik. Hier konnte sie sich emanzipieren, hier hat sie sich emanzipiert.

Die Entscheidungen des politischen Systems müssen daher auch – und zwar in einem beträchtlichen Maß – unter dem institutionellen Aspekt gesehen werden, daß die Außenpolitik den einzigen Bereich relativ freier Entfaltung des Präsidenten darstellt. Der Präsident ist zwar der mächtigste Mann der Welt, innerhalb des politischen Systems der Vereinigten Staaten stellt er jedoch eine relativ schwache Position dar. In der Regel ohne politische Basis, ohne Rückhalt in einer Partei, aus der er die Führungskräfte seiner Regierung nehmen kann, ist der Präsident fast vollständig auf das ›bargaining‹ mit dem Kongreß und der Bürokratie angewiesen. Alle Präsidenten mußten erfahren, daß sie auch gegenüber der Bürokratie die schwächere Position innehatten. Als Faustregel gilt, daß ein Präsident, wenn er eine Anordnung wirklich durchsetzen will, dreimal nachfassen muß. Im Prinzip ist er auf die freiwillige Folgeleistung der Bürokratie angewiesen, da er das »eiserne Dreieck« zwischen Behördenchef, Interessengruppen und Kongreßausschuß überhaupt nicht beeinflussen kann. Er vermag zwar die Ministerposten zu besetzen, ist dabei aber, da ihm infolge der Schwäche der politischen Parteien keine politische Elite zur Verfügung steht, an die Wünsche der ihn unterstützenden Interessengruppen und Verbände gebunden. Der Kongreß seinerseits sorgt dafür, daß diese Schwäche des Präsidenten erhalten bleibt. Er richtet lieber weitere unabhängige Behörden und Ministerien ein, als daß er die

Kompetenzen des Präsidenten vermehrt. Die Kontrolle der Exekutive steht ihm sehr viel höher als deren Effizienz.

Der Legislative gegenüber hat der Präsident einen besonders schweren Stand, weil starke politische Parteien fehlen, die den Präsidenten tragen. So betritt er sein Amt – womöglich selbst ohne Washington-Erfahrung – mit einer in der Regel unerfahrenen, unpolitischen Mannschaft, die durchweg $1^1/_2$ Jahre braucht, um sich überhaupt erst einmal zurechtzufinden. Nur im ersten Jahr aber gewährt die Legislative dem neuen Präsidenten eine gewisse Schonfrist. Im zweiten Jahr setzen mit dem Blick auf die Midterm-Wahlen bereits die innenpolitischen Interessen ein, folgt die Reaktion der enttäuschten Erwartungen. Diese Wahlen gehen daher meistens zu Lasten des Präsidenten und seiner Partei aus. Im dritten Jahr richtet sich der Blick bereits auf die kommenden Präsidentschaftswahlen, die das vierte Jahr vollständig beherrschen. Eigentlich bleibt dem Präsidenten, wie Johnson festgestellt hat, nur ein einziges Jahr, in dem er wirklich etwas erledigen könnte, das erste.[4]

Konfrontiert mit einem argwöhnischen Kongreß und umgeben von einer bürokratisch verfestigten Struktur des politischen Systems, das seine traditionellen Handlungszusammenhänge mit dem sozialen Umfeld bis zur Form des »eisernen Dreiecks« verdichtet hat, bleibt dem Präsidenten nur ein sehr kleiner Raum, in dem er Konsens bewirken und Führung entfalten kann. Da er andererseits beides dringend braucht, um seine Wahl politisch rechtfertigen und seine Wiederwahl begründen zu können, befindet er sich in einer Krisensituation, die permanent und strukturell ist. Den einzigen ihm verbleibenden Freiraum, nämlich die Außen- und Sicherheitspolitik, zur Bewältigung dieser Krise zu verwenden – dieser Versuchung zur instrumentellen Verwendung von Außenpolitik sind bisher alle Präsidenten der Nachkriegszeit erlegen. Die traditionswidrige Betonung der Außenpolitik, die Überdimensionalisierung der Sicherheitsprobleme und des für sie bereitgestellten Aufwandes muß daher auch, und zwar vermutlich in beträchtlichem Umfang, auf diese institutionalisierte Krisenlage des Präsidenten zurückgeführt werden. Als Faustregel kann gelten, daß die Außenpolitik der Vereinigten Staaten in einem in Europa völlig unbekannten Maß nur als Folge der innenpolitischen Situation zu verstehen ist. Außenpolitik dient generell dazu, den Präsidenten mit Erfolgen auszustatten, die ihm innenpolitisch, im Konflikt mit Bürokratie und Kongreß, versagt bleiben.

Die Umwandlung der sicherheits- und entspannungspolitischen Anforderungen des Umfeldes durch das politische System muß also in einem beträchtlichen Ausmaß auch unter dem institutionellen Interesse des Präsidenten gesehen werden, auf diesem Gebiet seine Führung und seine Erfolge zu suchen. Für die Analyse dieser Politik stark auf die Untersuchung der Bürokratie und ihrer Verkehrsformen zurückzugreifen, hat daher durchaus seinen Sinn.[5] Desgleichen ist es sinnvoll, das Entscheidungszentrum des Präsidenten, das White House Office, mit einem »kaiserlichen Hof« zu vergleichen. Die beiden Ansätze müssen sich nicht ausschließen, sondern ergänzen sich. Die Versuchung zur monarchisch-privatistischen Entscheidung über die Außenpolitik mußte um so größer werden, je undurchdringlicher sich die Bürokratie mit ihren ›standard operation procedures‹ erwies.

Darüber hinaus ist das White House Office praktisch der einzige Bereich in der Bürokratie, den der Präsident vollständig nach seinem Belieben personell ausgestalten kann. Zwar kann er insgesamt von den 2 Millionen relevanten Ämtern in der Bürokratie 3000 besetzen, die als politische Positionen noch immer unter das Patronage-System fallen.[6] Dabei muß er aber im wesentlichen Wahlunterstützung honorieren, Parteiverpflichtungen erfüllen, regionale Interessen zufriedenstellen. Im White House Office hingegen hat er freie Hand. Natürlich müssen auch dort Wahlkampfdienste entlohnt werden, wie Kennedy es mit Chester Bowles getan hat, müssen abgehalfterte Politiker untergebracht, manche anderen personalpolitischen Probleme gelöst werden. Vornehmlich aber nimmt es die engsten Berater des Präsidenten auf, seine persönlichen Mitarbeiter. So brachte Kennedy[7] die Intellektuellen ins Weiße Haus, Johnson die Texaner, Eisenhower, dessen Kabinett bekanntlich aus »8 Millionären und einem Klempner« bestand, die Wirtschaftler. Nixon brachte die Werbefachleute,[8] Carter eine nicht sehr stark profilierte Mannschaft. Während Minister und Behördenchefs durchweg aus immer der gleichen Kombination von Großkonzernen, Ivy League-Universitäten, berühmten Kommissionen, Stiftungen und vergangenen Administrationen stammen,[9] drückt sich in der Besetzung des White House Office die persönliche Handschrift, das spezifische Führungsinteresse der Präsidenten aus. Je nachdem, ob sie lieber selbst regierten – wie Carter und Truman – oder stärker delegierten – wie Nixon und Eisenhower –, haben sie das White House Office organisiert, traten »Stabschefs« wie Sherman Adams und Bob Haldeman in den Vordergrund.

Die Nationalen Sicherheitsberater haben häufig einen hervorragenden Platz im White House Office eingenommen. Im Grund hatte schon F. D. Roosevelt diese Praxis begonnen, als er Harry Hopkins zu seinem außenpolitischen Berater und während des Krieges zu seinem Sonderbotschafter machte. Kennedy, der sich in vielem als Roosevelt-Nachfolger verstand, machte McGeorge Bundy zu seinem Sicherheitsberater. Johnson übernahm ihn, ersetzte ihn später durch Walt Rostow. Den Höhepunkt dieser Funktion bildete sicherlich Henry Kissinger unter Nixon. In einem von Rechtsnormen und Verfahrensregeln relativ freien Raum wie dem der Sicherheitspolitik in den Vereinigten Staaten kommt der Besetzung solcher Posten außerordentlich große Bedeutung zu. Personen stehen hier für Programme. Die Vietnam-Politik Präsident Kennedys und Präsident Johnsons kann ohne den Beitrag ihrer Sicherheitsberater Bundy und Rostow ebensowenig verstanden werden[10] wie die Entspannungspolitik Präsident Nixons ohne Berücksichtigung Henry Kissingers. Diese – hier bis zu einem gewissen Grad zulässige – Personalisierung außenpolitischer Entscheidungen kann nur auf dem Hintergrund der relativen Bewegungsfreiheit des Präsidenten in der auswärtigen Politik verstanden werden.

Die Organisation des Weißen Hauses war durchweg gekennzeichnet duch eine strikte Trennung von Innen- und Außenpolitik. Während in der Innenpolitik eine große Anzahl von Beratern und Assistenten ständig damit beschäftigt war, Kontakt zu Bürokratie, Kongreß und Interessengruppen zu halten, um den Präsidenten Informationen und Einflußmöglichkeiten zu bieten, nahm der Sicherheitsberater eine Einzelstellung ein. Die sich hier organisatorisch ausdrückende Emanzipation der Außenpolitik von der Innenpolitik ging so weit, daß es lange Zeit offiziell als systemwidrig galt, bei außenpolitischen Entscheidungen innenpolitische Konstellationen und Rückwirkungen zu berücksichtigen.[11] Übersetzt kann das nur heißen, daß der Handlungszusammenhang Sicherheit, in den der Präsident das politische System und das gesamte gesellschaftliche Umfeld eingebunden hat, sich von den anderen Handlungszusammenhängen zu entfernen suchte. Sicherheitspolitik wurde tendenziell betrieben, ohne die innenpolitischen und strukturellen Interessen im einzelnen zu berücksichtigen. Die »imperiale Präsidentschaft« entstand nicht, weil sie die Interessen der kapitalistischen Gesellschaft der Vereinigten Staaten berücksichtigte, sondern weil sie sie vernachlässigte. Die sicherheitspolitischen Entscheidungen des Präsidenten wurden getragen von einer Gruppe, deren Exponent der Nationale Sicherheitsberater war und die sich abgekoppelt hatte von den wirtschaftlichen und politischen Interessen des gesellschaftlichen Umfeldes.[12] Kennedy hatte zwar versucht, nach dem Desaster der Schweinebucht, seinen Bruder Robert und seinen innenpolitischen Berater Ted Sorensen auch zu außenpolitischen Beratungen hinzuziehen zu lassen, um beide Bereiche miteinander zu verklammern. Präsident Carter versuchte 1977/78 etwas Ähnliches, indem er den Vizepräsidenten Mondale und seinen wichtigsten innenpolitischen Berater und heimlichen »Stabschef«, Hamilton Jordan, in die außenpolitischen Beratungen einbezog. Dennoch muß allgemein gelten, daß die Präsidenten größtenteils »Außenpolitik gemacht haben unter dem Einfluß austauschbarer Mitglieder des nicht-parteipolitischen nationalen Sicherheits-Establishments«.[13]

Natürlich sind die Präsidenten darauf angewiesen, den für sie wichtigen Handlungszusammenhang Sicherheit fest im gesellschaftlichen Umfeld zu verankern. Sie wollen ihn nicht herauslösen, sondern ihn in den durch die Bedürfnisse und Forderungen des gesellschaftlichen Umfeldes selbst gebildeten Handlungszusammenhängen als einen eigenen, hervorragenden und zentralen Zusammenhang etablieren. Dazu bedarf es des ständigen Kontaktes zwischen dem Weißen Haus und dem gesellschaftlichen Umfeld, verstärkt selbstverständlich durch die an diesem Handlungszusammenhang beteiligten Kongreß- und Bürokratiemitglieder. Die vom Präsidenten von Zeit zu Zeit eingerichteten Spezialkommissionen spielen dabei eine große Rolle. Zusammengesetzt aus Vertretern der Wirtschaft, der

Gewerkschaften, des öffentlichen Lebens werden Blue Ribbon Panels gebildet, um präsidentielle Entscheidungen einerseits vorzubereiten, andererseits zu legitimieren. Sie tragen als ›gate keeper‹ dazu bei, den Handlungszusammenhang Sicherheit zu erhalten und zu vertiefen. Diese Ausschüsse werden nicht nur auf dem Gebiet der Sicherheitspolitik eingesetzt, sie begegnen uns in vielen Bereichen des Entscheidungssystems.
Diese präsidentiellen Kommissionen sind zu unterscheiden von den ständigen Beratungsausschüssen, die die amerikanischen Präsidenten auf dem Gebiet der auswärtigen Politik einberufen haben.[14] Schließlich muß eine dritte Gruppe von Beratungsausschüssen unterschieden werden, die, gleichfalls von längerer Dauer, vom Außenministerium und von anderen Ministerien eingerichtet und unterhalten werden.[15] Die Arbeit dieser beiden Gruppen von Ausschüssen vollzieht sich in der Regel jenseits und außerhalb der Öffentlichkeit, sie dient der Entscheidungsfindung innerhalb der Behörden. Die großen präsidentiellen ad hoc-Kommissionen hingegen haben ›gate keeping‹- und ›issue building‹-Funktionen.

5.2 Das Büro für Management und Budget

Das Budget einer politischen Einheit enthält die wichtigsten Wertzuweisungen. Es entscheidet über Belastungen und Begünstigungen. Es drückt aus, welche Anforderungen in welchem Maße berücksichtigt werden. Das Budget ist insofern die materielle Basis der Politik, der Gesamtausdruck des politischen Output. In ihm müssen nicht nur Einnahmen und Ausgaben, sondern eben auch die Anforderungen der verschiedenen Gruppen des gesellschaftlichen Umfeldes wie des politischen Systems zur Deckung gebracht, zumindest aber miteinander vereinbar gemacht werden. Es stellt eine »Repräsentation der Regierungsaktivität in geldlicher Form« dar.[1] Wer über das Budget entscheidet, entscheidet über die Politik.
In der Vereinigten Staaten liegt, wie in allen bürgerlichen Demokratien, diese Kompetenz bei der Legislative. Der Kongreß verändert und bewilligt das Budget, hat das letzte Wort. Das erste, nicht minder wichtige Wort jedoch hat der Präsident, der das Budget aufstellt und es dem Kongreß zuleitet. Er entscheidet, was in das Budget aufgenommen und wie es verteilt werden soll. An dieser Gesamtanlage des Budgets kann der Kongreß praktisch nichts mehr ändern. Er kann kürzen und, eventuell, erhöhen; er kann aber die Aufstellung als solche nicht mehr ändern. Es ist sogar umstritten, ob er den Präsidenten zwingen kann, die bewilligten Gelder auszugeben. Die »power of the purse« ist eine limitierende, aber keine dirigierende Gewalt. Diese liegt vielmehr beim Präsidenten. Sein dafür zuständiges Ressort, das Bureau of the Budget – seit 1970 das Bureau of Management and Budget –, wird damit zu einem der besonders wichtigen Faktoren im Entscheidungsprozeß, und zwar auch im Hinblick auf die Sicherheits- und Entspannungspolitik. Eine der vier Budget-Abteilungen des OMB beschäftigt sich ausschließlich mit Fragen der Außen- und der Sicherheitspolitik, wie das nachfolgende Schema zeigt:

Office of Management and Budget

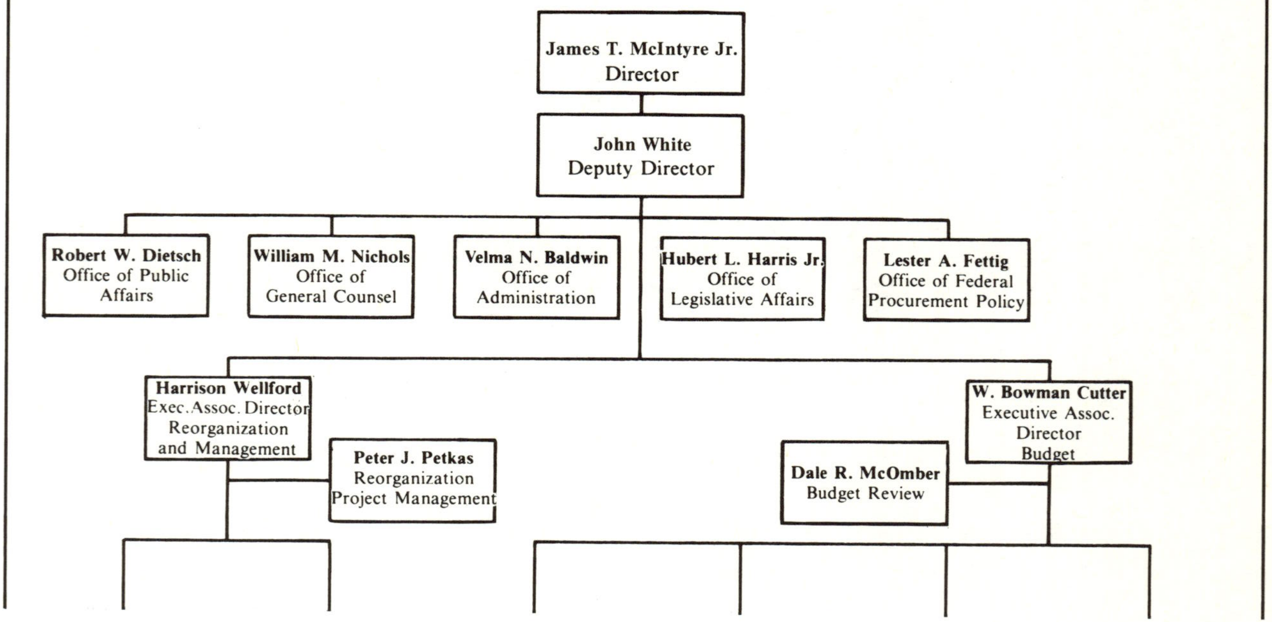

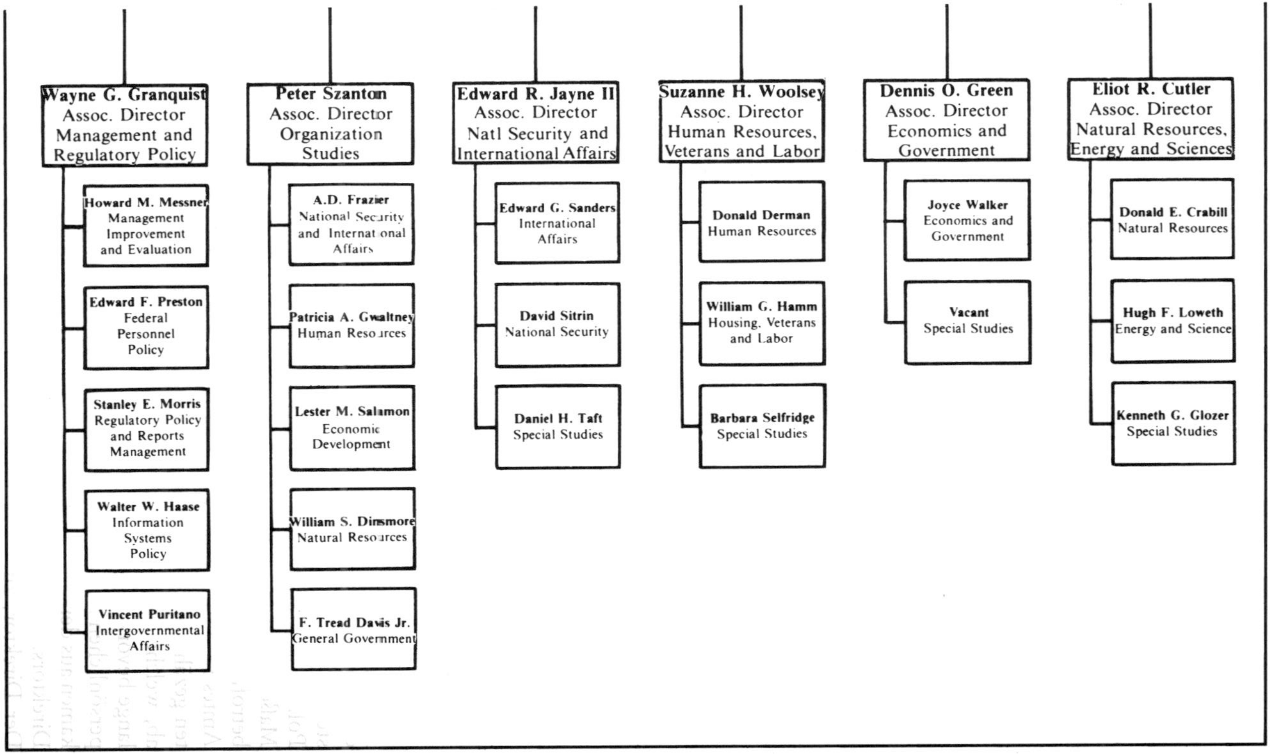

Quelle: National Journal, 1.10.1977, S. 1519

Das OMB ist erst langsam in diese wichtige Rolle hineingewachsen. Als es 1921 mit der Budget and Accounting Act eingerichtet wurde, war es im Treasury Department untergebracht und lediglich mit der Kompetenz ausgestattet, die Budget-Wünsche der einzelnen Ministerien und Ämter zu sammeln, zu revidieren und zu verbinden. Der Kongreß, der sich nur widerwillig zur Einrichtung eines solches Amtes verstanden hatte, täuschte sich für eine Weile darüber hinweg, daß mit dieser Funktion auch die Entscheidung über Haushaltsprioritäten verbunden war. Nachdem 1939 das Executive Office of the President eingerichtet worden war, kam das Budget-Büro dorthin. Während des Zweiten Weltkriegs wuchs es von 40 auf 600 Beamte an, seine Kompetenzen vermehrten sich entsprechend. Präsident Nixon wollte ihm 1970 die verteilungspolitischen Kompetenzen entziehen und sie dem ausschließlich seinem Einfluß unterliegenden Domestic Council anvertrauen. Das Budget-Büro, nunmehr um einen Organisations- und Management-Teil erweitert zum Office of Management and Budget, sollte nur noch ausführen, was der Domestic Council beschlossen hatte. Im Gegenzug dazu setzte es der Kongreß 1973 durch, daß der Direktor, der bis dahin vom Präsidenten allein eingesetzt werden konnte, nunmehr der Zustimmung des Senates bedarf.[2] Die Legislative zeigte sich besorgt über die Kompetenzerweiterung des OMB, das sich zu einem »Superministerium mit enormer Autorität über alle Aktivitäten der Bundesregierung« entwickelt hatte. Sein Direktor sei »in Wirklichkeit ein stellvertretender Präsident, der lebenswichtige präsidentielle Vollmachten innehat«.[3]

In diesem Superministerium werden die Vorentscheidungen für die Verteilung der Budgetmittel getroffen. Die einzelnen Ministerien und Ämter reichen ihre Anträge beim OMB ein, dessen Büros eine erste Auswahl unter politischen Kriterien treffen. Im Oktober eines jeden Jahres wird diese Auswahl von der Spitze des Büros diskutiert und entsprechend verändert. Sie wird in dieser Form vom Budget-Direktor dem Präsidenten übermittelt, der sich für diese Budget-Beratung durchschnittlich 25 Stunden Zeit nimmt.[4] Seine Entscheidung, praktisch also der Budget-Entwurf, wird dann den betroffenen Ministerien und Ämtern zur Rückäußerung überstellt. Das endgültige Budget geht Ende Januar an den Kongreß.

Politisches Geschick und politische Stärke des Büros zeigen sich in dem Maße, in dem es sich beim Präsidenten gegen die Revisionswünsche der betroffenen Ministerien und Ämter durchsetzen kann. Der Direktor des Amtes muß dementsprechend zu den wichtigsten Beratern des Präsidenten gezählt werden. Von ihm und seinem Büro hängt es maßgeblich mit ab, welche Prioritäten gesetzt, ob sicherheits- oder sozialpolitische Belange bevorzugt werden sollen. Viele Präsidenten haben daher gern einen persönlichen Berater zum Budget-Direktor gemacht. Viele, aber nicht alle, kamen aus der Wirtschaft. Die Folge war ein häufiger Wechsel im Amt des Direktors.

Der Direktor, zumal wenn er kein Budget-Fachmann ist, kann nur die großen Verteilungen übersehen und beeinflussen. Im übrigen ist er auf die Abteilungsleiter und Mitarbeiter des Büros angewiesen, deren Fachverstand die wachsende Kompexität der Anforderungen, gerade auf dem Gebiet der Sicherheits- und Entspannungspolitik zu meistern hat. Seit Präsident Johnson 1965 das »Planning-Programming-Budgeting (PPB)« eingeführt hat, werden die Ministerien und Ämter nicht mehr mit Globalzuweisungen bedacht, innerhalb deren sie sich frei bewegen können, sondern müssen ihre Budget-Anforderungen im einzelnen begründen und hinsichtlich der Folgekosten rechtfertigen. Der sogenannte »Washington Reflex«, nämlich ein Problem zu entdecken, ihm Geld hinterherzuwerfen und damit auf seine Lösung zu hoffen, wurde mit PPB aufgehoben. Seitdem müssen die Anforderungen begründet und berechnet werden. Präsident Carter hat sogar, seinem Wahlversprechen entsprechend, das ›Zero-Base Budgeting‹ in den Vereinigten Staaten eingeführt, wonach nicht nur die zusätzlichen, sondern sämtliche Anforderungen einer Behörde von Anfang an jedes Jahr neu begründet werden müssen.[5]

Mit der Einführung dieser Planungsprogramme ist die Einflußmöglichkeit des Budget-Büros eher noch gewachsen. Es bildet die zentrale Stelle, in der Verdoppelungen und Überlappungen ebenso festgestellt werden können, wie Mängel und Lücken. Nur im OMB wächst der Überblick über die zahlreichen Einzelprogramme des politischen Systems zusammen, nur seine Beamten verfügen über die Information aus allen Ämtern. Selbst die CIA erhält ihr Geld vom OMB, das es ihr auf Antrag aus dem Etat des Verteidigungsministeriums zuweist.[6]

Die Steuerungs- und Eingriffsmöglichkeiten des OMB sind um so größer, je größer der Budget-Anteil der anfordernden Behörde ist. Die Bereiche Sicherheit und Entspannung unterscheiden sich hier deutlich. Der Sicherheitsbereich mit den Verteidigungsausgaben in seinem Zentrum erforderte im Durchschnitt der Jahre 1970 bis 1974 34%, 1975 immerhin noch 27% des Budgets. Er erforderte dementsprechend ein beträchtliches Maß an Planung, mußte es jedenfalls ertragen. Im Gegensatz dazu hat sich dieser Planung der Entspannungsbereich, die Außenpolitik im traditionellen Sinne, weitgehend entzogen. Das liegt einmal daram, daß sie relativ wenig Geld erfordert, durchweg 2% des Gesamtbudgets. Im Titel 150, International Affairs, des Budgets für 1977 waren insgesamt 6,8 Milliarden Dollar vorgesehen, für das Außenministerium allein nur 13 Millionen Dollar. Im Vergleich dazu betrug der im Titel 050 beantragte Aufwand für die Verteidigung 101 Milliarden Dollar, davon allein 99 Milliarden für das Verteidigungsministerium.

Dementsprechend hat das OMB relativ wenig Einfluß auf die Außenpolitik. Abgesehen von der Auslandshilfe und der Militärhilfe, von der Entwicklungshilfe aller Art, bei denen immerhin noch nennbare Geldsummen verteilt werden müssen, läßt sich Außenpolitik beinahe kostenlos abwickeln. Hinzu kommt die Diffusion dessen, was gemeinhin als auswärtige Politik zu verstehen ist. An ihr sind durchweg 6 größere Ministerien und Behörden hauptamtlich beteiligt, die sich mit mehr als 140 Staaten beschäftigen. Sie alle bilden unterschiedliche Probleme, unterschiedliche Kontexte für die Entspannungspolitik der Vereinigten Staaten. Jede mit der Außenpolitik befaßte Behörde verfolgt ihre eigene Planung, stimmt sich kaum mit den anderen Behörden ab. Es kommt demzufolge auch nicht zu einem einheitlichen Planungssystem.

Für die Außenpolitik sind dadurch keineswegs etwa nur Vorteile entstanden. Im Gegenteil. Die Planungsunfähigkeit des Außenministeriums ist ihm immer wieder als Schwäche ausgelegt worden und hat bewirkt, daß dem Verteidigungsministerium und den dazugehörigen Handlungszusammenhängen immer Kompetenzen auch auf dem Gebiet der auswärtigen Politik zugefallen sind. Prinzipiell ist auch nicht zu erkennen, warum dem Außenministerium nicht gelingen soll, was dem Verteidigungsministerium gelang.

Sicherheitspolitik ist nicht weniger komplex als Entspannungspolitik. Sie ist, im Grunde genommen, nur der ins Militärische gewendete Aspekt von Außenpolitik. Planung ist also hier genauso möglich oder unmöglich wie dort. Sicherheitspolitik ist nur scheinbar einfacher als die Entspannungspolitik, die das Zentrum der »Außenpolitik« bildet oder bilden soll. Zwar ist der Rüstungsaufwand zählbar; er ist deswegen jedoch nicht vergleichbar. Auch der noch verbliebene Rest vermeintlicher Klarheit schwindet angesichts der Tatsache, daß Rüstung nur das Mittel für Spannungspolitik darstellt. Sie ist nicht weniger schwierig als Entspannungspolitik, ist sogar viel gefährlicher. Nur über die scheinbare Simplizität der Rüstung ist es den Militärs gelungen, mit der Planung auch die politische Prärogative an sich zu ziehen und im OMB bevorzugt berücksichtigt zu werden.

Das Office of Management and Budget nimmt also besonders in den Handlungszusammenhängen, in denen sicherheitspolitische Anforderungen formuliert, modifiziert und entschieden werden, einen wichtigen Platz ein. Es spricht ein gewichtiges Wort bei der Entwicklung neuer Waffensysteme mit, jedenfalls seit den siebziger Jahren.[7] Es ist in die langfristige Planung der Ministerien eingeschaltet, die die Anforderungen für das laufende Budget im Rahmen dieser Projektionen begründen müssen. Es gehört daher in eine Reihe mit dem Nationalen Sicherheitsrat, dem Verteidigungsministerium und den Streitkräften sowie den zuständigen Ausschüssen des Kongresses. Sie tragen den Handlungszusammenhang Sicherheit innerhalb des politischen Systems.

5.3 Der Nationale Sicherheitsrat

Der von Präsident Roosevelt eingeleitete und von seinen Nachfolgern weitergeführte Verzicht darauf, das Kabinett zu politisieren und damit zum zentralen Ort der Entscheidungen zu machen, schuf das organisatorische Hauptproblem, mit dem sich die amerikanische Außenpolitik seitdem herumzuplagen hat. Wo sollte die Institution errichtet werden, die über die Anforderungen nach Sicherheit und Entspannung zu entscheiden hatte? Das Problem ist auch am Ausgang der siebziger Jahre noch keineswegs gelöst. 1947 hatte der Kongreß für diese Aufgabe den Nationalen Sicherheitsrat eingerichtet, der in den ersten 35 Jahren der Nachkriegszeit, wenn auch unter wechselnden Bedingungen und Ausstattungen, als organisatorisches Zentrum für die außenpolitischen Entscheidungen des politischen Systems gedient hat. Er ist, wenn man so will, das außenpolitische Kabinett des amerikanischen Präsidenten; es ist symptomatisch, daß er in seiner Bezeichnung schon Außenpolitik als Sicherheitspolitik ausweist.

Nach einem frühen Kissinger-Wort ist es das Hauptproblem der Strategie, die Bedrohung zu definieren.[1] Wenn die Beziehungen des politischen Systems der Vereinigten Staaten zum internationalen Umfeld vornehmlich als Sicherheitsbeziehungen interpretiert und dem Nationalen Sicherheitsrat mit der Maßgabe zugewiesen wurden, auf sie hin die Innen-, Außen- und Militärpolitik der Vereinigten Staaten zu organisieren, dann war in dieser Organisation schon vorprogrammiert, daß die militärischen Aspekte diese Beziehungen dominieren würden. Mit der Einrichtung und der Ausstattung des Nationalen Sicherheitsrates konzentrierte sich das politische System der Vereinigten Staaten nicht nur auf Sicherheit als das oberste außenpolitische Ziel, es verschrieb sich auch einer spezifischen, nämlich militärischen Interpretation der Konflikte mit dem internationalen Umfeld. Der Nationale Sicherheitsrat wirkte als ein Filter, der von seiner organisatorischen Ausstattung her die verteidigungspolitischen, die militärischen und strategischen Probleme der Konflikte selektierte und bevorzugte. Ihm fehlte bis zum Ausgang der siebziger Jahre ein wirtschaftlicher Empfangsteil vollständig. Ein Versuch des Kongresses, 1975 den Finanzminister (Secretary of the Treasury) zum Mitglied des Nationalen Sicherheitsrates zu machen,[2] mißlang. Es blieb beim Außen- und Verteidigungsminister als den beiden Ressortleitern, die mit dem Präsidenten und dem Vizepräsidenten die Mitglieder des Nationalen Sicherheitsrates ausmachen. Es blieb beim Chef des Generalstabs und dem Chef der Central Intelligence Agency als den beiden gesetzmäßigen Beratern des NSC; es blieb beim Sicherheitsberater des Präsidenten als dem Leiter des Stabes.

Im Sicherheitsrat dominierte damit zwangsläufig militärisches, geheimdienstliches und klassisch-diplomatisches Denken. Sich ein solches Zentrum zur Vorbereitung außenpolitisch relevanter Entscheidungen zuzulegen, hieß, auch die wirtschaftlichen und politischen Konflikte als reine Machtkonflikte zu deuten, die der gewaltsamen, militärisch instrumentierten Regelung zugänglich waren. Gründung und Entwicklung des NSC weisen diese Tendenz ganz deutlich aus. Er wurde mit der National Security Act von 1947 eingerichtet, die die bis dahin weitgehend selbständigen Teilstreitkräfte in einem als National Military Establishment gefaßten Verteidigungsministerium zunächst locker zusammenband. Zusammen mit dem Council wurde die Central Intelligence Agency gebildet und ihm unterstellt. Die Konstruktion des Council und seine Einrichtung lehnte sich an das Beispiel des British Imperial Defense Council an, der 1908 als Koordinierungsgremium der britischen Verteidigungspolitik gebildet worden war. NSC verarbeitete die Erfahrungen, die im Zweiten Weltkrieg gemacht worden waren, als das gesamte politische System auf die Kriegführung eingestellt werden mußte. Von diesem Anlaß wie von dem Vorbild aus, dem er folgte, war der NSC auf die militärisch definierte Sicherheit und ihre innen- wie außenpolitischen Voraussetzungen ausgerichtet.

Das war nicht alles. Der NSC bildete auch eine typisch amerikanische Lösung insofern, als er dem Präsidenten bei seinen Entscheidungen zwar zur Hand gehen, ihn aber gleichzeitig auch bremsen sollte. Unter dieser Perspektive schrieb das Gesetz von 1947 dem Präsidenten Berater vor, die er nicht umgehen können sollte. Das politische System der Vereinigten Staaten, das sich 1945 bewußt zur Übernahme einer Weltführungsrolle bereiterklärt hatte, brauchte ein Gremium, in dem Informationen gesammelt und interpretiert, Anforderungen und Möglichkeiten ihrer Erfüllung miteinander in Übereinstimmung gebracht werden konnten. Für diese Aufgabe haben alle Präsidenten den Nationalen Sicherheitsrat, wenn auch in verschiedenem Grade, benutzt. Sie verfuhren dabei weitgehend unterschiedlich. Truman setzte 1949 eine Reorganisation durch, die den NSC in das Executive Office des Präsidenten verbrachte und die Streitkräfte-Minister ausschied. Der Rat bekam eine Reihe von ständigen Ausschüssen, die die Arbeit der betroffenen Ministerien untereinander koordinieren sollte.[3] Truman nahm an diesen Arbeiten wenig Anteil, benutzte den Rat aber als Krisenstab während der Spannungen um Berlin 1948.

Eisenhower, dessen Regierungsstil stark auf der Delegation beruhte, machte aus dem Nationalen Sicherheitsrat ein Superministerium. Es bildete die Spitze des ›policy hill‹, auf dessen einer Seite die Entscheidungen vorbereitet, auf dessen anderer Seite ihre Ausführung überwacht werden sollte.[4] Für die eine Aufgabe war das Planning Board, für die andere das Operations Co-ordinating Board zuständig. Freilich zeigte das Superministerium alle Schwächen der Über-Bürokratisierung: mangelnde Flexibilität, Rigidität, Starre. Aufgrund einer Untersuchung des Senate Committee on Government Operations unter Senator Henry M. Jackson wurde der Nationale Sicherheitsrat wieder zum reinen Beratungsgremium. Darunter litt selbstverständlich seine Koordinierungsfunktion. Sie wanderte mehr und mehr in das Weiße Haus und in das White House Office des Präsidenten aus, wurde zur Basis für den Aufstieg einer neuen, die imperiale Präsidentschaft kennzeichnenden Position: der des Nationalen Sicherheitsberaters.

Zwar hatten alle Präsidenten einen Assistenten für Sicherheitsfragen gehabt, war dieser Assistent mit dem Nationalen Sicherheitsrat auch offiziell verbunden, insofern er dessen Stab leitete. Bis Eisenhower jedoch war dies weitgehend als Verwaltungsaufgabe aufgefaßt, der für die Sicherheit zuständige Assistent des Präsidenten dementsprechend mehr als Sekretär des Nationalen Sicherheitsrates eingestuft worden.[5] Präsident Kennedy hingegen bevorzugte ein informelles Informations- und Entscheidungssystem, dessen Zentrum er im Weißen Haus ansiedelte. Sein Nationaler Sicherheitsberater, McGeorge Bundy, demontierte nach und nach alle von Eisenhower eingerichteten Gremien des Nationalen Sicherheitsrates und behielt nur den Rest als »einen überschaubaren und elastischen Mitarbeiterstab«.[6] Präsident Johnson, ohnehin fast ausschließlich mit dem Vietnam-Krieg beschäftigt, sah die Mitglieder des Nationalen Sicherheitsrates nur noch informell beim »Tuesday Lunch«.[7] Durch diese Entwicklung wurde der Nationale Sicherheitsrat soweit geschwächt, daß er unter Nixon und Kissinger nur noch als Appendix des White House Office galt. In dieser Abhängigkeit trieb er rasche Blüten, die jedoch in dem gleichen Maße zu welken begannen, in dem sich der Nationale Sicherheitsberater weiter profilierte, die Entscheidungen an sich zog und monopolisierte. Das Pendel der außenpolitischen Entscheidung schwang zurück, aber eben nicht zum Außenminister, sondern zum Nationalen Sicherheitsberater und zum Präsidenten.

Es ist nicht ganz erkennbar, ob Kissinger den Nationalen Sicherheitsrat benutzte, um die Bürokratie nur zu beschäftigen oder auch um sie zu beteiligen. Sein um hochrangige Mitarbeiter erweiterter Stab, der zeitweise über 100 Mitglieder aufwies, produzierte jedenfalls mit Hilfe der Bürokratie eine Fülle von National Security Memoranda (NSM),[8] die die beim Amtsantritt Nixons vorgefundene Weltlage analysierten und Optionen für Entscheidungen in den jeweiligen Problemkreisen aufbereiteten. Diese Memoranden wurden in interministeriellen Ausschüssen wie der Senior Review Group (SRG), die sich mit der allgemeinen Außenpolitik beschäftigte, oder dem Verification Panel (VP) für die Rüstungskontrolle behandelt und diskutiert. Zu diesen Gruppen, denen sämtlich Henry Kissinger selbst vorsaß, traten noch das Defense Programs Review Committee, das das Verteidigungsbudget prüfte, das 40 Committee, das die Geheimdienste überwachen sollte, sowie die Washington Special Actions Group, die sich um Sondereinsätze der Geheimdienste sowie um Krisen generell kümmerte.[9]

Formal bewegten sich alle diese Gruppen innerhalb des NSC-Systems; praktisch handelte es sich um Ausschüsse, die Kissinger für die Durchsetzung seiner Interessen eingesetzt hatte. Ihre Zuordnung zum NSC-System war eher formal, genauso wie die beiden Brüder Kennedy während der Raketenkrise um Kuba im Herbst 1962 das sogenannte ExCom, das die Krisenentscheidungen traf, einfach verbal in den Nationalen Sicherheitsrat eingeordnet hatten.

Der Nationale Sicherheitsrat zeigte hier noch einmal überdeutlich, daß er organisatorisch nur eine Form darstellte, die von den Präsidenten entsprechend ihrer Interessen gefüllt werden konnte.[10] Als Kissinger 1973 zum Außenminister ernannt wurde und in das Außenministerium überwechselte, wanderte mit ihm das Entscheidungszentrum weiter vom Nationalen Sicherheitsrat fort. Es blieb aber im Weißen Haus, da Kissinger auch als Außenminister seine Funktion des Nationalen Sicherheitsberaters des Präsidenten beibehielt, jedenfalls für lange Zeit. An dieser Verteilung hat auch die Administration Carter nichts Prinzipielles geändert, auch wenn der Präsident sich stärker auf den Außenminister und auf das Kabinett verlassen will.

Der Handlungszusammenhang, in dem der Nationale Sicherheitsrat steht, gehört der militärisch definierten Sicherheitspolitik an, in der militärisches und traditionell politisches Denken naturgemäß den Ausschlag gibt. Es ist kein Monopol der Militärs, kein Rollenattribut, sondern eine handlungsorientierte Attitüde. Spätestens der Vietnam-Krieg hat erwiesen, daß Zivilisten ebenso, wenn nicht noch stärker, militärisch denken als die Militärs selbst. Die unter Kissingers Leitung entstandenen Nationalen Sicherheits-Memoranden haben sich mit Problemen beschäftigt, die von den chemisch-biologischen Waffen, über MBFR bis zur Rüstungskontrolle und Afrika reichen. Weltwirtschaftsprobleme und soziale Fragen fanden weniger Beachtung. Konflikte wurden primär als gewaltsame Auseinandersetzungen, Sicherheit wurde dementsprechend vornehmlich als Funktion militärischer Stärke definiert.

Der Platz, den der Nationale Sicherheitsrat im amerikanischen Entscheidungssystem zugewiesen bekommen und trotz aller Gewichtsverlagerungen bis zum Ausgang der siebziger Jahre behalten hat, charakterisiert das Umwandlungsverhalten des politischen Systems. Es hat bevorzugt die militärischen Sicherheitsanforderungen aufgenommen und berücksichtigt, und zwar bei jeder Interpretation und Analyse von Vorgängen in der internationalen Umwelt. Im gleichen Maße wurden die politischen, wirtschaftlichen, sozialen und ideologischen Gehalte des Ost-West-Konflikts vernachlässigt. Zumindest bis zum Ende der Nixon-Ära muß gelten, daß das politische System seine Wertzuweisungen hauptsächlich diesen sicherheitspolitisch gerichteten Anforderungen zukommen ließ, von ihrer Erfüllung sich den ausschlaggebenden ›support‹ erwartete. Nur diese Vorzugsstellung erklärt, warum die Vereinigten Staaten sich in den Vietnam-Krieg verwickeln ließen, der so eindeutig außerhalb der Interessen eines kapitalistisch-bürgerlichen Systems lag. Alle Versuche, ihn als Ausdruck dieser Interessen zu bezeichnen, sind die Belege dafür bisher schuldig geblieben. Der Vietnam-Krieg ist der entsetzliche Ausdruck des Vorrangs, den die militärische Interpretation des Zieles der Sicherheit in ihrer extensivsten Form gewonnen hat: der des gewaltsamen Diktats. Es bezeichnet den Höhepunkt der imperialen Präsidentschaft, der nur mit der Übernahme von Kategorien der europäischen Realpolitik erreicht werden konnte. Sie sind ihrerseits nur auf dem Hintergrund der europäischen Herrschaftssysteme und ihrer klassischen Bevorzugung des Militärs gegenüber der Wirtschaft zu verstehen. Militärisches Denken darf daher auch nicht als ein Monopol von Militärs verstanden werden. Es beruht auf

einem Kategorien-System, das vorrangig von Militärs benutzt wird und bei ihnen auch berechtigt ist. Problematisch ist lediglich seine Übernahme in die politische Analyse, seine Erweiterung auf das gesamte Feld zwischengesellschaftlicher Konflikte. Diese Übernahme kann dadurch zustandekommen, daß Politiker sich diese Kategorien aneignen oder sie infolge von Grundeinstellungen bereits besitzen. Sie kann auch zustandekommen dadurch, daß Militärs ein überproportionaler Platz im politischen Entscheidungssystem eingeräumt wird.
Im politischen System der Vereinigten Staaten ist beides aufgetreten, jedenfalls bis 1974. Nachdem sich im Vietnam-Krieg die Konsequenzen gezeigt haben, hat das gesellschaftliche Umfeld auf diese Deviation des politischen Systems reagiert und die wirtschaftlichen Anforderungen ebenso wie die gesellschaftlichen wieder in die ihnen zukommenden Ränge eingesetzt. Als Folge dessen verzeichnet seitdem das politische System der Vereinigten Staaten nicht nur die stärkere Einbindung der Präsidentschaft in die legislative Kontrolle, sondern auch die stärkere Bevorzugung ökonomischer Interessen und Aspekte in den Beziehungen zur internationalen Umwelt. Sie bildeten die Voraussetzungen für die Administration Carter mit einem Verteidigungsminister Harold Brown, der die politischen Interessen des Präsidenten wichtiger nimmt als die militärischen des eigenen Hauses. Nur auf diesem Hintergrund ist die relevante Minderung der militärischen Einflußposition zu verstehen, die sich in den ersten Jahren der Administration Carter, ausgedrückt in dessen Entscheidung gegen den B 1-Bomber und gegen die Navy, verzeichnen läßt. Es bliebt abzuwarten, ob es sich hierbei um eine dauerhafte oder nur um eine vorübergehende Erscheinung handelt. Solange der Nationale Sicherheitsrat nicht durch ein anderes Gremium, vorzugsweise das Kabinett,[11] ersetzt oder doch austariert und damit die Einflußverlagerung zugunsten eines politisch-ökonomisch argumentierenden Gremiums institutionalisiert wird, sind die Gründe der Deviation nicht aufgehoben.
Immerhin ist der Entscheidungsprozeß des politischen Systems der Vereinigten Staaten über fast 30 Jahre ausschließlich auf den militärischen Aspekt der Sicherheit ausgerichtet gewesen. Entsprechend waren die Entscheidungsfaktoren angeordnet, die Kanäle gestaltet. Bei der Bedeutung, die organisatorische und prozedurale Ordnungen für den zu entscheidenden Inhalt haben, muß diese Tradition sehr hoch bewertet werden.
Eine Korrektur müßte dementsprechend auch institutionell ausgedrückt werden, soll sie wirksam sein. Die Entscheidungsfaktoren im Handlungszusammenhang Sicherheit müßten neu angeordnet, die Gewichte unter ihnen müßten neu verteilt werden, wenn der Zusammenhang auf den ihm zukommenden Platz zurückgestuft werden soll. Solange dies nicht der Fall ist, werden die Institutionen immer wieder Wertzuweisungen begünstigen, die auf Anforderungen des Militärs und der mit ihnen verbundenen Teile des gesellschaftlich-wirtschaftlichen Umfeldes gestellt werden.

5.4 Das Verteidigungsministerium

Das amerikanische Militär und seine politische Spitze, das Verteidigungsministerium, müssen zu den wichtigsten Entscheidungsfaktoren auf dem Gebiet der Sicherheit gezählt werden. Zunächst unterhält das Militär eigene große und sehr aktive Handlungszusammenhänge mit der internationalen Umwelt der Vereinigten Staaten. Sodann steht es im Zentrum des für die Außenpolitik wichtigsten »eisernen Dreiecks«, das das politische System mit seinem gesellschaftlichen Umfeld verbindet. Schließlich sind die Vereinigten Generalstabschefs sowie der Verteidigungsminister die wichtigsten sicherheitspolitischen Berater des Präsidenten. Für die dreißig Jahre nach 1945 wird das Verteidigungsministerium an Einfluß auf die Beziehungen der Vereinigten Staaten zu ihrer Umwelt von keinem anderen Ministerium übertroffen.

Das Militär muß als transnationaler oder multinationaler Akteur aufgefaßt werden. Die funktional-militärische Seite der NATO, beispielsweise, ist vollständig integriert; lediglich in der politischen wird die Souveränität der Staaten durch das Einstimmigkeitsprinzip bei den Entscheidungen reflektiert. Nimmt man hinzu, daß in den ersten zwanzig Jahren der NATO die Stäbe weitgehend unter amerikanischer Leitung standen, so tritt der Handlungszusammenhang, den das amerikanische Militär autonom mit den NATO-Verbündeten aufrechterhielt, deutlich zutage. Die Autonomie hat rechtlich eine andere Qualität als die, die den wirtschaftlichen Handlungszusammenhängen zukommt, ist geringer infolge der zumindest formal existierenden Prärogative der politischen Leitung. Sie kann aber im internationalen Zusammenspiel der Bürokratien, in den ›transgovernmental interactions‹,[1] mühelos unterlaufen werden. Die Möglichkeit dazu besteht auch außerhalb der funktional integrierten Stäbe des Nordatlantischen Verteidigungsbündnisses, wenn auch nur in abgeschwächtem Grad. Die Vereinigten Staaten haben mit mehr als 50 Staaten Verteidigungsbündnisse abgeschlossen, geben Militärhilfe, verkaufen Waffen. Alle diese Programme werden durchweg vom Militär ausgeführt, dessen Auslandsvertretungen in Form von Militärattachés, Militärberatern und Military Assistance Advisory Groups zahlenmäßig die diplomatischen Vertreter der Vereinigten Staaten im Ausland weit übertreffen.[2] Sie verfügen über eigene – und meist sehr viel bessere – Kommunikationssysteme mit dem Verteidigungsministerium, haben selbstverständlich intensiven Kontakt mit den militärischen Partnern im Empfängerland. Dementsprechend wichtig ist das Pentagon im Allokationsprozeß. Es steht nicht nur in der Mitte des Handlungszusammenhangs Sicherheit, der zwischen dem politischen System und seinem gesellschaftlichen Umfeld abläuft, sondern verknüpft ihn auch mit den Handlungszusammenhängen mit der internationalen Umwelt. Da beispielsweise über die Waffenverkäufe praktisch im Pentagon, nämlich im Office for International Logistics Negotiations, entschieden wird,[3] beeinflußt das amerikanische Militär autonom die

Forderungen, die das Ausland an das politische System der USA richtet und steuert gleichzeitig die innergesellschaftlichen Anforderungen auf deren Erfüllung. In noch sehr viel stärkerem Maße gilt dies selbstverständlich innerhalb der Verteidigungsbündnisse, insbesondere der NATO, wo das amerikanische Militär über seine Partner in den Stäben direkt Einfluß auf die politischen Systeme der Bündnispartner, auf deren Verhalten und auf deren Forderungen gegenüber dem politischen System der Vereinigten Staaten Einfluß nehmen kann. Das Militär, und speziell das amerikanische Militär, muß als ein außerordentlich wichtiger Akteur mit großer Autonomie angesehen werden. Die Vereinigten Staaten erfahren somit seit 1945, was den Europäern seit Jahrhunderten als kaum lösbares Problem präsent ist: die Emanzipation des Militärs von der politischen Leitung.

Organisationstheoretisch ist das Problem freilich gelöst. Die Streitkräfte unterstehen dem Präsidenten als dem Oberbefehlshaber, der in der amerikanischen Tradition, ebenso wie der Verteidigungsminister, ein Zivilist sein muß. Eisenhower war hier die Ausnahme, wie es George C. Marshall 1950/51 auf dem Posten des Verteidigungsministers gewesen ist. Das Verteidigungsministerium und der Posten des Secretary of Defense wurden 1947 in der National Security Act geschaffen, nachdem es seit 1789 einen Kriegsminister, der das Heer vertrat, und einen Marineminister gegeben hatte. Die Erfahrungen des Zweiten Weltkrieges, vor allem das Entstehen der Luftwaffe als einer zunehmend wichtiger werdenden Komponente, deren Bedeutung durch die Atombombe noch verstärkt wurde, zwangen nach 1945 zu einer Neuordnung des Militärwesens. Aus den zahlreichen Plänen dazu[4] ging schließlich der Eberstadt-Plan als Sieger hervor, der sich im Zeichen des sich verschärfenden Ost-West-Konfliktes, insbesondere angesichts der ersten sowjetischen Atombombe von 1949 als inflexibel und daher als unpraktisch erwies. In drei Etappen bewegten sich die Vereinigten Staaten von dieser Regelung fort. 1949 wurde das Immediat-Recht der Streitkräfteminister beseitigt, das National Military Establishment in das Department of Defense umbenannt. Dementsprechend hob sich die Position des Verteidigungsministers. Sie wurde aber wiederum kompensiert durch die Verstärkung des Generalstabs, der Joint Chiefs of Staff. Dieser Vereinigte Generalstab war mehr oder minder zufällig im Dezember 1941 ins Leben gerufen worden, um besser mit den britischen Militärs zusammenarbeiten zu können. 1949 wurde die Position eines Vorsitzenden des Vereinigten Generalstabs eingerichtet.

Auf den Korea-Krieg reagierte der Reorganisationsplan von 1953. Er ordnete die Minister der Teilstreitkräfte nunmehr eindeutig dem Verteidigungsminister unter, dessen Büro entsprechend erweitert wurde. Gleichzeitig hob dieser Plan auch den Vereinigten Generalstab stärker an, verbesserte auch die Position seines Vorsitzenden. Der sich hier abzeichnende Dualismus zwischen dem Verteidigungsminister auf der einen, dem Vereinigten Generalstab auf der anderen Seite wurde in dem Reorganisationsplan von 1958 perfektioniert. Der Aufstieg beider vollzog sich zu

Lasten der Unabhängigkeit der Teilstreitkräfte und ihrer Minister. Die Minister und die zivile Seite ihrer Häuser wurden nunmehr eindeutig dem Verteidigungsminister unterstellt, während die Teilstreitkräfte selbst unter dem Kommando der Vereinigten Stabschefs zu integrierten Kampfeinheiten verschmolzen wurden.

Das bis dahin gültige Ausschußsystem der Joint Chiefs of Staff, das allen Streitkräften eine gleichberechtigte Teilnahme ermöglicht und damit immer nur Kompromisse bewirkt hatte, wurde durch funktionale Direktorien ersetzt. Die integrierten Kampfeinheiten wurden durch den Präsidenten und den Verteidigungsminister unter Beratung und Hilfe der Vereinigten Stabschefs definiert, ihre Kampfaufträge werden ihnen durch den Verteidigungsminister zugeordnet. Er erhielt ferner das Recht, die Waffenentwicklung und den Gebrauch von Waffen den einzelnen Streitkräften zuzuweisen. Er konnte Abteilungen einrichten, die für mehrere Teilstreitkräfte Versorgungs- und Dienstleistungen zu erbringen hatten.

Damit war nun das Verteidigungsministerium so organisiert, wie vor 1949 ein Streitkräfteministerium: Unter dem Minister teilt sich das Haus in einen militärischen Teil, der die Kampfaufträge auszuführen, und in einen zivilen Teil, der die dazu erforderlichen Dienstleistungen zu erbringen hat. Dieser zivile Teil besteht vornehmlich, aber nicht ausschließlich, aus den Streitkräfteministerien. Dazu gehören 1978 noch sechs weitere Agencies, die auf den Gebieten Forschung, Materialbeschaffung, Auslandshilfe etc. Dienstleistungen für die gesamte Breite des Ministeriums zu erbringen haben. Auf der militärischen Seite befinden sich die integrierten, regional organisierten Streitkräfte, die dem Vereinigten Generalstab, und durch ihn dem Verteidigungsminister sowie dem Präsidenten unterstehen.

Den Löwenanteil der Reform von 1958, an der sich bis 1978 nichts Maßgebliches geändert hat, trug der Verteidigungsminister davon. Seine Kompetenzen wurden substantiell nur eingeschränkt durch die Rechte, die sich der Kongreß vorbehielt. Die Legislative blieb Beschwerdeinstanz für die Minister der Streitkräfte und für deren Generalstabschefs, spricht mit, wenn es um die Zuweisung von Kampfaufträgen geht. Schließlich wurde der Minister per Gesetz daran gehindert, die drei Streitkräfteteile miteinander zu verschmelzen.

Davon abgesehen, ist der Verteidigungsminister seit der Reform von 1958 Herr im Hause. Vor allem wurde die Position des Ministers gestärkt durch die Zentralisierung der wichtigsten Forschungs- und Beschaffungsfunktionen, allem voran die Schaffung der Stelle eines Directors of Defense Research and Engineering. Er nimmt den dritten Rang in der Hierarchie des Hauses, nach dem Minister und dessen Stellvertreter, ein, ist zuständig für die gesamte militärische Forschung sowie die Waffenentwicklung. Ihm untersteht speziell die Defense Advanced Research Projects Agency (DARPA). Nur die entscheidenden Kernwaffen sind ihm entzogen. Dafür ist die Defense Nuclear Agency zuständig, Nachfolger des klassischen

»Manhattan Engineer Districts« von 1942. Die DNA koordiniert die militärische Kernforschung zwischen dem Verteidigungsministerium und dem Energieministerium, hat damit praktisch den gesamten Nuklearwaffenbereich in der Hand. Auch sie ist dem Verteidigungsminister unterstellt, ihr Dienstweg führt aber über die Joint Chiefs of Staff. Da Dienstwege stets Einflußwege bedeuten, kommt hier der andere Machtpol im Verteidigungsministerium in Sicht.

Der Vereinigte Generalstab leitet, wie erwähnt, die Streitkräfte. Er ist insofern in das Verteidigungsministerium eingeordnet. Die Generalstabschefs erhalten ihre militärischen Befehle vom Präsidenten über den Verteidigungsminister. In umgekehrter Richtung verläuft jedoch der Dienstweg nicht unbedingt über den Minister. Die Generalstabschefs gelten als Berater des Verteidigungsministers, der Vereinigte Generalstab steht neben dem Office des Secretary of Defense und dient sozusagen als Ministerbüro für militärische Angelegenheiten.

Entscheidend aber ist, daß die Generalstabschefs als die »principal military advisers«[5] des Präsidenten, des Nationalen Sicherheitsrates und des Verteidigungsministers fungieren. Sie haben das Immediat-Recht beim Präsidenten, können also den Verteidigungsminister durchaus umgehen. Damit ist der Dualismus zwischen Militär und Politik eingerichtet und festgeschrieben worden, der den Europäern, vornehmlich dem Deutschen Reich, so sehr zu schaffen gemacht hat. Der Kongreß war sich dessen nicht unbewußt, als er das Verteidigungsministerium 1958 neu organisierte. Er begrenzte daher die Zahl der Mitarbeiter des Generalstabs auf maximal 400. Die entscheidende Konsequenz jedoch, das Militär dem Verteidigungsminister unterzuordnen und ihm das Immediat-Recht zu nehmen, zog die Legislative nicht. Straff organisiert und mit Dauerpositionen versehen, die schroff mit dem raschen Wechsel in den zivilen Fühungspositionen des Hauses kontrastieren, besitzt das Militär eine Einflußposition, die die des Verteidigungsministers weit überragt. Bisher haben denn auch seit 1947 nur zwei Verteidigungsminister den Mut besessen, sich gegenüber dem Militär durchzusetzen: McNamara unter Johnson sowie Harold Brown unter Carter. Der eine brachte das Ministerium mit Hilfe seiner Whiz-Kids sowie des von der Industrie übernommenen Planning-Programming-Budgeting-System in den Griff;[6] Brown versuchte 1978 mit der Einrichtung der Stelle eines Stellvertretenden Verteidigungsministers für Politik, dem Militär die Planungs- und Entscheidungsinitiative zu nehmen und sie der zivilen Seite zuzuweisen.[7]

Die relevanten Handlungszusammenhänge, in die das Verteidigungsministerium und das Militär verknüpft sind, verlaufen zwischen dem politischen System der Vereinigten Staaten und seinem gesellschaftlichen Umfeld. Das Pentagon muß als die wichtigste Stütze des Handlungszusammenhangs Sicherheit gelten, in dem Anforderungen des Umfeldes durch das politische System erfüllt und in Unterstützung umgewandelt werden. Militär und Pentagon wirken hier als die entscheidenden ›gate keeper‹, die die Sicherheitsprobleme formulieren und zur politischen Entscheidung aufbereiten. Nicht das Außenministerium, sondern das Verteidigungsministerium hat über beinahe dreißig Jahre der amerikanischen Nachkriegszeit die außenpolitischen Grundprobleme beschrieben und die zu ihrer Lösung erforderlichen Anforderungen zugelassen, selbst gestellt oder doch bewirkt. Die jährlichen Berichte der Verteidigungsminister, nicht die der Außenminister, enthielten die außenpolitischen Lagebeschreibungen, an denen sich Kongreß und Gesellschaft orientierten. Eine Ausnahme machten nur Präsident Nixon und Henry Kissinger, indem sie jährlich eigene Berichte des Präsidenten zur außenpolitischen Lage der Vereinigten Staaten herausbrachten.

Die ausgedehnte Informations- und Propagandatätigkeit des Pentagon in den Vereinigten Staaten bewirkte, daß das Ziel der militärisch definierten Sicherheit eine überproportionale Bedeutung erhielt. Wirtschaft, Universitäten, Forschungsinstitute, Medien wirkten an diesem Handlungszusammenhang mit. Existenzerhaltung ist die wichtigste Forderung, die jedes Gesellschaftsmitglied an das politische System richtet. Wenn sie exklusiv militärisch interpretiert und als Verteidigungsnotwendigkeit gedeutet wird, entsteht ein außerordentlich kräftiger Handlungszusammenhang, der fast von allen Mitgliedern des gesellschaftlichen Umfeldes getragen wird. Da sie selbst keine Evaluationsmöglichkeiten besitzen, sind sie auf die Analysen und Interpretationen des politischen Systems angewiesen. Wenn darin über Jahrzehnte das Ziel der Existenzerhaltung mit dem Ziel der Verteidigung identifziert wird; wenn – anders ausgedrückt – der Handlungszusammenhang Sicherheit so weit ausgedehnt wird, daß nicht nur sämtliche außenpolitischen, sondern auch zahlreiche innenpolitische Anforderungen an das politische System in diesem Zusammenhang eingeordnet werden, dann dominiert er zwangsläufig die Beziehungen zwischen dem politischen System und seinem gesellschaftlichen Umfeld. Nicht nur Interpretationen, sondern auch Karrieren richten sich danach. Es entstehen über Zeit Einfluß- und Machtverteilungsmuster, die an diesen Handlungszusammenhang gebunden, an ihm ausgerichtet sind. Alle Wertzuweisungen werden davon betroffen. Selbst wenn sie nicht unmittelbar von dem Handlungszusammenhang Sicherheit abhängen, so haben sie doch ihren Platz in dem von diesem Handlungszusammenhang dominierten Gesamtverteilungssystem gefunden.

Die »Sicherheitsgesellschaft« ist dadurch gekennzeichnet, daß sie den Verteidigungsbereich nicht nur bevorzugt, sondern so weit erweitert, daß er alle anderen Handlungszusammenhänge zwischen dem politischen System und seinem Umfeld beeinflußt.[8] Es geht im Handlungszusammenhang Sicherheit eben nicht nur um die bevorzugte Zuweisung für den militärischen Bereich – obwohl auch sie, insofern sie andere Wertzuweisungen ausschließt, im gesellschaftlichen Umfeld klargemacht und durchgesetzt werden muß. Wichtiger ist jedoch, daß sich in diesem Handlungszusammenhang so viele Einfluß- und Machtverteilungsmuster einnisten,

daß das politische System als ganzes davon betroffen wird. Nur so läßt sich erklären, warum nach dem Ende des Vietnam-Krieges in den Vereinigten Staaten zwar die relative Kürzung des Militärhaushalts temporär hingenommen wurde, die Ersetzung des Zieles Sicherheit durch das der Entspannung jedoch erbittert bekämpft wurde.[9]
Erst wenn man die Entstehungsursachen und die Größe dieses Handlungszusammenhangs Sicherheit berücksichtigt, wird einer seiner wichtigsten Teile, das »eiserne Dreieck« zwischen Verteidigungsministerium, Kongreß und Rüstungsindustrie verständlich. Alle Versuche, den amerikanischen Rüstungsaufwand diesem »militärisch-industriellen Komplex« anzulasten, können inzwischen als gescheitert gelten.[10] Dieser Aufwand muß vielmehr im Rahmen der »Sicherheitsgesellschaft« und ihrer Mechanismen erklärt werden. Die Erweiterung der im Konflikt mit der Sowjetunion gegebenen Bedrohungsmöglichkeiten auf die gesamte Breite der gesellschaftlichen Gefährdung, die Unterordnung aller Ziele des politischen Systems unter das Ziel der Verteidigung – erst sie schaffen den Plausibilitäts- und Legitimitätskontext, innerhalb dessen sich dann auch das »eiserne Dreieck« zwischen der Rüstungsindustrie, dem Kongreß und dem Verteidigungsministerium einrichten und behaupten kann.
Erst dieser umfassende Handlungszusammenhang Sicherheit macht verständlich, warum die Vereinigten Staaten von 1945 bis 1970 durchschnittlich 41% ihres Budgets dem Verteidigungsministerium zugewiesen haben.[11] 1960 waren es sogar 49% des Budgets oder 9,3% des Bruttosozialprodukts. Das Pentagon ist der drittgrößte öffentliche Landeigentümer in den Vereinigten Staaten, sein Besitz so groß wie die Fläche der Staaten New Hampshire, Vermont, Massachusetts, Connecticut, New Jersey, Delaware und Rhode Island. Rund 10% dieser 28,8 Millionen acres befinden sich außerhalb der Vereinigten Staaten. Mehr als die Hälfte des Bundeseigentums gehört dem Pentagon. Das Verteidigungsministerium ist der größte Arbeitgeber innerhalb der Bundesregierung. Mit einer Million Angestellte beschäftigt es fast 37% aller zivilen Angestellten der Bundesregierung. Die Zahl verdoppelt sich fast, wenn man das Militär hinzurechnet, schnellt auf 64% aller von der Bundesregierung bezahlten Arbeitnehmer hinauf.[12]
Diese Größenordnungen veranschaulichen die Bedeutung, die dem Ziel der Sicherheit in den Vereinigten Staaten zugewiesen worden ist. Sie überragt die Rüstungsproduktion im engeren Sinne, an der allein das »eiserne Dreieck« interessiert ist. Diese Produktion ist nicht unbeträchtlich, erreichte in den Jahren des Vietnam-Krieges fast 24 Milliarden Dollar, also rund 2,8% des Bruttosozialprodukts der USA. 1974/76 war dieser Anteil bis unter 1% gesunken; zweifellos eine Reaktion auf die Folge des Vietnam-Krieges.[13] Er zeigt seitdem wieder steigende Tendenz, hob sich 1978 auf rund 1,2% des BSP. Er könnte gesenkt werden, wenn die Modernisierung der Waffensysteme vernachlässigt oder hinausgezögert würde.[14]
Zwar ist der Rüstungsaufwand insgesamt in den Jahren nach Vietnam

erheblich verringert worden. 1960 gaben die Vereinigten Staaten für die Verteidigung 49% des Budgets aus, für Erziehungs- und sozialpolitische Zwecke 21,6%. 1975 belief sich das Verhältnis auf 27,2% für die Verteidigung und 37,2% für die Sozialpolitik und die Erziehung. Präsident Carter hatte in seinem Wahlkampf versprochen, dieses Verhältnis weiter zu Lasten des Verteidigungsbudgets zu verändern, und er hat auch mit der Entscheidung gegen den B1-Bomber 1977 und mit der Kürzung des Navy-Budgets 1978 einige Schritte in diese Richtung getan. Insgesamt gesehen aber hat er die Tendenz seiner Vorgänger Ford und Nixon, das Verteidigungsbudget langsam wieder zu erhöhen, fortgesetzt. Für das Haushaltsjahr 1979 belief sich das von ihm beantragte Verteidigungsbudget auf 125,6 Milliarden Dollar, enthielt eine Erhöhung um real 2,3% gegenüber dem Vorjahr und von 3,5% gegenüber dem letzten Verteidigungsbudget Präsident Fords. Zu dem Betrag von 125,5 Milliarden Dollar, von denen 1979 115,2 Milliarden ausgegeben werden sollten, muß man noch die 2,5 Milliarden Dollar hinzurechnen, die dem Energieministerium für die Beschaffung von Nuklearsprengköpfen zugewiesen wurden.[15] Das Verteidigungsbudget erhöhte sich entsprechend. Den Löwenanteil des Budgets, 1976 beispielsweise 85 Milliarden Dollar, trägt das Pentagon davon gegenüber den 1,2 Milliarden Dollar, die dem Außenministerium und anderen politischen Behörden zugewiesen wurden.

Das Verteidigungsministerium hat auch hinsichtlich der Information über die außenpolitischen Probleme, deren Interpretation und Evaluation, das Außenministerium weit in den Schatten gestellt. Alle drei Streitkräfteteile unterhalten eigene Nachrichtendienste und eigene Abteilungen für internationale Beziehungen. Das Ministerium insgesamt besitzt die Defense Intelligence Agency mit über 7000 Angestellten zur Beschaffung und Evaluation von Nachrichten. Hinzu kommen die Defense Mapping Agency und das National Reconnaissance Office. In Gestalt des Büros für International Security Affairs, das einem Assistant Secretary untersteht, hat das Pentagon praktisch ein Außenministerium für sich. Es betreut beispielsweise die amerikanische Militärhilfe, obwohl sie gesetzlich dem Außenminister untersteht. Das State Department hat dabei nur ein Mitspracherecht innerhalb des State Defense Co-ordinating Committee, in dem auch das Finanzministerium vertreten ist. Selbst die Wirtschaftshilfe, die von der dem Außenminister unterstehenden Agency for International Development organisiert wird, wurde praktisch von militärischen und nicht von wirtschaftlichen Erfordernissen gesteuert. Sie war hauptsächlich ›security assistance‹ und nicht ›development assistance‹. Nicht nur hinsichtlich der Information, sondern auch bei der Ausführung war es dem Militär gelungen, »to dominate the budgetary and organizational structure of American foreign policy.[16]

Die Folgen: der Vietnam-Krieg mit seinen Verlusten und seiner Niederlage; der Konkurs des amerikanischen Dollars 1971, Ölkrise und Nord-Süd-Konflikt trafen das politische System der Vereinigten Staaten denn auch weitgehend unvorbereitet. 1975 stellte die Murphy-Kommission fest, daß sich der Inhalt der Sicherheits- und Außenpolitik geändert habe, daß wirtschaftliche Probleme und globale Interdependenz relevant geworden seien.[17] Sie regte an, innerhalb des Nationalen Sicherheitsrates ein National Security Review Committee einzurichten, in dem neben dem Verteidigungsministerium das Außen- und Finanzministerium sowie das Office for Management und Budget vertreten sein sollte. Ferner sollte der Finanzminister als reguläres Mitglied in den Nationalen Sicherheitsrat aufgenommen werden.

Ob solche organisatorischen Veränderungen die Dominanz des Verteidigungsministeriums im politischen System zurückdämmen können, muß freilich offenbleiben. Ein über 30 Jahre gewachsenes Einflußverteilungsmuster kann nicht durch die Bildung neuer Ausschüsse allein durchbrochen werden. Schumpeter hat an Hand des Imperialismus beschrieben, wie Gesellschaften eine einst funktional notwendige Organisationsform auch nach Erledigung des Anlasses beibehalten und aufgrund dieser Versteinerung ständig anachronistische, eben strukturell falsche Entscheidungen hervorbringen. Etwas Vergleichbares ist ganz offensichtlich in den Vereinigten Staaten nach 1945 abgelaufen. Der während des Zweiten Weltkrieges geschaffene, notwendige Militärapparat sowie die Ausrichtung der gesellschaftlichen Organisationen auf das Ziel, den Krieg zu gewinnen, schuf sich nach 1945 das internationale Szenarium, das ihre Beibehaltung rechtfertigte. Die amerikanische »Sicherheitsgesellschaft« hat zwar den Ost-West-Konflikt nicht hervorgerufen, gewiß aber seine Figur maßgeblich mitbestimmt. Die dazugehörigen Kategorien der »Sicherheitsgesellschaft« sind am Ausgang der siebziger Jahre noch immer intakt. Sie hatten sich infolge des Vietnam-Krieges wohl abgeschwächt, sind auch diskutiert, aber nicht grundsätzlich verändert worden.[18] Eine prinzipielle Korrektur wäre aber erforderlich, weil erst sie die Anforderung nach militärisch zu bewirkender Sicherheit den ihr angemessenen Platz zuweisen und damit Platz für andere Anforderungen, vor allem für die nach Verbesserung der Existenzentfaltung des einzelnen Amerikaners schaffen würde. Dementsprechend würden sich auch die Handlungszusammenhänge zwischen dem politischen System und dem gesellschaftlichen Umfeld neu ordnen, anders gewichten.

Die Hypothese von der »Sicherheitsgesellschaft« und der darin angelegten Dominanz des Militärs widerspricht der gängigen Kapitalismuskritik. Für sie muß, damit ihre Kritik bestehen bleiben kann, das Militär ein Dienstleistungsinstrument der Wirtschaftselite sein. Zugunsten dieser Annahme vernachlässigt sie nicht nur alle soziologischen Nachweise darüber, daß die militärische Führungsgruppe durchweg aus den gleichen Schichten stammt wie die politischen und wirtschaftlichen Spitzenbeamten.[19] Sie schlägt Mills' Vergleich der Militärs mit Warlords ebenso in den Wind wie die sehr sorgfältigen und abgewogenen Aussagen von Janowitz über die Macht der Militärs und deren Einsatz.[20]

Selbstverständlich zählen die führenden Militärs zu den Bestandteilen einer plural definierten Elite. Sie stellen eine funktionale Elite dar, die über beträchtliche Macht- und Einflußmöglichkeiten verfügt, dementsprechend die Wertallokationen des politischen Systems maßgeblich mitbestimmen kann. Im »eisernen Dreieck« des militärisch-industriellen Komplexes ist ein erstes Niveau der Zusammenarbeit zwischen interessierten Teilen der Wirtschaft, dem Militär und der Politik gegeben. Ein zweites Niveau wird von der weltweiten Machtentfaltung des amerikanischen Militärs geboten, von deren Prestige- und Einflußwirkung selbstverständlich auch die amerikanische Außenwirtschaft profitiert. Wenn die Streitkräfte der Vereinigten Staaten so ausgelegt werden, daß »wir selbst, unsere Verbündeten, unsere Gegner und die übrige Welt in den U.S.-Streitkräften das Mittel unserer Fähigkeit sehen sollen, in angemessener Weise auf eine Vielzahl von Bedrohungen zu reagieren«,[21] dann profitiert davon selbstverständlich auch die amerikanische Wirtschaft. Nur läßt sich daraus nicht der Schluß ableiten, daß die wirtschaftlichen Interessen diese militärische Machtentfaltung erfordert und ausgelöst haben. Wie sich seit dem Ausgang der sechziger Jahre zeigt – und wie es weiter unten dargestellt wird – ist die amerikanische Außenwirtschaft nicht nur in der Lage, sondern auch daran interessiert, ihre Interessen selbst zu schützen. Was die amerikanische Wirtschaft bis 1950 gewußt hat, erinnerte sie auch seit 1970: daß das ökonomische Instrumentarium für wirtschaftliche Interessen nicht nur flexibler, sondern auch sehr viel wirkungsvoller eingesetzt werden kann als das militärische.

Das schließt die Ausnutzung militärischer Machtpositionen nicht aus, sondern ein. Die amerikanische Wirtschaft nutzte die militärische Machtentfaltung der ersten dreißig Nachkriegsjahre aus, hat sie aber nicht verursacht und blieb nicht auf sie angewiesen. Darin eingeschlossen liegt die Möglichkeit, daß die temporären Interessenkoinzidenzen zwischen Militär und Wirtschaft auch durch temporäre Divergenzen abgelöst werden können. Sie zeichnen sich im Hinblick auf die Entspannung mit der Sowjetunion seit dem Beginn der siebziger Jahre deutlich ab.

5.5 Die Geheimdienste

Von der Vorrangstellung des Zieles Sicherheit profitierten auch andere einschlägige Dienstleistungsbehörden, allen voran die Geheimdienste. Deren Ausuferung zu einer weitgehend eigenständigen Gewalt im politischen System, die nicht nur eigene Auslandsdienste unterhielt, selbständig politische Entscheidungen traf und Kriege führte, sondern schließlich auch sich zu einem innenpolitischen Überwachungs- und Kontrollorgan aufwarf, läßt sich nur mit dem Hinweis auf diese Verabsolutierung des Zieles Sicherheit erklären.

Die Central Intelligence Agency steht zwar im Mittelpunkt der Geheimdienste, ist aber keineswegs der einzige. Zur ›intelligence community‹

zählen vielmehr noch die Defense Intelligence Agency und die National Security Agency, beide im Verteidigungsministerium angesiedelt; das Bureau of Intelligence and Research im Außenministerium, die Nachrichtenabteilung des Energieministeriums, der Internal Revenue Service des Finanzministeriums sowie schließlich das Federal Bureau of Investigation. Nicht zu vergessen sind die Nachrichtendienste der Teilstreitkräfte. Diese ›intelligence community‹ deren Teile unterschiedliche Funktionen ausüben, arbeitete in dem 1958 eingerichteten United States Intelligence Board zusammen und versuchte, sich gegenseitig zu koordinieren. An der Spitze stehen die CIA und die militärischen Dienste.

Die CIA war, wie die Geheimdienste generell, ein Kind des Krieges. Das Office of Strategic Services, das während des Zweiten Weltkrieges die geheimdienstlichen Tätigkeiten aufgenommen hatte, wurde 1945 zwar aufgelöst, die Funktion aber beibehalten. Die einzelnen Spezialisten der OSS wurden entweder beim Militär belassen oder aber zunächst in das Außenministerium eingegliedert. Dort wurde die Central Intelligence Group errichtet und 1947 in der durch die National Security Act gebildeten Central Intelligence Agency verselbständigt.[1]

Damit war auch auf dem Gebiet der Geheimdienste der Dual zwischen dem Militär und der zivilen Seite des politischen Systems angelegt, freilich in spezifisch anderer Weise. Die Streitkräfte behielten ihre Nachrichtendienste, zu deren Koordination Verteidigungsminister McNamara 1961 die Defense Intelligence Agency schuf.

Auf der zivilen Seite erfüllte die CIA zunächst die üblichen Geheimdienstaufgaben. Seit dem Ausbruch des Korea-Krieges aber traten Aktionen hinzu, die sogenannten »covert operations«. Sie machten von 1950 bis 1975 den größten und zugleich den kritischen Teil der Arbeit der CIA aus.[2]

Auf diesem Gebiet besaß sie ein Monopol. Zwar stand sie auch in der Konkurrenz mit den militärischen Diensten nicht schlecht da. Sie entwickelte 1959 das U-2-Flugzeug zur Luftspionage aus großer Höhe und leitete damit eine neue Ära der Überwachung ein. Sie war auch vielfach treffsicherer als die militärische Konkurrenz, etwa hinsichtlich der Einschätzung der Gewinnchancen im Vietnam-Krieg. Im übrigen aber waren es die »verdeckten Operationen«, die die CIA groß und gefährlich gemacht haben. Zusammen mit der Hinwendung zu inneramerikanischer Überwachungs- und Subversionstätigkeit haben sie schließlich die Reform der CIA von 1975 bis 1978 ausgelöst.

Die »covert operations« sind keineswegs etwa auf eine Eigenmächtigkeit der CIA, sondern auf eine Direktive des Nationalen Sicherheitsrates vom 18. Juli 1948 zurückzuführen, in der der CIA folgende Aktivitäten zugewiesen wurden:

»Propaganda, wirtschaftliche Kriegführung, direkte Präventivaktionen, eingeschlossen Sabotage, Gegensabotage, Zerstörungen und Evakuierungen; Subversion gegen feindliche Staaten, eingeschlossen die Hilfe für

Guerilla- und Befreiungstruppen sowie die Unterstützung von örtlichen anti-kommunistischen Elementen in den bedrohten Ländern der freien Welt«.[3]

Diese Direktive hatte keinerlei gesetzliche Grundlage. Die National Security Act von 1947 hatte zwar in Section 102, D, 5 vorgesehen, daß die CIA über die Nachrichtenbeschaffung hinaus auch »andere Funktionen und Aufgaben, bezogen auf Nachrichten, die die nationale Sicherheit betreffen, erfüllen sollte«. Wenn hierin Geheimoperationen angesprochen waren, so nur für den Zweck der Nachrichtengewinnung. Die Direktive des NSC vom Juli 1948 war also eindeutig gesetzwidrig. Aber sie hatte große Konsequenzen. Die CIA half der philippinischen Regierung gegen die Hukbalahaps, den Franzosen gegen die Viet-Minh in Indochina, sie stürzte 1953 Mossadek im Iran und 1954 die Regierung Arbenz in Guatemala. Sie unterstützte 1958 den Aufstand gegen Präsident Sukarno in Indonesien. Sie half nicht nur bei der Schweinebucht-Invasion 1961; sie versuchte, wo immer es ging, im Zusammenhang mit der »Allianz für den Fortschritt‹ den Einfluß Castros in Lateinamerika zu blockieren. Sie unterstützte die Ermordung des dominikanischen Diktators Trujillo und versuchte zumindest die Castros.[4] Den Sturz der Regierung Allende in Chile hat sie zwar nicht heraufgeführt, aber doch mitbewirkt.[5] Sie war tief in die Indochina-Politik der Vereinigten Staaten, den Krieg in Vietnam und in Kambodscha verwickelt. In den »special forces« besaß sie eine eigene Truppe, verfügte über eigene Fluggesellschaften. Ihr Etat wird auf mehr als 1 Milliarde Dollar jährlich geschätzt, wobei der Gesamtaufwand für die Geheimdienste auf mehr als 6 Milliarden Dollar zu liegen kommt.[6]

Die CIA wich nicht nur mit den »covert operations« von ihrer gesetzlichen Grundlage ab. Bei ihrer Gründung war ihr ausdrücklich jede inneramerikanische Tätigkeit oder gar Polizeigewalt genommen worden.[7] Dennoch half sie dem FBI bei seinen Bespitzelungs- und Zerstörungsprogrammen gegen Schwarze und Linke,[8] entwickelte unter dem Druck Präsident Johnsons alsbald auch ihr eigenes Programm »CHAOS«, das sich gegen radikale Studenten und Neger wandte. Präsident Nixon dirigierte das Programm wieder stärker gegen die »radikale Linke«. Das »Mail Opening Project«, an dem sich auch die National Security Agency beteiligte,[9] schloß sich an.

Die CIA war sich darüber im klaren, daß sie ihre gesetzlichen Grenzen überschritt.[10] Sie handelte auf Anweisung der Präsidenten und des Nationalen Sicherheitsrates. Beide Institutionen interpretierten die Anforderung nach Sicherheit so extensiv und so ausschließlich militärisch, daß dahinter das Völkerrecht und das amerikanische Staatsrecht zurücktraten. Wegen der Hypertrophierung und spezifischen Fehleinschätzung der äußeren Sicherheit war das politische System der USA im Begriff, die Grundlagen der amerikanischen Gesellschaft zu zerstören.

Freilich setzte bei diesem Grad der Abweichung auch die inneramerikanische Korrektur ein. 1974 verlangte das Hughes-Ryan-Amendment zur Foreign Assistance Act, daß der Präsident alle »verdeckten Aktionen« vor dem Kongreß zu rechtfertigen habe, und zwar nicht nur vor den Streitkräfte- und Bewilligungsausschüssen, sondern zusätzlich vor den auswärtigen Ausschüssen beider Häuser. 1975 und 1976 unternahm das Select Committee to Study Governmental Operations With Respect to Intelligence Activities (Church-Committee) ausgedehnte Untersuchungen und Anhörungen: im Haus zog das Pike-Committee gleich. Am 24. Januar 1978 nahm die Executive Order 12036 Präsident Carters die wichtigsten Teile der Neuordnung der Geheimdienste vorweg, die der Intelligence Reorganization and Reform Act of 1978 anvertraut wurden. Zwar werden »verdeckte Aktionen« nicht ausgeschlossen, doch wurden die schlimmsten unter ihnen wie Terror, Mord, Umsturz etc. ausdrücklich verboten. Die Position des CIA-Direktors wurde verstärkt, insofern ihm alle nicht-militärischen Geheimdiensttätigkeiten unterstellt wurden. Sein Zugang zu den militärischen Aktionen wurde verbessert. Das Verbot für die CIA, sich in den Vereinigten Staaten selbst zu betätigen, wurde verschärft.

Die Legislative hätte die Korrekturen sehr viel früher auslösen müssen. Mit Recht kann ihr vorgeworfen werden, daß sie die Pervertierung der Geheimdienste zwar nicht genehmigt, aber doch toleriert hat, indem sie ihre Finanzierung stillschweigend hinnahm. Die Verzögerung läßt sich nur erklären, wenn man berücksichtigt, daß der Kongreß sich jahrelang gleichfalls als Exponent der »Sicherheitsgesellschaft« verstanden hatte. Er reagierte erst, als sich die innenpolitischen, das gesellschaftliche Umfeld der USA selbst betreffenden Konsequenzen dieser Orientierung zeigten. Wie er die imperiale Präsidentschaft wieder in eine demokratische zurückverwandelte, so schnitt er auch die Geheimdienste zurück. Ein Dauererfolg wird jedoch davon abhängen, daß Sicherheit nicht mehr ausschließlich militärisch, sondern so umfassend politisch definiert wird, daß die bürgerliche Gesellschaftsordnung weiterentwickelt statt eingeschränkt werden kann.

5.6 Die Energie-Behörden

Die Kernenergie hat eine zivile und eine äußerst sensitive militärische Seite, verbindet ökonomische mit sicherheitspolitischen Aspekten und besitzt infolge des technologischen Niveaus in der Welt unmittelbar globale Dimensionen. Die entsprechenden Handlungszusammenhänge müssen hier also ganz besonders stark ausgeprägt sein: Sie dürften an Bedeutung und an nahtloser Verknüpfung den berühmten militärisch-industriellen Komplex auf dem Gebiet der Verteidigung weit in den Hintergrund stellen. Vor allem sind sie wichtiger. Wer seine eigene Energieversorgung garantieren und darüberhinaus die seiner Umwelt kontrollieren kann, befindet sich militärisch wie politisch, vor allem aber wirtschaftlich im Vorteil. Die Vereinigten Staaten haben eine solche Monopolstellung über lange Jahre hin genossen, praktisch bis 1973, als die Ölverknappung und die in ihr enthaltenen Perspektiven vor allem die westeuropäischen Industriestaaten zur raschen Fortentwicklung der Kernenergie veranlaßten.[1] Im Gefolge dieser Ölkrise von 1973 wurden dann auch die Institutionen des politischen Systems der Vereinigten Staaten auf dem Gebiet der Kernenergie neu geordnet.

Von 1946 bis 1974 war für alle Bereiche der Kernenergie die Atomic Energy Commission zuständig. 1946 eingerichtet, hatte diese Kommission den Auftrag, sowohl die zivile als auch die militärische Verwendung der Atomenergie zu erforschen und zu entwickeln. Als unabhängige regulatorische Behörde stand die Atomic Energy Commission auf der Grenze zwischen dem politischen System und seinem gesellschaftlichen Umfeld. Sie bildete ein Paradebeispiel für das »eiserne Dreieck« zwischen dem Kongreß, den Ministerien und der interessierten Industrie.

Diese Konstruktion erwies sich 1973 als unzureichend, da die Kernenergie, wie die Ölkrise zeigte, nur ein Teil des Energieproblems darstellte. Mit der Energy Reorganization Act von 1974 wurde die Atomenergie-Kommission aufgelöst und statt ihrer die Energy Research and Development Administration sowie auch die Nuclear Regulatory Commission eingerichtet. In die Energy Research and Development Administration gingen nicht nur die militärischen und die zivilen Projekte ein, die die Atomenergie-Kommission verfolgt hatte; vielmehr wurde der Administration auch der gesamte nicht-nukleare Energiebereich übertragen. Was zuvor auf die verschiedenen Ministerien und Behörden verteilt gewesen war, wurde bei der ERDA zusammengefaßt. 1977 fand eine weitere Konzentration statt als das Energie-Ministerium gegründet und ERDA darin integriert wurde. Im Department of Energy sind seitdem die militärischen und die wirtschaftlichen Aspekte der Energie weitgehend vereint. Nur die Nuclear Regulatory Commission blieb weiterhin selbständig. Sie erbte von der Atomenergie-Kommission die Regulierung der wirtschaftlichen Seite der Atomenergie, die Vergabe von Lizenzen, vornehmlich für den Export. Der Kongreß hat die Errichtung dieser Behörde damit gerechtfertigt, daß er angesichts der Erfahrungen mit der Präsidentschaft einen eigenen Kontrollzugang zu den Entscheidungen der Administration besitzen müsse. Ihn richtete er in der NRC ein. Sie ist in erster Linie der Legislative verantwortlich und besitzt ein Veto-Recht gegenüber allen Entscheidungen der Exekutive. Offiziell wollte der Kongreß damit sicherstellen, daß durch privatwirtschaftliche Exporte die Sicherheitsinteressen der Vereinigten Staaten nicht verletzt werden, die Nichverbreitung von Atomwaffen sichergestellt wird. Verteidigungs- und Sicherheitsinteressen der Vereinigten Staaten sollen die Lizenzvergabe der Nuclear Regulatory Commission anleiten. Auf der anderen Seite erlaubt das Organisationsprinzip solcher Behörden[2] eine starke Mitsprache der

betroffenen Industrie. Sie wäre nicht in dem Maße gegeben, wenn beispielsweise das Außenministerium die Lizenzen vergeben würde.
Die Nuclear Regulatory Commission ist auf der Referentenebene mit allen anderen, am Nuklearbereich interessierten Ministerien und Behörden verbunden, insbesondere mit dem Energy Department. Beide sitzen in dem Interagency Operating Committee on Exports, das das Handelsministerium eingerichtet hat. Das Außenministerium ist hier ebenfalls vertreten, auch die Abrüstungsbehörde. Selbstverständlich wird das Verteidigungsministerium hinzugezogen. Die Teilnahme der Export-Import-Bank ist über das Interagency Nuclear Proliferation Back Stopping Committee gewährleistet, in dem wiederum das DoE, das Außenministerium und die Abrüstungsbehörde vertreten sind. Immerhin hat die Bank 37 der insgesamt 47 Atomenergieanlagen, die die Vereinigten Staaten bis 1975 exportiert hatten, finanziert.[3]
Ist also für die Koordinierung auf der Referentenebene gesorgt, können hier alle interessierten Ministerien sich zur Geltung bringen, so liegt die letzte Entscheidung auf dem Gebiet der Exporte nicht bei der Exekutive, sondern bei der Nuclear Regulatory Commission, die nur dem Kongreß verantwortlich ist. Zwei Seiten des »eisernen Dreiecks«, die in das politische System hineinragenden Teile der Handlungszusammenhänge, werden hier ganz deutlich sichtbar. Mit dem offiziellen Auftrag, die Sicherheitsinteressen der USA zu gewährleisten, entscheidet die NRC über Anforderungen aus dem wirtschaftlichen und dem internationalen Umfeld der Vereinigten Staaten. Da in dieser Behörde Vertreter der Exekutive mit solchen der regulierten Industrie zusammenarbeiten, amalgamieren sich deren Anforderungen leicht. Dem Interesse des politischen Systems an der Nichtverbreitung von Atomwaffen, dem sich auch die amerikanische Nuklearindustrie unterordnen, den Schnellen Brüter und den Export von Wiederaufbereitungsanlagen opfern mußte, korrespondierte das Interesse der Industrie, das Wiederaufbereitungsmonopol zu verlängern.[4] Die Anforderungen nach militärischer Sicherheit und forschungstechnologischem Vorteil decken sich, die beiden Handlungszusammenhänge gehen ineinander über.[5] Gleichzeitig wird anschaulich, in welchem Maß die amerikanische »Außenpolitik« Anforderungen des gesellschaftlichen und wirtschaftlichen Umfeldes des politischen Systems der USA erfüllt.

5.7 Der Kongreß und seine Ausschüsse

Die amerikanische Legislative muß zu den wichtigsten ›authorities‹ im politischen System der USA gezählt werden. Ihre Kompentenzen sind ungleich größer als die des Deutschen Bundestages. Der amerikanische Kongreß wirkt als ›gate-keeper‹, indem er maßgeblich darüber mitentscheidet, was als Anforderung in das politische System aufgenommen wird. Er wirkt selbst auf diese Anforderungen ein, bündelt sie (issue buildung), führt sie den Entscheidungskanälen zu. Schließlich konvertiert er mit den Gesetzen, vor allem mit den Bewilligungsgesetzen, Anforderungen in Entscheidungen. Da die meisten und wichtigsten Wertzuweisungen sich in Geld ausdrücken lassen, kommt dem Steuererhebungs- und Budgetbewilligungsrecht des Kongresses hervorragende Bedeutung zu. Er bildet dementsprechend auch den wichtigsten Winkel im »eisernen Dreieck«.

Der Kongreß hat die »imperiale Präsidentschaft« bis zum Höhepunkt des Vietnam-Krieges fast bedingungslos unterstützt. Er hat die wachsenden Anforderungen des Militärs und des Verteidigungsministeriums nicht nur regelmäßig erfüllt, gelegentlich sogar übererfüllt. Für ihn galt es als unpatriotisch, das Verteidigungsbudget kritisch zu analysieren. Es wurde in der Regel ohne jegliche Diskussion verabschiedet. Erst seit 1969 regte sich zum ersten Mal Kritik am Verteidigungsbudget,[1] wurden Kürzungen möglich. 1977 und 1978 war der Kongreß schon wieder bereit, über die Verteidigungsbudget-Anforderungen des Präsidenten hinauszugehen.

Der Kongreß war maßgeblich daran beteiligt, die »Sicherheitsgesellschaft« hervorzubringen. Dieses Phänomen kann nicht mit dem Hinweis auf den militärisch-industriellen Komplex erklärt werden. Er ist vorhanden und wirksam, aber nicht bestimmend. Krell hat vielmehr nachgewiesen, daß das Abstimmungsverhalten der Senatoren und Abgeordneten von ihren Grundeinstellungen abhängt.[2] Da die Konservativen in den zuständigen Ausschüssen überrepräsentiert sind, die bei der Gesetzgebung die entscheidende Rolle spielen, setzt sich das konservative, die Kriterien der »Sicherheitsgesellschaft« wiederspiegelnde Denken immer wieder durch.

Zwischen den beiden Kammern – dem Senat und dem Repräsentantenhaus – ergeben sich dabei nur sehr geringfügige Unterschiede. Die soziale Zusammensetzung beider Häuser ist weitgehend gleich. Mehr als die Hälfte der Abgeordneten und Senatoren sind Rechtsanwälte (223 und 68). Ein Viertel (118 und 24) stammen aus der Wirtschaft. Aus dem Erziehungswesen und dem öffentlichen Dienst kommen die beiden nächstgrößeren Gruppen, die jedoch stärker im Abgeordnetenhaus (72 und 60) als im Senat (12 und 26) vertreten sind.[3] Mit dieser Zusammensetzung sind im Kongreß also die beiden oberen Fünftel der amerikanischen Gesellschaft überrepräsentiert, wobei die obere Mittelschicht zahlenmäßig dominieren dürfte.

Auch in anderer Hinsicht ist der Kongreß nicht repräsentativ. Arbeitnehmer sind unter-, Großfarmer sind überrepräsentiert. Ebenso sind die Protestanten stärker vertreten (62%) als es ihrem Anteil an der Gesamtbevölkerung (56%) entspräche.[4] Vollkommen unterrepräsentiert sind die beiden Gruppen der Schwarzen und der Frauen. Beide waren im 95. Kongreß nur mit 17 Mitgliedern vertreten.

Mit der überproportionalen Vertretung der oberen zwei Fünftel der amerikanischen Gesellschaft in der Legislative läßt sich deren Unterstützung der Sicherheitspolitik in gewisser Weise erklären. Es hatte sich ja schon

bei der öffentlichen Meinung gezeigt, daß diese Schichten der auswärtigen Machtentfaltung sehr viel positiver gegenüberstanden als die beiden unteren Fünftel der amerikanischen Gesellschaft. Aufschluß gewinnt man jedoch eigentlich erst dann, wenn man sich mit der Infrastruktur des Kongresses beschäftigt, mit den Ausschüssen.
Der amerikanische Kongreß ist zwar ein Arbeitsparlament, doch vollzieht sich die wichtigste Arbeit in den Ausschüssen. Ihnen werden die eingebrachten Gesetzesvorlagen zugewiesen. Sie entscheiden praktisch darüber, ob und in welcher Form eine Vorlage aufgegriffen und behandelt werden soll. Die Ausschüsse veranstalten die Anhörungen und beschließen dann, meist in geheimer Sitzung, über die endgültige Form der Gesetzesvorlage. Die Ausschußvorsitzenden bringen diese Vorlage dann in das jeweilige Haus ein und steuern sie durch die Plenardebatte. Sie ist relevant, ändert aber nur in wichtigen Ausnahmefällen an der Vorlage selbst etwas. In der Regel geht sie in der von den Ausschüssen verabschiedeten Form durch das Plenum. Haben beide Häuser unterschiedliche Versionen einer Vorlage verabschiedet, so stellt das Conference Committee den nächsten wichtigen Entscheidungsort dar. Aus Vertretern der federführenden Ausschüsse beider Häuser zusammengesetzt, einigt sich dieses Conference Committee über die endgültige Form der Vorlage, die dann normalerweise als Routine von beiden Häusern verabschiedet wird.
Die Ausschüsse müssen also als diejenige Stelle im amerikanischen Kongreß angesehen werden, in denen Anforderungen zugelassen, umgeformt und vorentschieden werden. Ihre Bedeutung ist umso höher, als ihnen die mangelnde parteipolitische Integration der Fraktionen zumindest bis zum Ausgang der sechziger Jahre einen erheblichen Spielraum gelassen hat. Die Zahl der ständigen Ausschüsse ist durch die Legislative Reorganization Act of 1946 beschränkt worden: 1977 gab es im Senat 15 und im Hause 22 solcher ständigen Ausschüsse.[5] Mit dieser Ausstattung konnte der Kongreß jedoch die Fülle der im Laufe der Nachkriegszeit auf ihn zukommenden Aufgaben nicht meistern. So haben die ständigen Ausschüsse eine große Anzahl von Unter-, Sonder- und Spezialausschüssen gebildet, die zum Teil hoch spezialisiert sind. Auf der anderen Seite haben gemeinsame Aufgaben beider Häuser bewirkt, daß gemeinsame Ausschüsse gebildet wurden. Das Joint Committee on Atomic Energy ist inzwischen wieder aufgelöst worden, und das Joint Economic Committee hat infolge der Errichtung von Budget-Ausschüssen seine einstige Bedeutung verloren.
Die Abgeordneten können wählen, welchem Ausschuß sie angehören wollen. Die Entscheidung darüber fällt in der Fraktion und endgültig im Plenum des betreffenden Hauses. Die Optionsmöglichkeit erklärt jedoch, warum bestimmte Orientierungen und Interessen sich in bestimmten Ausschüssen massieren. Die Kritik am Vietnam-Krieg, beispielsweise, konnte nur im Auswärtigen Ausschuß des Senates entstehen, dessen Vorsitzender und dessen Mehrheit sich mehr für die Entspannung und die

weltweiten Interessen der Vereinigten Staaten einsetzten als für die Fortführung des Krieges. Umgekehrt haben sich gerade in den für den Sicherheitsbereich zuständigen Ausschüssen diejenigen Abgeordneten und Senatoren angesiedelt, die in der Bereitstellung des militärischen Potentials für die USA ihre oberste Pflicht sahen.

Die für den Verteidigungsbereich wichtigen Ausschüsse sind in beiden Häusern das Committee on Armed Services sowie die Streitkräfte-Unterausschüsse der Bewilligungsausschüsse. Diese Doppelung hat ihren Grund darin, daß jedes mit Ausgaben verbundene Gesetz einen zweifachen Weg durch den Kongreß nehmen muß. Es wird zunächst der Sache nach entschieden – dafür sind die Fachausschüsse, für die Verteidigung eben die Streitkräfte-Ausschüsse – zuständig. Ist die Maßnahme auf diese Weise autorisiert worden, so wird das dafür erforderliche Geld in einem zweiten Gesetzgebungsgang, der Bewilligung, zur Verfügung gestellt. Federführend hierbei sind die Bewilligungs-Ausschüsse, die entsprechende Sach-Unterausschüsse ausgebildet haben. Die Sicherheitspolitik der Vereinigten Staaten ressortiert also im Kongreß vornehmlich bei den Streitkräfte-Ausschüssen und bei den relevanten Unterausschüssen des Bewilligungsausschusses.

Freilich ist diese Zuständigkeit nicht exklusiv. Für die Atomenergie war zeitweise das Joint Committee on Atomic Energy zuständig; auch das Committee on Science and Technology im Haus hat sich damit beschäftigt. Mit der Organisation des Verteidigungsministeriums und des Sicherheitsbereichs insgesamt hat sich das Senate Committee on Government Operations ausführlich befaßt. Die Auswärtigen Ausschüsse beider Häuser greifen ebenfalls verteidigungsrelevante Probleme auf, auch die Militärhilfe.[6] Bei der Rohstoffhortung, der Zivilverteidigung, der Lebensmittelhilfe sind weitere Ausschüsse beteiligt. Als Eigentümlichkeit des Repräsentantenhauses muß das Rules Committee erwähnt werden, weil es als Geschäftsordnungsausschuß darüber entscheidet, welche Gesetzesvorlagen vor das Plenum kommen.

In den für die Verteidigung zuständigen Ausschüssen und Unterausschüssen waren in der ersten Hälfte der siebziger Jahre diejenigen überrepräsentiert, für die militärisch interpretierte Sicherheit das oberste Ziel bildete. Im Senat insgesamt verfügte diese Gruppe über 43% der Stimmen. Im Streitkräfte-Ausschuß besaß sie hingegen 56%, im Unterausschuß des Bewilligungsausschusses 55%.[7] Demgegenüber war die Fraktion der Mitte, die im Senat 27 Mitglieder hat, und die der Rüstungsbegrenzung, die über 29 Stimmen verfügte, in den beiden Ausschüssen mit 6 bzw. 7 Mitgliedern stark unterrepräsentiert. Sie gaben hingegen im Auswärtigen Ausschuß des Senats, wo sie über 80% der Stimmen verfügten (und die Aufrüstungsfraktion nur über 20%) den Ton an.

Diese Konzentration läßt sich mit den Wünschen der Abgeordneten und Senatoren erklären. Sodann muß auch das Ernennungsverfahren berücksichtigt werden. In der Regel wird ein Abgeordneter, der wiedergewählt

worden ist, seinen Ausschußplatz behalten. Stabile Wahlkreise führen also zu stabilen Ausschußmitgliedschaften. Da die Ränge innerhalb der Ausschüsse nach der Dauer der Zugehörigkeit vergeben werden, sorgt die gesicherte Wiederwahl auch für den Aufstieg innerhalb des Ausschusses bis hin zur Position des Ausschußvorsitzenden. Dieses Senioritätssystem und die Tatsache, daß die stabilsten Wahlkreise im demokratischen Süden und im republikanischen Mittleren Westen zu finden waren, sorgten dafür, daß sich der notorische Konservatismus dieser Regionen in den Verteidigungsausschüssen niederschlagen und dort die Oberhand gewinnen konnte. Beides schlug vor allem auf die Position der Vorsitzenden durch. Nicht das beste, sondern das älteste Ausschußmitglied errang diesen Posten, so daß sich dort in der Regel die konservativsten Anschauungen artikulieren konnten. Der Vorsitzende hatte beträchtliche Macht. Da er praktisch unabhängig war, solange er wiedergewählt wurde, konnte er sich sowohl von seiner Partei emanzipieren als auch die Ausschußmitglieder dominieren.[8] Das System der Ausschußbesetzung und der Seniorität bildeten die Grundlage der konservativen Koalition, die den Handlungszusammenhang Sicherheit im Kongreß repräsentierte.
Dieses System wurde seit 1968 systematisch zerbrochen, und zwar durch die Democratic Study Group, eine Vereinigung liberaler Demokraten im Repräsentantenhaus. Die Gruppe setzte es durch, daß die Ausschußvorsitzenden sich seitdem einem Wahlverfahren unterziehen müssen: 1975 wurden drei wichtige Ausschußvorsitzende – unter ihnen der des Streitkräfte-Ausschusses Hebert – abgesetzt.[9] Die Fraktion erhielt das Recht, die Ausschußbesetzungen vorzunehmen; die Fraktionsversammlung innerhalb jedes Ausschusses bestimmt fortan die Anzahl der Unterausschüsse. Der Ausschußzugang für neue Mitglieder wurde dadurch erweitert, daß nur zwei Unterausschuß-Mitgliedschaften von einer Legislaturperiode in die andere transferiert werden dürfen. Alle anderen Plätze stehen neu zur Disposition.[10]
Im Senat vollzog sich, wenn auch später und schwächer, etwas Ähnliches. Aufgrund der im Februar 1977 verabschiedeten Committee-Reorganization Bill dürfen mit Beginn des Jahres 1979 Ausschußvorsitzende nur noch zwei Unterausschüssen vorsitzen. Zuvor war es durchaus möglich gewesen, daß ein Senator 10 Ausschüssen vorsaß. Gleichzeitig wurde auch die Zahl der Mitgliedschaften begrenzt. War es vordem möglich gewesen, daß Senatoren in bis zu 30 Ausschüssen und Unterausschüssen saßen, so wurde die Zahl nunmehr auf maximal 11 beschränkt. Ziel und Zweck der Reform ist es, die Macht der ungekrönten Häupter im Senat zu brechen und jüngeren Senatoren den Zugang zu den Schaltstellen zu eröffnen.
Über die Verjüngung in der Führungsstruktur beider Häuser hinaus, wird die Reform im Repräsentantenhaus die Tendenz zur Politisierung verstärken. Die Fraktionsversammlung, der Caucus, zieht immer mehr Entscheidungsfunktionen an sich, deren parteipolitischer Charakter dadurch notwendigerweise verstärkt wird. Ob sich daraus Konsequenzen für die

Entscheidungen des Kongresses auf dem Gebiet der Verteidigung ergeben, muß freilich offenbleiben. Die Reformbewegung, die 1975 mit dem Zuzug von 75 jüngeren liberalen Abgeordneten im Haus einen beträchtlichen Auftrieb gewann, hat sich auf die verteidigungspolitischen Entscheidungen des Kongresses nicht substantiell ausgewirkt.

1974 hat der Kongreß sein Budgetverfahren neu geordnet. Bis zu diesem Zeitpunkt hatte er sich lediglich dem vom Präsidenten eingereichten Budget gegenübergesehen, daß er ablehnen, verändern oder annehmen konnte. Der budgetäre Gesamtzusammenhang blieb der Legislative ebenso verborgen wie die Langzeitfolgen ihrer Budgetentscheidungen. Um diesem Mangel abzuhelfen, richtete der Kongreß mit der Congressional Budget and Impoundment Control Act in jedem Haus einen Budgetausschuß und als Büro dieser beiden Ausschüsse das Congressional Budget Office ein. Mit Hilfe dieses Büros erstellen die beiden Budgetausschüsse im Mai eines jeden Jahres ein erstes, im September sodann ein zweites Budget, an dessen Höhe die Bewilligungsausschüsse sich zu halten haben. Der Kongreß bindet damit nur sich selbst, nicht aber den Präsidenten.[11] Die Hauptaufgabe dieses Congressional Budget Office besteht jedoch darin, den Kongreß über seine eigene Ausgabentätigkeit und deren Konsequenzen zu informieren.

Mit einem Etat von ca. 10 Millionen Dollar und einem Stab von etwas über 200 Mitarbeitern soll das Congressional Budget Office den Kongreß in den Stand setzen, seine Prioritäten selbst und nicht nach den politischen Interessen der Exekutive zu setzen.[12] Dazu dienen vor allem die Projektionen des Haushalts auf fünf Jahre, die Hochrechnung der Einnahmen und Ausgaben. Im Jahre 1978 erfuhr der Kongreß auf diese Weise, daß bei der Fortschreibung der zu diesem Zeitpunkt geltenden politischen Richtlinien der Haushalt des Verteidigungsministeriums 1983 25% aller Ausgaben ausmachen würde, statt 24% 1978. Die Ausgaben für den Sozialbereich würden im gleichen Zeitraum von 45% auf 46% steigen. In der gleichen Weise erfuhr der Kongreß, wie sich die Einnahmen des Bundes zusammensetzen und entwickeln werden, und daß der Anteil des Bundesbudgets an dem Bruttosozialprodukt der Vereinigten Staaten von 22,3% auf 19,3% abnehmen wird.

Anhand der Arbeiten des Congressional Budget Office können sich die Budgetausschüsse und kann sich der Kongreß ein genaues fiskalisches Portrait der »Sicherheitsgesellschaft« verschaffen. Der Zusammenhang zwischen Konjunkturpolitik und Verteidigungspolitik, die sozial- und steuerpolitischen Konsequenzen einer Bevorzugung des militärischen Aspekts von Sicherheit stehen der Legislative nunmehr als relativ klare Daten vor Augen. Es wird deutlich, daß Verteidigung und Wohlfahrt jenseits einer gewissen Ausgabengrenze für das Militär zu Alternativen werden. Welche Konsequenzen der Kongreß daraus zieht, bleibt abzuwarten.

5.7.1 Das General Accounting Office

Auch vor der Einrichtung des Congressional Budget Office mangelte es dem Kongreß keineswegs an Beratungs- und Informationsmöglichkeiten. Er verfügt im General Accounting Office (GAO) über eine gut ausgestattete Behörde, die ihn mit Analysen, Hochrechnungen, Einschätzungen und Daten versorgt. 1921 mit der Budget and Accounting Act als unabhängige, unpolitische Behörde im Rahmen der Legislative eingerichtet, fungiert das Amt zunächst als Rechnungshof. Es überwacht und kontrolliert die Ausgabepraxis der Regierungsbehörden und der Empfänger öffentlicher Gelder. Im angelsächsischen Politikverständnis gehört diese Funktion eindeutig zur Legislative, die das Geld bewilligt und dessen Ausgabe kontrolliert. Darüberhinaus erläßt das GAO auch die Rechnungslegungsvorschriften und kontrolliert ihre Einhaltung.
Geleitet wird das General Accounting Office vom Comptroller General of the United States und seinem Stellvertreter. Beide werden vom Präsidenten für 15 Jahre ernannt. Damit ist die Unabhängigkeit des Amtes weitgehend gegeben.
Politisch relevanter ist der andere Aufgabenbereich der GAO, nämlich die Hilfe für den Kongreß. Er kann das Amt beauftragen, Studien, Untersuchungen und Rechtsgutachten anzufertigen, mit denen er den Kenntnisvorsprung der Exekutive auszugleichen vermag. Dafür ist das Amt relativ gut ausgestattet, allein die Abteilung für Internationale Beziehungen verfügt über mehr als 200 Beamte.[13]
In der GAO entstehen dementsprechend sehr viele und sehr detaillierte Analysen politischer und administrativer Entscheidungen. Auslandshilfe, Waffensysteme, Energiefragen, Krisenverhalten der amerikanischen Regierung, Außenhandels- und Außenwirtschaftspolitik der Vereinigten Staaten sind vom GAO mehrfach analysiert worden. Das Amt gibt monatlich eine Liste der von ihm erstellten Berichte und Analysen heraus. Mitglieder des Amtes treten vor den Kongreßausschüssen als Sachverständige auf, im Jahr 1976 allein bei 140 Anhörungen.
Das GAO befaßt sich vor allem mit kontroversen Problemen. Es rechnete Präsident Carter 1977 vor, daß infolge seiner Ölpolitik die amerikanischen Ölimporte 1985 eher steigen als sinken würden. Es kritisierte die Forderung der Schiffahrtsindustrie, daß 9,5% des importierten Öls auf amerikanischen Schiffen transportiert werden müssen, weil dadurch der Ölpreis jährlich um mindestens 240 Millionen Dollar in die Höhe getrieben würde. Es verlangte eine stärkere Förderung des amerikanischen Handels durch US-Diplomaten,[14] monierte die Störfunktion der amerikanischen Auslandshilfe bei der landwirtschaftlichen Entwicklung der Dritten Welt.[15] Auch der Verteidigungsaufwand in der Periode der Entspannung wurde vom GAO überprüft.[16]
Das GAO kann selbstverständlich nur eine immanente Kritik äußern. Seine Kriterien sind die der Effizienz, der Verbesserung des Aufwands-

und Ertragsverhältnisses. Demgegenüber stellt die Verabschiedung des Budgets eine zentrale politische Leistung dar. Hilfestellung dazu kann nicht von einer unabhängigen Behörde wie dem GAO, sondern muß von einem politischen Gremium kommen. Darum hat sich der Kongreß die beiden Budget-Committees und das Congressional Budget Office geschaffen.

6. Entspannung: Entscheidungen

Sicherheit und Entspannung lassen sich auf der Entscheidungsseite genauso wenig trennen wie auf der Seite der Anforderungen. Es ist daher, streng genommen, nicht zulässig, die Institutionen des politischen Systems danach zu unterscheiden, welche Anforderungen sie vorrangig umgewandelt haben. Das State Department unter Dean Rusk und die Abrüstungsbehörde unter Fred Iklé bevorzugte im gleichen Maß die Sicherheit wie Carters Verteidigungsminister Brown die Entspannung. Beides schließt sich auch nur im Extremfall aus. Die Sicherheitsgesellschaft ist dadurch gekennzeichnet, daß sie vorwiegend die Konflikte militärisch interpretiert und dementsprechend sich auf militärische Stärke verläßt. Das schließt eine gewisse Bereitschaft zur Entspannung nicht aus, sofern das Konfliktverhalten nicht in der Substanz verändert zu werden braucht. Nixon und Kissinger verfuhren so. Desgleichen bedeutet die Forderung nach Entspannung nicht den Verzicht auf Verteidigung, sondern den Versuch, Konflikte auch politisch zu definieren, Kompromisse für möglich und wünschenswert zu halten.

Ist es daher unzulässig, die entscheidenden Institutionen nach den Polen der Sicherheit und der Entspannung zu gruppieren, so ist es andererseits plausibel. National Security Council und Verteidigungsministerium waren von ihrer Anlage her auf die militärische Sicherheit orientiert. Problematisch daran war nur, daß sie einen überproportionalen Platz im Entscheidungsprozeß einnahmen. Außenministerium, ACDA und AID waren stärker auf die Entspannungsseite ausgerichtet; als problematisch daran wird sich nur ihre Einflußlosigkeit, ihre Zersplitterung und Überorganisation erweisen. Diese Verteilung macht die »Sicherheitsgesellschaft« aus. Sie nahm die auf Sicherheit gerichteten Forderungen bevorzugt auf und widmete ihnen einen straff organisierten Umwandlungsprozeß, in den praktisch alle Institutionen mit hineingezogen wurden. Umgekehrt war das »Tor« für Entspannungsanforderungen klein, der verfügbare Umwandlungsapparat schwach und zerstreut.

Präsident und Sicherheitsberater gehören selbstverständlich beiden Anforderungs- und Umwandlungsbereichen an. Obwohl sie inhaltlich den Sicherheitsbereich stützten, haben sie sich, da er ihnen infolge seiner straffen Organisation keine Profilierungschance ließ, vornehmlich auf der Entspannungsseite, der »Außenpolitik« betätigt. Deren Unübersichtlichkeit wurde dadurch noch vergrößert, ihr Umwandlungsbeitrag vermindert.

6.1 Der Präsident, der Nationale Sicherheitsberater und der Außenminister

Die Verbesserung der amerikanisch-sowjetischen Beziehungen, Kernstück der Entspannung, ist zweifellos von Präsident Nixon und seinem Nationalen Sicherheitsberater Henry Kissinger in die Wege geleitet worden. Von 1969 bis 1974 haben die Vereinigten Staaten mehr Abkommen mit der Sowjetunion getroffen als in der Zeit von 1933 bis 1969. Im Zeichen der acht Spezialabkommen, die Moskau und Washington unterschrieben haben, sind beinahe 60 Arbeitsgruppen ins Leben gerufen worden, gleichzeitig hat sich die Zahl der Besucher aus den beiden Ländern vervierfacht.[1] Nicht ganz so drastisch im Ausdruck, aber nicht minder spektakulär, war die Veränderung der Beziehungen der Vereinigten Staaten zu China: auch sie ein Werk des Nationalen Sicherheitsberaters, nicht des Außenministers. Spätestens seit John F. Kennedy haben alle amerikanischen Präsidenten versucht, das außenpolitische Entscheidungszentrum möglichst weitgehend in das Weiße Haus zu verlagern. Von der Verfassung her gesehen ist dies unproblematisch: Die auswärtige Gewalt liegt beim Präsidenten.[2] Von der politischen Praxis her gesehen, stellt sich freilich die Frage, wer ihn bei der Konzeption der Außenpolitik berät und deren Ausführung sicherstellt. Diese Frage ist in den sechziger und siebziger Jahren nicht beantwortet worden.

Da die Außenpolitik für die amerikanischen Präsidenten insofern besonders attraktiv ist, als sie praktisch den einzigen Bereich darstellt, in dem sie sich rasch einarbeiten und frei bewegen können, haben sich alle Präsidenten der Nachkriegszeit unverhältnismäßig stark auf die Außenpolitik konzentriert. Hinzu kommt, daß in der Außenpolitik alle Bedingungen gegeben sind, die nach Dahl in einem Gewaltenteilungssystem für die Machtentfaltung des Präsidenten erforderlich sind: eine breite und schlecht definierte Autorität, eine spezielle Legitimität, die permanente Notlage, der Mangel an organisierten Interessen.[3] Präsident Kennedy brachte zwar kein einziges großes innenpolitisches Gesetz durch den Kongreß, er war aber imstande, den Vietnam-Krieg einzuleiten.

Entsprechend der besonderen Bevorzugung der Außenpolitik haben sich alle amerikanischen Präsidenten seit F. D. Roosevelt mit besonderen Beratern dafür umgeben. Präsident Wilson hatte seinen Colonel House, Roosevelt Harry Hopkins. Die Reihe reicht über Kennedys Bundy, Johnsons Rostow, Nixons und Fords Kissinger bis hinauf zu Carters Brzezinski. Eine gewisse Ausnahme bildeten die Präsidenten Truman und Eisenhower, weil sie über kluge und kompetente Außenminister verfügten: Marshall, Acheson, Dulles. Zwar besaß auch Eisenhower einen bedeutenden persönlichen Berater, Adams; er war jedoch mehr der Kabinettschef als der Sicherheitsberater. Als Regel kann gelten, daß ein guter und politisch kräftiger Außenminister die Funktion eines weiteren wichtigen Beraters des Präsidenten überflüssig macht. Selbstverständlich braucht der Präsident, wie jeder Regierungschef, einen auf die Außenpolitik spezialisierten, qualifizierten Assistenten, der ihm vorarbeitet und ihn informiert.[4] Im übrigen aber könnte er sich vom Außenminister beraten lassen, dessen Ministerium mitsamt seinem Planungsstab für diese Aufgabe wie für die Ausführung der Entscheidungen insgesamt zur Verfügung stehen. Statt dieser naheliegenden Lösung, haben alle Präsidenten seit Kennedy versucht, sich nicht nur eigene Berater ins Weiße Haus zu holen, sondern ihnen auch die Ausführung und Koordinierung der auswärtigen Politik zu übertragen.

Kennedy setzte die Tradition Roosevelts fort, lieber eine neue Institution, nämlich den persönlichen Stab einzurichten als eine alte Institution, das Außenministerium, zu reformieren.[5] Reformbedürftig war State zweifellos zu diesem Zeitpunkt. Es war das Hauptobjekt des McCarthyismus gewesen, hatte als dessen Folge viele gute Beamte und jeden politischen Schwung verloren. Mit gewissem Recht haben sich viele Präsidenten vor und nach Kennedy darüber beschwert, daß das Außenministerium konservativ, langsam und schlecht arbeitete, organisatorisch keine Einheit, sondern eine Konzentration kleiner Machtzentren darstellte, die sich gegenseitig befehdeten.[6] Kennedys Ausweg besserte die Lage keinesfalls. Verständlicherweise verschlechterte sich das Leistungsinteresse des Außenministeriums in dem Maße, in dem der Außenminister zu einer Funktion minderen Grades reduziert wurde. Gleichzeitig war der Nutzen für die Präsidenten bei weitem nicht so hoch wie erwartet. Da sich gute Leute nur selten, und dann nur vorübergehend für die Arbeit im Weißen Haus gewinnen ließen, wurde sie bald durch den raschen Wechsel gekennzeichnet. Was für Präsident Johnsons Stab galt, galt auch für Nixon und Ford: Das Weiße Haus glich einem »well-slept rooming house«.[7] Die Arbeit konzentrierte sich mehr und mehr auf die Person des Nationalen Sicherheitsberaters, der immer mehr die Funktion eines Außenministers übernahm, ohne jedoch ein Außenministerium hinter sich zu haben.

Vor allem zwei Konsequenzen machten sich bemerkbar. Zunächst ist in diesem System die Rivalität zwischen dem Nationalen Sicherheitsberater und dem Außenminister einprogrammiert. Sie wirkt sich um so störender aus, wenn, wie im Falle von Cyrus Vance unter Präsident Carter, der Außenminister nicht nur eine Position hält, sondern auch eine Person darstellt. Wenn der Außenminister und der Nationale Sicherheitsberater öffentlich darüber streiten, ob die SALT-Abkommen mit der Sowjetunion wichtiger seien als die Kritik an ihrer Afrika-Politik, muß die Entspannung als Konzept und als Politik notwendigerweise leiden. Sie leidet auch, wenn dieser Streit nur intern ausgetragen wird. Zwar ist die Auseinandersetzung wichtig, die »multiple advocacy«[8] ein unerläßliches Prinzip der Entscheidungsfindung in komplexen Materien. Soll sie jedoch nicht in Kompetenzstreitigkeiten untergehen, so darf sie nicht Konkurrenten, sondern muß sie Kollegen übertragen werden. Eben dieses Verhältnis läßt sich in den Beziehungen zwischen Nationalem Sicherheitsberater und Außenminister aus Strukturgründen nicht einrichten.

Schwerwiegender jedoch ist die zweite Konsequenz. Außenpolitik will nicht nur konzipiert, sie will auch koordiniert und vor allem ausgeführt werden. Lassen sich beide Aufgaben in einer hochspezialisierten, stark dezentralisierten und departementalisierten Bürokratie wie der amerikanischen ohnehin nur sehr schwer verwirklichen, so war dies für einen quasi privaten Beraterstab im Weißen Haus faktisch unmöglich. Schon die Koordination erwies sich als außerordentlich schwierig, gelang praktisch nur Bundy und Kissinger, und zwar aufgrund ihrer Persönlichkeit und ihrer Initiative. Die institutionellen Regelungen zur Koordination, die Interdepartmental Regional Groups, denen die Assistant Secretaries of State vorsaßen und die Senior Interdepartmental Group, der der Undersecretary of State vorstand, vermochten das Problem nicht zu lösen. Koordination, hinter der keine politische Macht steht, bleibt erfolglos.[9]
Der Präsident ist nur in der Theorie der mächtigste Mann in der amerikanischen Exekutive. In der Praxis kann er nur mit großer und kontinuierlicher Mühe erreichen, daß seine Anordnungen auch ausgeführt werden.[10] Kissinger verbrachte einen »beträchtlichen Teil der Zeit damit«, dafür zu sorgen, daß präsidentielle Anordnungen umgesetzt wurden.[11] Weder ihm noch dem Präsidenten ist jedoch jemals gelungen, sich bis auf die Referentenebene hinunter durchzusetzen, auf der die wichtigen Handlungszusammenhänge verlaufen, die »eisernen Dreiecke« gebildet werden. Diese exekutiven Ebenen lassen sich auch nicht über interministerielle Ausschüsse erreichen, zumal sie noch fast jeder Präsident neu zusammengesetzt, ergänzt oder aufgelöst hat.
Das Außenministerium wäre die einzige vorhandene institutionelle Basis, von der aus das politische System zugunsten einer bevorzugten Umwandlung von Entspannungsanforderungen balanciert werden könnte. Voraussetzung dafür ist, wie Destler anregt, die Einrichtung politisch ansprechbarer Zentren auf den verschiedenen hierarchischen Niveaus aller beteiligten Ministerien.[12] Nur auf diese Weise läßt sich deren Arbeit koordinieren und sicherstellen, daß Entscheidungen der Spitze auf der exekutiven Ebene auch ausgeführt werden. Ein solches System kann jedoch nicht über den Stab des Weißen Hauses, sondern muß über ein Ministerium gesteuert werden, das über die entsprechenden hierarchischen Niveaus verfügt, und zwar in allen für die Außenpolitik maßgeblichen Bereichen, von der Verteidigungspolitik über die Wirtschaftspolitik bis hin zur Kulturpolitik. Sinnvoll kommt hierfür nur das Außenministerium in Betracht. Der Nationale Sicherheitsberater des Präsidenten wird dadurch nicht entbehrlich, seine Funktion wird jedoch wieder auf die persönliche Beratung des Präsidenten reduziert.[13]
Nur auf diese Weise lassen sich auch die präsidentiellen Entscheidungen »entprivatisieren«, aus den Personen-gebundenen Handlungszusammenhängen herausnehmen und in institutionalisierte, kontrollierbare Zusammenhänge überführen. Der Dualismus zwischen dem Stab des Weißen Hauses und dem Außenministerium öffnet dem ganz privaten Berater,

dem persönlichen Freund, dem Interessenten eine weite Tür. Weil sie sich nicht auf ein kompetentes Ministerium verlassen konnten, haben die meisten Präsidenten diesen privatistischen Ausweg gewählt. Wer zuletzt mit ihnen sprach, hatten den größten Einfluß.[14] Seine Basis war das persönliche Vertrauen, nicht eine kontrollierbare Ordnung des Entscheidungsprozesses.[15] Dieser Einfluß kam durch die Hintertür des Weißen Hauses, bei republikanischen Präsidenten durchweg aus der Wirtschaft, bei demokratischen mehr von den Gewerkschaften.[16] Bei allen gingen die persönlichen Freunde und Berater durch diese Tür, die in das »intuitive policymaking system« führt, wie Fulbright es genannt hat.[17] Dieses System bewirkt die Oszillationen, die vielfach die Entscheidungen der Präsidenten, vor allem in den ersten Regierungsjahren kennzeichnen. Die Politik einer Weltmacht kann aber nicht vom Thronsessel eines »königlichen Hofes«[18] betrieben werden. Sie ist auf institutionalisierte Willensbildungsprozesse angewiesen. Sie fehlen in den USA, solange das State Department in seiner Außenseiterrolle verbleibt.

6.2 Das Außenministerium

In der historischen Rangordnung der amerikanischen Ministerien ist das Department of State das älteste und angesehenste. Es wurde 1789 mit der vierten Amtshandlung des Kongresses eingerichtet, und zwar als Department of Foreign Affairs. Zwei Monate später, am 15. September 1789 wurde es in das »Department of State« umbenannt. Vom einstigen Ruhm und Rang ist heute nicht mehr sehr viel zu sehen. Zwar wird der Außenminister noch immer als der »principal foreign policy adviser to the president« aufgeführt, doch hat er diese Rolle, wie gezeigt wurde, längst an den Nationalen Sicherheitsberater des Präsidenten und an den Verteidigungsminister bzw. die Generalstabschefs abgetreten.

Der Bedeutungsverlust seines Hauses ist sogar noch größer. Keine der Sachfragen, die die Beziehungen der Vereinigten Staaten zu ihrer internationalen Umwelt gestalten, ressortiert im Außenministerium. Für den Sicherheitsbereich ist das Verteidigungsministerium, für den Wirtschaftsbereich sind Finanz- und Handelsministerium, schließlich auch das Landwirtschaftsministerium zuständig. Die Nachrichten werden von der »Intelligence Community«, die Propaganda von der International Communications Agency besorgt. Schließlich ist State sogar aus der spezifischen Domäne der Diplomatie vertrieben worden. Zwar ist ihm der auswärtige Dienst geblieben, mit dem Botschafter an der Spitze jeder Mission. In den Botschaften aber sind die Diplomaten des Außenministeriums längst von anderen Diensten ausgestochen worden, die fast 80% der auswärtigen Vertretung der Vereinigten Staaten ausmachen. Nur noch rund 20% sind dem Außenministerium und dem Foreign Service verblieben.

Entsprechend schwach ist die Stellung des Außenministeriums im Innern des politischen Systems. Da es keine substantiellen Interessen zu berücksichtigen hat, besitzt es auch keine Klientel. Während das Finanzministerium die Interessen der Banken und das Handelsministerium die der amerikanischen Industrie vertritt; während das Landwirtschaftsministerium die Bauernverbände, das Arbeitsministerium die Gewerkschaften hinter sich hat, geht das Außenministerium leer aus. Theoretisch besitzt auch dieses Haus eine Klientel, sogar eine sehr große: den amerikanischen Verbraucher. Indem das Haus die Gesamtbeziehungen zwischen der amerikanischen Gesellschaft und ihrer internationalen Umwelt betreut, wird es zwangsläufig auf den Interessenausgleich innerhalb der umfassenden Handlungszusammenhänge verwiesen. Er verläuft in der Regel zu Lasten von Sonderinteressen und zu Gunsten der Interessen aller einzelnen.[1] Die amerikanischen Verbraucher bilden dementsprechend eine sehr große, aber eine nur selten einflußreiche Gruppe. Sie können auf die Auswahl des Secretary of State und die Politik seines Hauses kaum Einfluß nehmen.

Im Schnitt waren 7 von 10 Außenministern Rechtsanwälte und meist ohne besondere ökonomischen Kenntnisse. Hull, Acheson und Dulles bilden die Ausnahme, Henry Kissinger die Regel. Andererseits herrschten auf den weiteren Führungspositionen des Außenministeriums die Wirtschaftler, vornehmlich die Bankiers vor. Die Chase Manhattan Bank und das Bankhaus Dillon, Read & Co. waren stark vertreten. Harriman, selbst in führenden diplomatischen Positionen tätig, hat es bedauert, daß sein Haus (Brown Bros., Harriman & Co.) nicht groß genug war, um der amerikanischen Regierung, vornehmlich dem Außenministerium, noch mehr Beamte zu liefern. Aus der Tatsache, daß das Außenministerium in seinen Führungspositionen gute Beziehungen zu den berühmten 15 Blocks in New York, Boston und Detroit aufwies, kann jedoch nicht auf eine Funktion als wirtschaftliche Interessenvertretung geschlossen werden. Sie ist eher für das Finanz- und das Handelsministerium gegeben. An den währungspolitischen Entscheidungen des 15. 8. 1971, beispielsweise, war das Außenministerium nicht beteiligt; es war noch nicht einmal informiert worden. Seine Beziehungen zum »Eastern Establishment‹ (das ja nicht identisch mit der amerikanischen Elite ist), sind eher notgedrungen, da es das einzige verfügbare Potential von Führungskräften darstellt.

Stärke und Schwäche des Department of State liegen in den intensiven Handlungszusammenhängen begründet, die es mit den politischen Systemen in der internationalen Umwelt der Vereinigten Staaten unterhält. Das Department bildet zwar nicht die einzige, aber doch eine sehr wichtige Kontaktstelle zwischen dem amerikanischen politischen System und den Systemen anderer Gesellschaften. Es stellt auch die Verbindung zu den internationalen Organisationen her. Infolge dieser Handlungszusammenhänge reflektiert State den Standpunkt und die Interessen der anderen politischen Systeme in einem beträchtlichen Ausmaß – genauso wie Botschafter dazu neigen, sich den Standpunkt ihres Gastlandes auf Dauer zu eigen zu machen. Zur Geringschätzung, die vor allem der Kongreß den

Diplomaten als den »Cocktail-Trinkern« und »Party-Gästen« traditionell entgegenbrachte, trat noch zusätzlich die Vermutung, das Ministerium handele nicht amerikanisch genug. Dieser Verdacht ließ das Ministerium zum Hauptobjekt des McCarthyismus werden, ist aber auch seitdem nicht ganz abgeklungen.

Positiv gewendet, erweist sich das Department of State gerade deswegen als Repräsentant der auf die Entspannung gerichteten Interessen des politischen Systems der USA und seines gesellschaftlichen Umfeldes. Das Denken der Diplomaten unterscheidet sich zumindest tendenziell von dem der Militärs. Während sie sich ausschließlich auf die militärisch definierte Sicherheit und den Sieg konzentrierten, war das Außenministerium »das Zentrum von Abrüstung und Ausgleich in diesem Lande« geworden.[2] Wenngleich selbstverständlich im Außenministerium auch militärische und sicherheitsbezogene Ziele verfolgt werden – wie gleich zu zeigen sein wird –; wenngleich das Ministerium vor 1939 und vor allem vor 1914 auch gewinnmaximierende, imperialistische Zielsetzungen beherbergt hat, muß es seit 1947, und vor allem seit dem Beginn des Vietnam-Krieges als Ansatzpunkt der Entspannung im politischen System der Vereinigten Staaten gelten. Dies ist nicht etwa auf die soziale Herkunft der Mitarbeiter des State Department zurückzuführen. Wie Mennis gezeigt hat, ist diese Herkunft von der der Beamten des Verteidigungsministeriums und des Militärs prinzipiell nicht verschieden.[3] Beide Gruppen kommen größtenteils aus dem städtischen Nordosten der USA, sind europäischer Herkunft, stammen mindestens aus der Mittelklasse und besitzen dementsprechend eine gute Erziehung. Worin sie sich unterscheiden, sind ihre Denksysteme. Drei Viertel der Führungspositionen beim Militär waren von Leuten besetzt, die autoritär, konservativ und gewinnmaximierend (hard-line) dachten. Beim Außenministerium hingegen herrschte das liberale, nicht-autoritäre und kompromißbereite Denken vor.[4] Diese Verteilung ist sicher auf den prägenden Einfluß der Handlungszusammenhänge zurückzuführen, in denen die beiden Häuser stehen. Sie läßt sich aber in erster Linie nur erklären dadurch, daß die Berufswahl selbst bereits vom Denksystem angeleitet wird.[5]

Liberalismus, Rationalität und Kompromißbereitschaft, die das Department of State kennzeichnen, tragen weiter dazu bei, seine Stellung in den Umwandlungsprozessen des politischen Systems zu schwächen. Differenziertes und umfassendes Denken läßt sich selten mit Schnelligkeit und Effizienz verbinden. Von dieser Belastung deutlich zu trennen sind die Entscheidungschancen, die das Haus infolge seiner Überorganisation selbst zu verantworten hat. Sie sind unleugbar. State hat aber recht mit dem Argument, daß die Forderung nach rascher und eindeutiger Information in der auswärtigen Politik selten und meist nur um den Preis einer Katastrophe zu erfüllen ist. In der Bezeichnung des »foggy bottom« spiegelt sich, nimmt man ihr die Abschätzigkeit, die Komplexität der Handlungszusammenhänge, mit denen das Auswärtige Amt umzugehen hat.

Das Außenministerium befand sich nicht immer in der schwachen Stellung, die es in den siebziger Jahren innehat. Vor der McCarthy-Ära und insbesondere vor der Militarisierung der Außenpolitik durch die Gründung des National Security Council 1947 organisierte und kontrollierte das Department of State einen großen Teil der Beziehungen des politischen Systems der USA zu seiner internationalen Umwelt. Kennzeichnend dafür waren nicht nur die großen Außenminister wie Marshall, Acheson und Dulles, sondern auch einzelne Institutionen wie der Planungsstab, der unter George F. Kennan die Politik der Eindämmung einleitete und ausstattete.[6] Am Schicksal des Planungsstabes läßt sich der Niedergang der Bedeutung des Außenministeriums am besten ablesen. Kennedy benutzte ihn schon als Abstellgleis, um Walt W. Rostow unterzubringen. Unter Nixon und Kissinger hatte der Stab im wesentlichen nur koordinierende Aufgaben, für die insgesamt zwei Beamte abgestellt wurden.[7] Erst seit Mitte 1974 wurde er wieder als ›policy planning staff‹ bezeichnet, ohne jedoch die dazugehörige Funktion zurückzugewinnen. Selbst Präsident Carter, der mehr als seine Vorgänger das Außenministerium in den Entscheidungsprozeß mit einbezieht, hat wie seine Vorgänger die Planung wichtiger Außenpolitikbereiche interministeriellen Ausschüssen übertragen.

Es gehört zu den Standardreaktionen des politischen Systems der USA, politische Fehlentscheidungen mit organisatorischen Veränderungen zu beantworten. In den Vereinigten Staaten ist daher das Department of State eines der beliebtesten Objekte von Reformkommissionen und -autoren gewesen. Entsprechend erratisch und hektisch gestalteten sich seine Strukturveränderungen. Dennoch steht es zum Ausgang der siebziger Jahre in einer Formation da, die für die Übernahme der Führungsposition in den interministeriellen Ausschüssen eigentlich keinen Ansatzpunkt schuldig bleibt. Das Außenministerium hat drei Entscheidungsebenen.[8] Die erste und oberste besteht 1978 aus dem Außenminister, seinem Stellvertreter, drei Under Secretaries, dem Deputy Under Secretary und dem Counselor. Die zweite Ebene wird von den Leitern der regionalen Büros gebildet, in denen die Beziehungen mit den einzelnen Ländern organisiert werden, und zwar von den ›country desk officers‹, zweifellos den wichtigsten Beamten im Ministerium. Die dritte Ebene stellen die Leiter der funktionalen Büros dar, die sich mit den regionalen Büros abstimmen müssen.

Die oberste Ebene der Entscheidung befindet sich auf dem »7th floor«.[9] Der Außenminister ist, jedenfalls in der Theorie, der wichtigste Berater des Präsidenten in der Außenpolitik. Zu seinen weiteren Verantwortlichkeiten zählt die Leitung der Auslandshilfe, die er dem Direktor der Agency for International Development übertragen hat, und die der Militärhilfe und der Waffenverkäufe, die er dem Under Secretary for Security Assistance anvertraut hat. Der Außenminister trägt die Verantwortung für die inhaltliche Ausgestaltung der Programme der Communications Agency und muß ihren Direktor über die Außenpolitik der USA unterrichten. Auch die Rüstungskontroll- und Abrüstungsbehörde (ACDA) arbeitet unter seiner Leitung. Ferner hat der Außenminister für die auswärtige Kulturpolitik zu sorgen und für die Eingliederung des Peace Corps in die auswärtige Politik. Für die Rüstungskontrolle und die Informationspolitik sowie für das Peace Corps verfügt der Außenminister über eigene Behörden, (die später dargestellt werden). Die anderen Aufgaben werden in seinem Hause direkt erledigt.

Der Deputy Secretary of State, der bis 1972 den Titel eines Under Secretary of State trug, ist der unmittelbare Vertreter des Außenministers und sein wichtigster Mitarbeiter. Er muß demzufolge das volle Vertrauen des Ministers besitzen. Er hat den Vorsitz im Ministerstellvertreter-Ausschuß des Nationalen Sicherheitsrates inne und sitzt auch dem Direktorium des Diplomatischen Dienstes vor. Der Posten des Under Secretary for Political Affairs wird zwar nicht in der Theorie, aber doch in der Praxis durch einen älteren Diplomaten besetzt. Er ist die Nummer Drei im Ministerium, vertritt den Deputy Secretary in den Ausschüssen des Nationalen Sicherheitsrates wie das Außenministerium generell in den Diskussionen mit anderen Ministerien. Daß die Wirtschaftsfragen seit 1972 von einem Under Secretary for Economic Affairs (statt einem Deputy Under Secretary) betreut werden, spiegelt ihre zunehmende Bedeutung wieder. Der Under Secretary for Economic Affairs leitet die amerikanische Vertretung bei der Weltbankgruppe und anderen Entwicklungsbanken, sitzt im Direktorium der Overseas Private Investment Corporation.

1971 wurde durch die Foreign Assistance Act der Posten eines Under Secretary for Security Assistance geschaffen. Darin schlug sich die Unzufriedenheit des Kongresses mit der amerikanischen Auslandshilfe insgesamt und vor allem mit der Trennung zwischen militärischer und ziviler Hilfe nieder. Dem Under Secretary steht dafür (aber nicht nur dafür) das Bureau of Politico-Military Affairs zur Seite, das die amerikanische Militärhilfe und die sicherheitsbezogene Auslandshilfe organisieren soll. Verwaltet – und damit praktisch bestimmt – wird diese Hilfe jedoch im Verteidigungsministerium, und zwar in der International Security Affairs-Abteilung. Gegen den dort liegenden Entscheidungsschwerpunkt sind die – zudem häufig wechselnden – Under Secretaries for Security Assistance nicht aufgekommen.[10]

Der Counselor wirkt als Sonderberater des Außenministers bei größeren Problemen der auswärtigen Politik mit, fungiert auch als Unterhändler.

Das entscheidende Büro auf der Arbeitsebene des Außenministeriums ist das Executive Secretariat. Sein Leiter steht im Rang eines Assistant Secretary. Das Büro organisiert und kontrolliert den Informations- und Entscheidungsfluß zwischen der ersten und der zweiten Ebene, betreut die Kommunikation mit dem Weißen Haus und leitet das Operations Center, in dem die Nachrichten eingehen und verteilt werden.

Auf der zweiten Entscheidungsebene sind die fünf regionalen Büros angesiedelt: European Affairs, East Asian and Pacific Affairs, Near Eastern and South Asian Affairs, African Affairs, Inter-American Affairs. Sie werden von Assistant Secretaries geleitet, deren Stellvertreter in der Regel ältere Diplomaten sind. Die tägliche Arbeit wird von den Country Directors betreut, denen dementsprechend eine ganz besonders wichtige Rolle zufällt. Sie halten die Verbindung zu den amerikanischen Botschaften im Ausland, sitzen damit an einer außerordentlich wichtigen Stelle in den Handlungszusammenhängen. Ihre Mediatisierung durch die Büroleiter sowie die Isolierung infolge der Tatsache, daß in anderen Ministerien die Position des Country Directors nicht geschaffen worden ist, bewirken die wichtigsten Störanfälligkeiten in der Arbeit des Ministeriums.

Von den funktionalen Büros wurde das für die politisch-militärischen Angelegenheiten bereits erwähnt. 1973 kam das neue Bureau of Oceans and International Environmental and Scientific Affairs hinzu, das sich mit den Fragen des Meeresbodens und des Umweltschutzes beschäftigt. Alt hingegen ist das Bureau of Intelligence and Research, das die politikorientierte Forschung und Analyse des Ministeriums leitet. Es koordiniert die offenen Nachrichtendienste des Departments und dient als Verbindungsstelle zu den Nachrichtendiensten. Es ist in fünf geographische Büros unterteilt, die denen des Ministeriums ingesamt entsprechen.

Das Bureau for International Organization Affairs betreut die Beziehung der Vereinigten Staaten zu den internationalen Organisationen. Die Kulturarbeit war bis zur Umbenennung der U.S. Information Agency in die International Communication Agency im Bureau for Educational and Cultural Affairs organisiert. Seitdem ist die Kulturarbeit der Communication Agency überstellt worden.

Von besonderer Bedeutung ist das Bureau of Economic and Business Affairs, das dem Assistant Secretary for Economic and Business Affairs und damit dem Under Secretary for Economic Affair untersteht. Die außenwirtschaftliche Tätigkeit des Außenministeriums wurde 1972 erheblich verstärkt, weil die Gefahr drohte, daß sie dem Handelsministerium überstellt worden wäre. Diese Reform hätte das Ministerium selbstverständlich weiter geschwächt. Zwar werden die relevanten außenwirtschaftspolitischen Entscheidungen sowieso im Finanz- und Handelsministerium getroffen, nicht im Außenministerium. Das State Department ist jedoch behilflich beim Abschluß von Wirtschaftsabkommen, betreut die Interessen amerikanischer Firmen im Ausland, kümmert sich um Handels-, Rohstoff- und Finanzfragen. Gerade in dem Büro of Economic and Business Affairs manifestiert sich die gewinnoptimierende Einstellung des Ministeriums besonders, weil es sich gegen enge protektionistische Interessen in den Vereinigten Staaten wendet und auch die Interessen des Verbrauchers berücksichtigt. Kann es diese Zielsetzungen nicht selbständig in Entscheidungen umwandeln, so kann es sie doch durch die intensive Zusammenarbeit wenigstens zur Geltung bringen.

Gerade in diesem Büro zeigt sich, daß das Außenministerium sehr wohl eine Führungsposition übernehmen könnte, wenn sie ihr zugewiesen würde. Davon kann jedoch keine Rede sein. Die Interessengruppen, die das Finanz-, Handels- und Landwirtschaftsministerium beherrschen, haben keinen Anlaß, eine Kompetenzverlagerung zu dulden. Auch die Murphy-Kommission hat 1975 keine substantielle Veränderung vorgeschlagen.[11] Das Außenministerium befindet sich am Ausgang der siebziger Jahre nach wie vor in einer Randposition. Es kann koordinieren, aber kaum leiten und nur ganz selten entscheiden.

6.2.1 Der Foreign Service

Seinem Selbstverständnis nach ist der Diplomat ein Generalist, ein Allround-Man, der auf allen Gebieten der Politik zu Hause ist. Für seine Funktion bedarf er neben Sprachkenntnissen einer Ausbildung auf den Gebieten Wirtschaft, Recht, Soziologie und Ethnologie – um nur einige zu nennen. Für die erforderliche Kombination hat der amerikanische Foreign Service eine Reihe von Lösungen benutzt. Die Spitzenpositionen sind durchweg in der Hand der Diplomaten, der Foreign Service Officers.[12] Da sie aber weder in der Lage noch willens waren, die funktionalen Fähigkeiten zu erlernen und auszuüben, haben sie sie Nicht-Diplomaten übertragen. Im State Department in Washington sind daher mehr normale Beamte als Foreign Service Officers tätig.[13] 1954 hatte das Mißverhältnis zwischen den zu erfüllenden Aufgaben und den Leistungsmöglichkeiten des Diplomatischen Dienstes zu einer Radikalkur geführt, als 1100 Beamte in den Jahren 1955 bis 1956 einfach in den diplomatischen Dienst übernommen wurden. Bekannt als »Wristonization«[14] (nach dem Kommissionsvorsitzenden Wriston, der den Vorschlag unterbreitet hatte), saß dieser Schock den amerikanischen Diplomaten lange in den Gliedern. 1970 brachten sie schließlich eigene Vorschläge zu diesem Problem heraus,[15] in deren Zentrum die Anerkennung der Tatsache stand, daß »eine neue Art eines Diplomat-Managers erforderlich ist ... ausgerüstet mit den neuesten Techniken und unterstützt von einem Ministerium, das nach modernen Management-Prinzipien arbeitet«.[16] Die Diplomaten schlugen vor, die Entscheidungs- und Verwaltungszentren im Außenministerium zu kombinieren und im übrigen einen auswärtigen Dienst einzurichten, der die funktionale Spezialisierung des Diplomaten zum Prinzip erhebt, und zwar auf den Gebieten Politik, Wirtschaft und Verwaltung.[17]

Mit der Bereitschaft sich zu spezialisieren – 1974 waren nur noch 35% aller amerikanischen Diplomaten reine »Politiker«, 23% waren davon »Wirtschaftler«, 18% »Verwalter«[18] –, hofft der diplomatische Dienst die Gefahr zu verringern, noch stärker aus dem außenpolitischen Geschäft ausgeschaltet zu werden. Numerisch ist der Foreign Service, wie erwähnt, von anderen auswärtigen Diensten der USA überrundet worden. Faktisch wird sein Einfluß von seiner Kompetenz abhängen. Zwar ist der Botschafter nominell der Chef aller in einem Land tätigen amerikanischen Dienste: die Präsidenten Kennedy und Nixon haben seine »volle Verantwortung« über alle Dienste ausdrücklich bestätigt.[19] Fehlt ihm und seinen Diplomaten die notwendige Sachkompetenz, so bleibt die ihnen zugewiesene Autorität formal und leer. Die Möglichkeit, solche Kenntnisse zu erwerben, besteht in einer hauseigenen Diplomatie-Schule, dem Foreign Service Institute.[20]

6.3 Die Rüstungskontroll- und Abrüstungsbehörde

Die Arms Control and Disarmament Agency (ACDA) entstand 1961 als Nachfolger der bereits unter Eisenhower im Oktober 1960 eingerichteten U.S. Disarmament Administration. Bis 1978 sind die Vereinigten Staaten das einzige westliche Land geblieben, das der Abrüstung eine eigene und beträchtlich große Behörde gewidmet hat. ACDA wurde aber nicht, wie es sonst bei wichtigen Behörden üblich war, als Independent Agency eingerichtet, sondern nur als »quasi-unabhängige« Behörde, die über keinen direkten Zugang zum Präsidenten verfügte. Andererseits wurde sie aber wiederum nicht beim Verteidigungsministerium untergebracht, sondern beim Außenministerium, das der Entspannung offener gegenübersteht als das Verteidigungsministerium. Schließlich gehört sie aber nicht in das Außenministerium, ist nicht dessen Teil. Vielmehr arbeitet der Direktor »unter der Anleitung des Außenministers«[1] und ist in dieser Abhängigkeit zuständig für Rüstungskontroll- und Abrüstungsfragen. In dieser Kapazität ist er der wichtigste Berater des Außenministers und des Präsidenten.

Die etwas umständliche Konstruktion spiegelt die Schwierigkeiten wieder, die das Projekt dem politischen System bereitete. In dem sich verstärkenden Bilaterialismus mit der Sowjetunion zugunsten der Nichtverbreitung von Atomwaffen war es zunächst wichtig, über eine spezialisierte Behörde zu verfügen. Auf der anderen Seite hatte gerade Präsident Kennedy die Abrüstung zu einem seiner Hauptthemen während der Kandidatur gemacht und damit auf allgemeine Anforderungen nach Entspannung aus dem gesellschaftlichen Umfeld des politischen Systems reagiert. Schließlich aber hatte man in der Exekutive wie in der Legislative die Befürchtung, daß eine Abrüstungsbehörde die Sicherheitsinteressen der Vereinigten Staaten vernachlässigen und sich pazifistischen Tendenzen hingeben könnte.[2] Unter so verschiedenen Vorzeichen zustandegekommen, hat ACDA seit 1961 die Rüstungskontrolle vorangetrieben, die Sicherheitsinteressen der Vereinigten Staaten streng bewahrt und sich größter Zurückhaltung darin befleißigt, diejenigen Handlungszusammenhänge mit dem gesellschaftlichen Umfeld, die auf Abrüstung und Entspannung gerichtet waren, zu verstärken. Hier hat sie sich auf ihre Jahresberichte an den Kongreß, auf die – wissenschaftlich wertvolle – Edition von Abrüstungsdokumenten sowie auf die seit 1969 erscheinende Übersicht »World Military Expenditures« beschränkt.

Die vom Gesetz vorgeschriebenen Aufgaben von ACDA bestehen in der

Forschung, der Vorbereitung und Führung von Verhandlungen und schließlich in der Verifikation erreichter Abkommen. Auf all diesen Gebieten arbeitet ACDA freilich nicht allein. Vielmehr verfügt das Verteidigungsministerium, vor allem im International Security-Büro, aber auch im Generalstab, über Rüstungskontrollbehörden. Das gleiche gilt für das Energieministerium und für den Nationalen Sicherheitsrat. Selbst im Außenministerium, wo ACDA untergebracht ist, gibt es einschlägige Mitarbeiter.

Dennoch ist es ACDA gewesen, die die Rüstungskontrollverhandlungen mit der Sowjetunion maßgeblich vorbereitet und durchgeführt hat. Es ist bemerkenswert, wie sich diese Behörde, trotz ihrer schwierigen und umständlichen Konstruktion und der sich darin ausdrückenden schwachen Verhandlungsposition innerhalb des politischen Systems durchzusetzen verstand. Obwohl sie keinen Sitz im Nationalen Sicherheitsrat hat und ihr Direktor dort nur aufgrund besonderer Einladung erscheinen darf, hat sie die Arbeit dieses Gremiums deutlich beeinflußt. Der Abschluß des Non-Proliferation Treaty war ihre Hauptleistung in den sechziger Jahren. Zu den Wiener Verhandlungen über Truppenreduzierungen leistet sie maßgebliche Studien. In den SALT-Entscheidungen hat sie eine wichtige Rolle eingenommen, den Vorsitz in dem die Verhandlungen anleitenden inneramerikanischen Ausschuß geführt.[3] In der Standing Consultative Commission (SCC), die zwischen den Vereinigten Staaten und der Sowjetunion aufgrund des SALT-I-Abkommens eingerichtet wurde, führt ACDA die amerikanische Stimme. Ihr erster Direktor William C. Forster und sein Stellvertreter Adrian S. Fisher leiteten die amerikanischen Delegationen in zahlreichen Rüstungskontrollgesprächen mit der Sowjetunion.[4]

1974 erlitt ACDA einen Rückschlag, als ihr Leiter Gerard Smith und mehrere führende Beamte auf Druck des Stabes des Weißen Hauses ihren Abschied nahmen. Das Budget wurde drastisch gekürzt.[5] Präsident Nixon ernannte zunächst keine Nachfolger, sondern betraute den im Rüstungskontrollgeschäft unerfahrenen U. Alexis Johnson[6] zum Verhandlungsführer, später dann den konservativen Sozialwissenschaftler Iklé zum Leiter von ACDA. Erst mit Paul Warnke unter Präsident Carter hat die Behörde wieder einen Leiter erhalten, der dem Rüstungskontrollkonzept verpflichtet ist. Seine Ernennung ließ sich im Kongreß nur mit großer Mühe durchsetzen.[7]

Wie ihre Geschichte ausweist, kann ACDA nicht ohne weiteres als Impulsgeber in den auf Entspannung gerichteten Handlungszusammenhängen bezeichnet werden. Sie hat stets die amerikanischen Sicherheitsinteressen berücksichtigt, zeitweise in einem solche Maße, daß ihr zu Recht der Vorwurf des Konservatismus gemacht werden konnte. Vermochte sie sich ohnehin gegen ein Zusammenspiel zwischen dem Präsidenten, dem Verteidigungsminister und den Generalstabschefs niemals durchsetzen,[8] so hat sie ihre Kritik, falls vorhanden, stets verborgen, nicht etwa vor den Kongreß oder vor die Öffentlichkeit gebracht. Es ist ihr daher auch nie gelungen, die amerikanische Rüstungspolitik insgesamt unter das kritische Konzept der Rüstungskontrolle zu stellen. Sie blieb von vornherein auf die Bereiche beschränkt, die in den internationalen Verhandlungen angesprochen wurden. Solange ACDA in dieser peripheren Situation verbleibt, wird deutlich, daß das politische System der Vereinigten Staaten der Rüstungskontrolle und der Abrüstung als einer der wichtigsten Basen der Entspannung zwar einen erklärten und definierten Platz, aber eben doch nur am Rande der relevanten Entscheidungsprozesse zuweist.

6.4 Die International Communication Agency

Am 1. April 1978 wurde die seit 1953 bestehende United States Information Agency in die United States International Communication Agency umgebildet. Inhaltlich änderte sich nicht viel, lediglich die Kulturarbeit wurde nunmehr der ICA überstellt. Aufschlußreich hingegen ist der neue Titel: Information wurde durch Kommunikation ersetzt und damit angedeutet, daß die einseitige Information seitens der USA durch den wechselseitigen Austausch von Meinungen und Menschen ersetzt werden sollte. Mit dieser mehr oder minder semantischen Identitätsänderung will das politische System der Vereinigten Staaten es seinem gesellschaftlichen Umfeld erneut leichter machen, einen Output zu akzeptieren, den es im Prinzip nicht angefordert hat: die Propaganda.
Von Anfang an ging es in den Vereinigten Staaten nicht nur um Information und Propaganda, sondern gerade auch um Austausch von Personen. Wechselseitige Besuche sind eindeutig den Handlungszusammenhängen Entspannung zuzuordnen; sie dienen der Verständigung, dem Ausgleich. Der amerikanische Kongreß hat diesem Teil der Auslandsarbeit, weil er mit dem Selbstverständnis der bürgerlichen Gesellschaft voll übereinstimmte, stets große Bedeutung beigemessen, und ihn gerade deshalb von der Propagandatätigkeit abgetrennt. Der Kulturaustausch blieb in der Gesetzgebung von 1953 dem Außenministerium vorbehalten, und zwar dem funktionalen Büro für Educational and Cultural Affairs. Lediglich im Ausland wurde dieser Teil von dem Information Service, dem operativen Teil der USIA, mitvertreten.
Muß der Kulturaustausch eindeutig in die Handlungszusammenhänge Entspannung gerechnet werden, so gilt dies auch für Teile der Informationstätigkeit. In dem Maße, in dem sie nicht Interpretationen oktroyiert, sondern sachliche Informationen offen anbietet, dient sie zumindest theoretisch der Verständigung zwischen den Gesellschaften. In diesem Maße brauchte sie freilich auch nicht eine Tätigkeit des politischen Systems zu sein, könnte sie in den gesellschaftlichen Handlungszusammenhängen, von den Medien, ausgeführt werden. Unter diesem Gesichtspunkt blieb die Auslandspropaganda, auch wenn sie sich als Information versteht, für

die amerikanische Gesellschaft stets ein schwieriges, fremdes Instrument.[1] Sie stand ständig unter dem Verdacht, der Verselbständigung des politischen Systems zu dienen und zum innenpolitischen Herrschaftsmittel zu werden. Bedenken dieser Art wurden in den Vereinigten Staaten mit der Zuspitzung des Kalten Krieges hintangestellt. Die 1953 errichtete United States Information Agency wurde als Propagandainstrument gegen die Sowjetunion ausgerichtet.

ICA ist eine unabhängige Behörde, deren Direktor direkt dem Präsidenten unterstellt ist und ihm berichtet. Ihre außenpolitischen Direktiven empfängt sie vom Außenminister; sie arbeitet aber auch mit dem Verteidigungs- und Handelsministerium zusammen, desgleichen mit dem Amt für Auslandshilfe. Der Vorwurf, sie kooperiere auch mit der CIA, wird von der Behörde zurückgewiesen, dürfte aber dennoch über weite Strekken der vergangenen 25 Jahre hin zutreffend sein.[2]

Für diese Informationstätigkeit haben die Vereinigten Staaten seit 1954 einen praktisch unveränderten Betrag ausgegeben. Lediglich die Aufwendungen für den Ausbau von Radiostationen haben sich substantiell erhöht. In dem Anstieg der Normalausgaben von 84,2 Millionen Dollar 1954 auf 203,2 Millionen 1974 schlagen sich lediglich Gehaltserhöhungen und Inflation nieder.[3] 1977 lag das Gesamtbudget der USIA bei knapp 250 Millionen Dollar.[4]

Für diesen Betrag hat die Behörde eine Reihe von Dienstleistungen erbracht, zu deren wichtigsten die Radiosendungen zählen. Die »Stimme Amerikas« brachte 1973 täglich 250 Nachrichtensendungen in 36 Sprachen. Insgesamt wurden 1974 pro Woche 933 Stunden ausgestrahlt,[5] und zwar über 114 Sender, von denen 73 in Übersee und 41 in den Vereinigten Staaten standen. Nur die meisten von ihnen, nicht alle, tragen die »Stimme Amerikas«. Der Information Service in Übersee strahlt eigene Sendungen aus. RIAS wird vollständig von der ICA getragen.[6] Nicht zur ICA zählen die beiden Sender »Radio Free Europe« und »Radio Liberty«. Sie wurden von der CIA betrieben und wurden, nachdem diese Tatsache 1971 bekannt geworden und scharf kritisiert worden war, 1973 einem eigenen Board for International Broadcasting unterstellt. Mit 50 Millionen Dollar lag der Etat dieser beiden Stationen 1972/73 nur knapp unter dem der Voice of America, der 56 Millionen Dollar betrug. Das Verhältnis dürfte sich seitdem kaum geändert haben.

Zu den Publikationen der ICA gehört zunächst das Wireless File, das fünfmal wöchentlich in fünf Regionalausgaben erscheint. Adressaten sind die mehr als 120 ICA-Dienststellen in Europa, Nahost/Südasien, Afrika, Lateinamerika und Ostasien/Pazifik. Das Wireless File – das in Europa Wireless Bulletin heißt – übermittelt im wesentlichen den Wortlaut wichtiger Stellungnahmen der amerikanischen Regierung und berichtet über Vorgänge in der Exekutive und in der Legislative. ICA stellt diesen Nachrichtendienst nicht nur der Regierung des Gastlandes, sondern dort auch der Presse und dem Sozialisationsbereich zur Verfügung. Darüberhinaus verbreitet die ICA weltwelt drei Zeitschriften, die sich allerdings an einen kleineren, meist wissenschaftlich zusammengesetzten Leserkreis wenden: »Dialogue« und »Economic Impact«, die Auszüge aus amerikanischen Zeitschriften enthalten, sowie die zweimonatlich publizierten »Problems of Communism«. Ferner erscheinen regionale Zeitschriften, etwa »TOPICS« für Schwarzafrika und »Horizons« für Südostasien. In einzelnen Ländern geben darüberhinaus ICA-Behörden eigene Zeitschriften heraus, beispielsweise »Insight USA« in Großbritannien.

Repräsentieren die Zeitschriften das kulturelle und politische Amerika im Ausland, so dienen dieser Funktion auch die Informationszentren und Leseräume, die von den 197 ICA-Posten in 119 Ländern bereitgestellt werden. Hinzu kommen sogenannte ›binational centers‹, die größtenteils in der Dritten Welt liegen. Diese Zentren und die Amerika-Häuser bieten nicht nur Informationen über die Vereinigten Staaten, sondern auch über das betreffende Land und allgemein interessierende Probleme an. Natürlich aber stehen die Vereinigten Staaten im Vordergrund, auch bei den ausgedehnten Vortrags- und Diskussionsveranstaltungen.

Mit ihren Zeitschriftendiensten, den Amerika-Häusern und Leseräumen unterhält ICA ein durchweg gewaltfreies Informationsangebot im Ausland. Sie bewegt sich damit in dem gleichen Rahmen, der von allen industrialisierten Staaten, die Sowjetunion eingeschlossen, benutzt und für wichtig angesehen wird. (Gegenüber den Entwicklungsländern, die ihre kulturelle Identität erst wiederfinden und stärken müssen, bevor sie überhaupt daran denken können, sie im Ausland zu repräsentieren, kann ein solches Angebot freilich durchaus auch als Kulturdruck wirken.)

ICA geht aber über die Kultur- und Informationsarbeit insofern hinaus, als sie auch wirtschaftliche Werbung betreibt. Die Stimme Amerikas wirbt für einzelne Produkte; ICA versteht sich seit der Mitte der siebziger Jahre als ein Dienstleistungsinstrument innerhalb der verstärkten wirtschaftlichen Expansion der Vereinigten Staaten im Ausland.[7] Ihre Posten im Ausland sorgen für Publizität, wenn amerikanische Wirtschaftler das Land bereisen, investieren oder produzieren. Sie betreuen publizistisch die Tätigkeit amerikanischer Handelsmissionen.[8] Der Leiter der ICA unterhält regelmäßigen Kontakt mit dem Handelsminister und dem für die Belebung des Tourismus zuständigen U.S. Travel Service im Commerce Department.

ICA übt noch andere Funktionen aus. Sie analysiert die öffentliche Meinung des betreffenden Gastlandes, insbesondere seiner Eliten, und berichtet darüber nach Washington. Sie stellt ihre Sendeeinrichtungen befreundeten Regierungen zur Verfügung; bis 1973 half sie sogar ostasiatischen Regierungen, ihre eigenen internen und externen Informationsprogramme zu verbessern.[9] Die Maßnahmen wurden mit dem Ausgang des Vietnam-Krieges eingestellt, doch leistete ICA auch danach noch den Regierungen der Philippinen, Liberias und Griechenlands Hilfestellung. Die Radiosendungen der Vereinten Nationen werden von ICA gegen Gebühr, die der Organisation für amerikanische Staaten gebührenfrei, gesendet. Hinzu kommen eine Reihe von technischen Dienstleistungen der ICA im Ausland.

Wegen der unbestreitbaren Nähe der Informationsarbeit zu Propaganda, Beeinflussung und Indoktrination, die mit zunehmender Konfliktverschärfung immer größer wird, hatte der amerikanische Kongreß bereits 1948 den Kulturaustausch von der Auslandsinformation abgetrennt, ihn 1953, als die USIA gebildet wurde, dem Außenministerium belassen.[10] Das Austauschprogramm sollte objektiv und unpolitisch sein und keinerlei propagandistische Bezüge aufweisen, während die USIA von vornherein als Instrument der Auseinandersetzung mit der Sowjetunion konzipiert worden war. Beide Programme wurden bis 1978 durchweg getrennt geführt, auch wenn die Außenstellen der USIA das Austauschprogramm des Bureau of Educational and Cultural Affairs im State Department mitbetreuten.

Seit dem 1. April 1978 sind beide Programme in der jetzt International Communication Agency genannten Behörde zusammengeführt. Daß die 25jährige Trennung von Kultur- und Propagandaarbeit nunmehr aufgegeben wurde, wird in der Regel mit bürokratischer Vereinfachung erklärt. Eine große Rolle hat gespielt, daß Senator Fulbright, einer der energischsten Anwälte der Trennung von Kulturaustausch und Propaganda, nicht mehr dem Senat angehört. Ob als Folge dieser Integration der Kulturaustausch stärker politisiert werden wird, bleibt abzuwarten. Auch eine gegenläufige Tendenz ist feststellbar. Seit dem Vietnam-Krieg setzt sich offenbar die Einsicht stärker durch, daß Selbstdarstellung wirksamer ist als Propaganda. »To project ourselves for what we are«, ist die neue Leitlinie der ICA.

6.5 Die Agency for International Development

Ihrem Namen nach müßte die amerikanische Auslandshilfe eigentlich vollständig in die Handlungszusammenhänge Entspannung eingeordnet werden können. Der Praxis nach ist dies nicht ohne weiteres möglich. Erstens war – und ist – die amerikanische Auslandshilfe mindestens zur Hälfte Militärhilfe oder doch auf die militärische Sicherheit bezogen. Von den rund 92 Milliarden Dollar, die die Vereinigten Staaten in der Zeit von 1948 bis 1972 als Auslandshilfe ausgegeben haben, entfiel knapp die Hälfte, nämlich 41,4 Milliarden, auf die Militärhilfe, 50,6 Milliarden auf die Wirtschaftshilfe.[1] Bei der Wirtschaftshilfe wird man zweitens wieder zwischen Krediten und rückzahlungsfreien Zuwendungen zu unterscheiden haben. Die letzteren machten 1975 rund 3 Milliarden, die ersten 4,4 Milliarden Dollar aus.[2] Schließlich ist zu berücksichtigen, daß die Wirtschaftshilfe auch dem amerikanischen Export dient. Sie muß dementsprechend auch den Handlungszusammenhängen Sicherheit und dem Interesse am Gewinn zugerechnet werden.

Zuständig für die Wirtschaftshilfe ist die Agency for International Development, die sich im Außenministerium befindet. Ihr Administrator führt die dem Außenminister vom Präsidenten übertragenen Funktionen in der Auslandshilfe aus; er berichtet über den Außenminister dem Präsidenten. Die Behörde wurde 1961 von Präsident Kennedy eingerichtet, der in ihr alle entwicklungsbezogenen Tätigkeiten zusammenfassen und damit das politische System der USA in den Stand setzen wollte, sowohl in der ersten Entwicklungsdekade der Vereinten Nationen mitzuwirken als auch – vor allem in Lateinamerika – Regierungssysteme zu stabilisieren. Die Foreign Assistance Act von 1961 gab in der Section 621 dem Präsidenten das Recht, die Auslandshilfe dem Außenminister zu übertragen. Kennedy richtete daraufhin am 3. November 1961 die Agency for International Development ein. Sie ist eine eigene, aber nicht unabhängige Behörde im Außenministerium, ist ihm in ihrem Aufbau nachgebildet. Sie verfügt über regionale und funktionale Büros. Die größte Schwierigkeit von AID liegt darin, daß ihre Fortexistenz ungewiß ist. Ihr Programm stellt keine Daueréinrichtung dar, sondern muß jedes Jahr vom Kongreß erneut genehmigt werden – in der Regel außerordentlich verspätet. Diese Situation färbt selbstverständlich auch auf die Qualität der Arbeit und auf die Motivation der Mitarbeiter ab.

Freilich gelang es nicht, das gesamte Auslandshilfeprogramm in AID zu lokalisieren. Die Militärhilfe war dem Außenministerium ohnehin entzogen, wurde nur formal von ihm koordiniert, praktisch im Verteidigungsministerium organisiert. AID erhielt aber auch nicht die Kreditvergabe der Export-Import-Bank. Selbständig blieb auch der 1945 im Hinblick auf die amerikanische Beteiligung an der Weltbank und am Internationalen Währungsfonds eingerichtete National Advisory Council on International Monetary and Financial Policies (NAC). Wichtiger war vielleicht, daß AID auch das Food for Peace-Programm (PL 480) entzogen blieb. Es ressortiert nach wie vor beim Landwirtschaftsministerium. Schließlich blieb auch der Entwicklungsdienst, das Peace Corps, eine selbständige Behörde, wurde nicht in AID integriert.[3]

Diese organisatorische Zersplitterung bewirkt immer wieder einen mühsamen und verwirrenden Entscheidungsprozeß, da auf der Bewilligungsebene selbstverständlich alle Auslandshilfeprogramme voneinander abhängen und demzufolge bei den Budgetberatungen koordiniert behandelt werden müssen. Insbesondere das Food for Peace-Programm und die Bewilligungen für das Peace Corps müßten, da sie unmittelbar in die Auslandshilfe hineinragen, in AID ressortieren. Noch störender macht sich bemerkbar, daß die organisatorischen Grenzen zwischen entwicklungsbezogener und sicherheitsbezogener Hilfe nicht deutlich markiert sind. Der Kongreß beschloß 1976 die Wirtschafts- von der Militärhilfe zu trennen, um jedem Aspekt gesondert zu seinem Recht zu verhelfen. Dennoch ist auch danach die sicherheitsgerichtete Wirtschaftshilfe – die Security Supporting Assistance – Teil der International Security Assistance, also praktisch der Militärhilfe geblieben. obwohl sie in der Agency for International Development verwaltet wird.[4]

Bei der Security Supporting Assistance – 1977 in Höhe von 1,8 Miliarden Dollar – handelt es sich um eine Wirtschaftshilfe an Länder, die für die militärisch definierte Sicherheit der Vereinigten Staaten wichtig sind. Das Programm umfaßt drei Teile: Im Nahen Osten werden Israel, Ägypten, Jordanien und (bis 1978) Syrien unterstützt; ein zweiter Teil kommt Portugal und Zypern zustatten; ein dritter den NATO-Basen auf Malta, den Friedenssicherungsstreitkräften der Vereinten Nationen in Zypern und einer technischen Hilfe für Bahrein.[5] Andererseits erhalten aber Ägypten, Israel, Jordanien, Portugal und Syrien auch Hilfe aus dem Food for Peace-Programm, das zwar zur Entwicklungshilfe zählt, jedoch einen deutlich ausgebildeten Sicherheitsteil enthält und vornehmlich dem Absatz amerikanischer Landwirtschaftsprodukte dient. Es wird vom Landwirtschaftsministerium verwaltet. Die multilaterale Entwicklungshilfe der USA wird vom National Advisory Council for International Monetary and Financial Policies (NAC) gesteuert. Der Wirrwarr wird vergrößert dadurch, daß im Kongreß der Autorisierungsprozeß nach anderen Kriterien verläuft als der eigentliche Bewilligungsprozeß. Ihre Verteilung über so viele Instanzen und mindestens sieben unterschiedliche Genehmigungsgesetze macht die Entwicklungshilfe zum Alptraum des politischen Systems.[6]

Von den 14,1 Milliarden Dollar, die unter diesen unterschiedlichen Titeln – und mit ganz unterschiedlicher Ausstattung – als Entwicklungshilfe deklariert sind, verwaltet die Agency for International Development mit der »funktionalen Entwicklungshilfe« den kleinsten Teil. Er betrug 1977 1,1 Milliarden Dollar; die Hilfe setzte sich zusammen aus 472 Millionen an Zuwendungen und 518 Millionen an Krediten. Mit dieser relativ geringen Ausstattung der öffentlichen Hilfe nahmen die Vereinigten Staaten 1978 in der Rangliste aller OECD-Länder den 17. Platz ein. 1964 hatten sie noch auf dem 3. Platz gelegen.

Unter diesem Rückgang leidet der Versuch, der amerikanischen Auslandshilfe nach dem Ende des Vietnam-Krieges »neue Direktiven« zu geben, sie stärker auf die armen Länder, und zwar unmittelbar auf die Bevölkerung zu richten. 76% der Entwicklungshilfe fließen seitdem an Länder mit einem Pro-Kopf-Einkommen von weniger als 300 Dollar pro Jahr. Die »neuen Direktiven« verlangen, daß die Hilfe den Betroffenen unmittelbar gegeben wird. Ihre Beteiligung und Mitarbeit an der Verteilung wird daher gefordert, wobei der Rolle der Frauen, der Teilnahme privater freiwilliger Organisationen und der von Genossenschaften besondere Bedeutung zugemessen wird.[7]

Diese neuen Direktiven vernachlässigen die wirtschaftlichen Interessen der Vereinigten Staaten jedoch nicht. Zwar läßt sich die amerikanische Auslandshilfe nicht mit wirtschaftlichen Interessen allein erklären, schon gar nicht mit Investitionsinteressen.[8] Auf der anderen Seite ist unverkennbar, daß – abgesehen von den militärisch-politischen Interessen – die Rohstoffversorgung der Vereinigten Staaten und ihr Warenexport eine Rolle bei der Verteilung von Auslandshilfe spielen. Im Handel mit den Entwicklungsländern (außer den OPEC-Staaten) erzielten die Vereinigten Staaten 1975 einen Handelsüberschuß in Höhe von 6,3 Milliarden Dollar, zwei Drittel des Gesamtüberschusses in diesem Jahr.[9] Maßgeblich dafür ist die Lieferbindung, die sich fast auf die gesamte Höhe der amerikanischen Auslandshilfe erstreckt.

Diese Handelsbilanzen geben auch einen, wenn auch groben Aufschluß über die Wertverteilungen in den Handlungszusammenhängen, die zwischen den Vereinigten Staaten und den Entwicklungsländern auf wirtschaftlichem Gebiet ablaufen. Hypothetisch muß gelten, daß amerikanische Interessen stärker begünstigt werden als die der Entwicklungsländer; daß die amerikanische Außenwirtschaft die Wirtschaftshilfe des politischen Systems als ein zusätzliches Mittel zur Maximierung und Sicherung von Gewinnen einzusetzen versucht. Dafür spricht auch die Anzahl der Interessengruppen, die sich um die Verteilung der Entwicklungshilfe bemühen.

AID nimmt daher in den Handlungszusammenhängen, die die amerikanische Gesellschaft mit den Entwicklungsländern verbinden, einen interessanten und wichtigen Platz ein. In enger Zusammenarbeit mit dem Kongreß entscheidet die Behörde darüber, zu wessen Gunsten die Allokationsmöglichkeiten des politischen Systems in diesen Handlungszusammenhängen eingesetzt werden. Sie stimmt praktisch jedes einzelne Projekt mit der Legislative ab und verstärkt damit die »eisernen Dreiecke«, in denen die Wertdistribution entschieden wird.

6.6 Das Peace Corps

Das Peace Corps ist die vierte Behörde innerhalb der »Foreign Affairs Community«, relativ klein, aber stark umstritten. Das Peace Corps wurde 1961 von Präsident Kennedy ins Leben gerufen, seinem Schwager Sargent Shriver unterstellt und auf dessen Wunsch nicht in der AID eingegliedert, sondern als unabhängige Behörde organisiert. Sie stellt einen Entwicklungsdienst dar, entsendet junge – seit den siebziger Jahren zunehmend ältere und technisch versierte – Amerikaner, die sich freiwillig melden, in die Dritte Welt, wo sie als Berater und Helfer wirken. Auf seinem Höhepunkt, 1966, arbeiteten mehr als 12000 Freiwillige für das Peace Corps – mehr als 42000 hatten sich beworben. Das Budget lag bei 113 Millionen Dollar.[1]

Danach verfiel das Programm bald. Der Vietnam-Krieg ließ den Friedensdienst, den das Peace Corps erbringen sollte, unglaubwürdig werden. Es zeigte sich mehr und mehr, daß das Peace Corps nur einen weiteren Arm der amerikanischen Außenpolitik bildete, daß es von Anfang an weniger ein »amerikanischer Traum« als vielmehr ein Instrument des Anti-Kommunismus gewesen war. Unter den Freiwilligen wurde Kritik laut; sie verließen das Corps. Zypern, Pakistan, Ceylon und Indonesien lehnten das Peace Corps ab.[2] Es gelang ihm nicht, den Verdacht abzustreifen, mehr den amerikanischen Zielen als den Bedürfnissen der Entwicklungsländer zu dienen, der amerikanische Imperialismus »in Samthandschuhen« zu sein.[3]

Mit dem Rückzug aus Vietnam und dem damit verbundenen Rückgang des amerikanischen Auslandsengagements seit 1968 wurden die Ausgaben für die Auslandshilfe, damit auch für das Peace Corps, drastisch gekürzt. Sein Budget sank bis auf 75 Millionen Dollar 1972, die Anzahl der Freiwilligen auf etwas mehr als 7000. 1978 arbeiteten 6852 Freiwillige in 62 Ländern,[4] vornehmlich in der Nahrungsmittelproduktion, der Wasserversorgung und der öffentlichen Gesundheit. 1971 hatte Präsident Nixon das Peace Corps mit den innergesellschaftlichen Freiwilligendiensten wie VISTA (Volunteers in Service to America) und anderen Freiwilligenprogrammen in der neu eingerichteten Behörde ACTION zusammengefaßt. Sie wird zwar vom Direktor des Peace Corps geleitet, es hat jedoch durch die Integration an Rang und Eigenständigkeit verloren. Auch ließ sich der Verdacht, ein Deckblatt für die CIA zu sein, nicht zerstreuen. 1978 erließ das Peace Corps daher neue Einstellungsrichtlinien, die frühere Angehörige der »Intelligence Community« von der Mitarbeit im Peace Corps ausschlossen.[5]

Das Peace Corps befindet sich zum Ausgang der siebziger Jahre in einer umfassenden Krise. Es ist ineffektiv, teuer, nicht ohne Zwielicht – und darüberhinaus bürokratisch erstarrt. Reformüberlegungen konzentrieren sich darauf, das Peace Corps wieder aus ACTION herauszulösen, um seine Spontaneität freizusetzen und seine Förderungswürdigkeit besser sichtbar zu machen.

6.7 Der Kongreß und seine Ausschüsse

Die Legislative bildet einen außerordentlich wichtigen Schnittpunkt zahlreicher Handlungszusammenhänge, die die amerikanische Gesellschaft mit ihrer internationalen Umwelt und mit dem politischen System verbinden. Der Kongreß kann daher nicht nur die Sicherheitsinteressen, sondern muß auch alle anderen Interessen aufnehmen und berücksichtigen. Nicht umsonst wurde die Beendigung des Vietnam-Krieges und die sich daran anschließenden Beschränkungen der »imperialen Präsidentschaft« durch den Kongreß vorgenommen. Er kann deswegen nicht unbedingt als Anwalt der Entspannung bezeichnet werden. Er tritt, wie gezeigt wurde, für die Sicherheitsinteressen ein; er reflektiert die Ansprüche des gesellschaftlichen Umfeldes und des politischen Systems insgesamt auf nationale Machtentfaltung, Unabhängigkeit und Überlegenheit der Vereinigten Staaten. In diesem Syndrom hat jedoch auch die Entspannung ihren festen Platz, jedenfalls seitdem sich im Vietnam-Krieg gezeigt hat, wie weit sich das politische System von den Anforderungen des gesellschaftlichen Umfeldes entfernen konnte. Seitdem hat sich der Kongreß, der bis dahin weitgehend kritiklos die Entscheidungen der Exekutive hingenommen hatte, intensiv und ausführlich in die Beziehungen zwischen der internationalen Umwelt und den Vereinigten Staaten eingeschaltet, hat seine Information verbessert, seine Kontrolle der Exekutive verstärkt, Mißstände – wie etwa bei der CIA – beseitigt. Gleichzeitig hat sich das Repräsentantenhaus, das traditionell eine untergeordnete Rolle in diesem Bereich spielte, stärker eingeschaltet.

Als Folge der Verfassungsordnung ressortiert die Außenpolitik in erster Linie beim Senat und dem dort federführenden Ausschuß, dem Committee on Foreign Relations. Es wurde 1816 eingerichtet und gilt inoffiziell als der vornehmste Ausschuß des Senates, wenn nicht des Kongresses. Im Gegensatz dau galt das Committee on International Relations des Hauses – das bis 1974 Committee on Foreign Affairs geheißen hatte – als nicht besonders angesehen. Für die Repräsentanten war die Außenpolitik traditionell von sehr viel geringerem Interesse als innenpolitische, etwa wirtschafts- und steuerpolitische Fragen. Diese Aufmerksamkeitsverteilung änderte sich erst, nachdem die Handlungszusammenhänge zwischen den Vereinigten Staaten und ihrer internationalen Umwelt an Zahl zugenommen und sich erheblich verdichtet hatten. Aus dem gleichen Grunde sind auch die beiden auswärtigen Ausschüsse, das Committee on Foreign Relations und das Committee on International Relations, keineswegs die einzigen Gremien, die sich um diese Handlungszusammenhänge kümmern. Sie ragen vielmehr in beinahe jeden Ausschuß beider Häuser hinein. Bei der Bedeutung der wirtschaftlichen Handlungszusammenhänge können die dafür zuständigen Ausschüsse (z. B. das Committee on Ways and Means im Repräsentantenhaus und das Committee on Finance im Senat) vielfach als wichtiger, zumindest aber als ebenso wichtig gelten wie die auswärtigen Ausschüsse. Vergleichbares gilt für die Bewilligungsausschüsse, die, indem sie die Höhe der Geldmittel festlegen, erheblichen Einfluß ausüben. Die auswärtigen Ausschüsse beider Häuser betreuen die rechtliche Organisation der Handlungszusammenhänge zwischen dem politischen System und der internationalen Umwelt und die sich daraus ergebenden Belastungen und Konsequenzen. In erster Linie zuständig ist der Senat, dessen auswärtiger Ausschuß, das Foreign Relations Committee, eine entsprechend große Rolle spielt.

Sie beruht zunächst auf Art. II, 2,2, der amerikanischen Verfassung, demnach der Senat beim Abschluß von internationalen Verträgen und bei der Ernennung hoher Beamter zustimmen muß. So lehnte beispielsweise der Senat den Beitritt der Vereinigten Staaten zum Völkerbund ab, erschwerte das politische Engagement der USA in Europa nach dem Ersten Weltkrieg. Nach dem Zweiten Weltkrieg hat er den Beitritt der USA zu den Vereinten Nationen, 1949 aber auch den Abschluß des Nordatlantik-Paktes und damit den zweiten Entwurf der amerikanischen Außenpolitik be-

schlossen.[1] Er hat die Rüstungskontrollverträge mit der Sowjetunion seit 1963 genehmigt, darunter, nach langen Debatten, auch SALT I. Sie gehören dem dritten Entwurf der amerikanischen Außenpolitik an, der den Konflikt mit der Sowjetunion nicht mehr ausschließlich militärisch, sondern wiederum schon erneut wirtschaftlich und politisch versteht.
Die Zustimmungskompetenz des Senates bezieht sich nur auf die Verträge. Die von den Präsidenten zunehmend bevorzugte Form der ›executive agreements‹, der Regierungsabkommen, umging bis 1972 den Kongreß vollständig. Seitdem müssen diese Abkommen dem Kongreß zugänglich gemacht werden, und zwar beiden Häusern, zumindest ihren auswärtigen Ausschüssen. In dieser gesteigerten Bedeutung des Hauses wird anerkannt, daß Handlungszusammenhänge mit der internationalen Umwelt nicht nur eine rechtliche, sondern vor allem eine wirtschaftliche und politische Dimension besitzen, an deren Regelung die zweite Kammer faktisch stets beteiligt war. Sie hat bespielsweise das Privileg, Bewilligungsgesetze zuerst zu beraten, mit denen der Kongreß entscheidenden Einfluß ausübt. Er genehmigte finanziell den Vietnam-Krieg und beendete ihn auf die gleiche Weise, indem er Mittel zu seiner Weiterführung strich. 1975 stoppte der Kongreß die Waffenlieferungen an die Türkei. 1974 machte er den amerikanisch-sowjetischen Handelsvertrag zunichte, indem er die Gewährung der Meistbegünstigung und zureichend hoher Kredite für die Sowjetunion an die Emigrationsgenehmigung für eine festgelegte Zahl sowjetischer Juden band. Mit der Regulierung der Waffenlieferungen an Israel und die arabischen Staaten greift der Kongreß in den Nahost-Konflikt ein. Er verhinderte eine amerikanische Intervention in Angola, indem er die Mittel dafür verweigerte. Die auswärtige Gewalt in den USA ist sowohl von der Verfassungsnorm (Art. I, 8) als auch von der Praxis her eine ›shared power‹, geteilt zwischen Exekutive und Legislative.[2]
Der Beitrag des Kongresses erschöpft sich jedoch nicht darin, über Geldbewilligungen und Gesetze Anforderungen aufzunehmen, abzulehnen oder umzuwandeln. Er schließt sowohl die Organisation und Kontrolle der Exekutive als auch die Information des gesellschaftlichen Umfeldes ein.
Der Kongreß befindet über die organisatorische Figur der Administration, er richtet die Ministerien, Ämter und Behörden ein. Indem er deren Kompetenzen verteilt und zuordnet, Zuständigkeiten und Hierarchien regelt, Abhängigkeiten oder Unabhängigkeiten zuweist, entscheidet er bereits einen großen Teil der Substanz. Organisatorische Regelungen sind immer auch Sachregelungen. Wer das »eiserne Dreieck« einrichtet, weist schon sachliche Zuteilungschancen zu. Darüberhinaus hat der Kongreß seine Ausschüsse beauftragt, die Tätigkeit der Exekutive in ihrem jeweiligen Zuständigkeitsbereich zu überwachen. Dazu gehört im Falle des Committee on Foreign Relations des Senates nicht nur die Prüfung der zahlreichen ›executive agreements‹ des Präsidenten, sondern auch die der zahlreichen Berichte der einschlägigen Ministerien. Der Ausschuß unterhält

tägliche Kontakte mit der Exekutive, eine ausgedehnte Korrespondenz mit ihren Büros; er inspiziert das State Department und die Außenvertretungen an Ort und Stelle, fertigt Studien über Einzelprobleme an.[3] Obwohl diese Tätigkeit nach außen hin kaum in Erscheinung tritt, nimmt sie einen großen Teil der Arbeitskapazität des Ausschusses in Anspruch. Er hat sich entsprechend ausgestattet: Während er in der Mitte der fünfziger Jahre höchstens 6 Mitarbeiter besaß, sind es in der Mitte der siebziger Jahre 60 geworden. Mit dem gewachsenen Arbeitsaufwand wuchs auch der Einfluß, den der Ausschuß auf diese Weise auf die Exekutive zu nehmen vermag.

Die Information des gesellschaftlichen Umfeldes und des politischen Systems über außenpolitische Probleme, deren Bedeutung und deren Lösungsmöglichkeiten stellt die vierte Funktion der Legislative dar. Für den Senat ist diese Funktion teilweise in der Verfassung festgelegt worden, wo ihm Artikel II, Sektion 2, das Recht der Beratung des Präsidenten (›advice‹) zuspricht. Der Senat hat von diesem Recht durchaus Gebrauch gemacht, allerdings spärlich und nur bei besonders wichtigen Gelegenheiten, wie etwa der Gründung der Vereinten Nationen oder der Vorbereitung des Nordatlantik-Paktes. In den siebziger Jahren dienten solche Resolutionen dazu, den Präsidenten von vornherein auf seine verringerten Aktionsmöglichkeiten aufmerksam zu machen, ihm Verträge anstelle von ›executive agreements‹ vorzuschreiben oder ihn vor zu weitgehenden Verpflichtungen zu warnen. Auch das Repräsentantenhaus hat Entschließungen benutzt, um den Präsidenten über »the sense of the House of Representatives« zu informieren, etwa auf dem Gebiet der Welternährung. Darüberhinaus bietet natürlich jeder Gesetzgebungsvorgang der Legislative zahlreiche Möglichkeiten, sich gegenüber der Exekutive zu äußern, bis hin zur Veränderung der präsidentiellen Politik.

Eine der wichtigsten politischen Leistungen, die das politische System zu erbringen hat, besteht darin, die Probleme zu definieren. Mit Recht hat David Easton in seinem Modell dem ›issue-building‹ einen besonders wichtigen Platz unter den Funktionen des politischen Systems eingeräumt. Die Ausschüsse beider Häuser, vor allem aber das Senate Committee on Foreign Relations, haben diese Funktion außerordentlich ernst genommen. Ihr steht in den ›hearings‹ ein wirksames Instrumentarium zur Verfügung. Diese Anhörungen werden, je nach Bedeutung des Ausschusses, von den Medien gern und ausführlich übermittelt. Auf diese Weise läßt sich das gesellschaftliche Umfeld verläßlich und rasch informieren. Das Erscheinen vor den Anhörungsausschüssen kann notfalls rechtlich erzwungen werden; außer dem Präsidenten und seinen Beratern – die durch das ›executive privilege‹ geschützt sind – muß jeder, der eingeladen wird, vor dem Ausschuß aussagen. Diese ›hearings‹ stellen damit ein außerordentlich wichtiges Mittel in der Hand der Legislative dar, außenpolitisch relevante Probleme zu formulieren oder umzuformulieren und das gesellschaftliche Umfeld darüber zu informieren.

Neben dem Vietnam-Krieg sind vor allem die CIA und die multinationalen Korporationen auf diese Weise dem gesellschaftlichen Umfeld als außenpolitische Probleme von großer Bedeutung vorgestellt worden. Unter der Leitung des Senators Frank Church hat ein Unterausschuß des Committee on Foreign Relations des Senates in den Jahren von 1973 bis 1976 17 Bände solcher Anhörungen über die Rolle der multinationalen Korporationen in der amerikanischen Außenpolitik veröffentlicht.[4] Sie machten die Einmischung von ITT in Chile ebenso bekannt wie die Bestechungspraktiken der Multis im Ausland. Der gleiche Senator hat als Vorsitzender eines Sonderausschusses des Senates 1975 und 1976 die amerikanischen Geheimdienste untersucht und deren Praktiken publiziert.[5] In beiden Fällen ist es dem Senat gelungen, die Konsequenzen solcher bestehenden Handlungszusammenhänge aufzuzeigen und damit ihre Korrektur einzuleiten.

Die Funktion, die außenpolitischen Probleme zu definieren, hat der Kongreß keineswegs auf solche spektakulären Fälle beschränkt. Er hat sie in den ›hearings‹, die die größeren Gesetzgebungsarbeiten begleiten, zur Routine werden lassen: Er hat sie auf beinahe alle größeren außenpolitischen Bereiche angewandt. Die Entspannung wurde von den auswärtigen Ausschüssen beider Häuser ausführlich diskutiert.[6] Der Haus-Ausschuß analysierte 1970, der Senats-Ausschuß 1975 und 1976 ausführlich die allgemeine Lage der amerikanischen Außenpolitik.[7] Schon 1961 hatte der Senats-Ausschuß zum Amtsbeginn der Administration Kennedy alle Probleme der amerikanischen Außenpolitik Revue passieren lassen. Daß die Nichtverbreitung von Kernwaffen in den Augen des Kongresses ein Kardinalproblem darstellte, ließ sich nicht zuletzt an den Anhörungen ablesen, die ein Unterausschuß des Foreign Relations Committee 1976 veranstaltete.

Der amerikanische Kongreß bezeichnet sich nicht nur gern als den »Wachhund der Nation«; er fungiert auch als solcher, indem er große Aufmerksamkeit darauf verwendet, die zwischen den Vereinigten Staaten und ihrer internationalen Umwelt ablaufenden Handlungszusammenhänge auf ihre Konsequenzen abzusuchen. Mit den ausgedehnten ›hearings‹ ist es der Legislative gelungen, den notorischen Informationsrückstand gegenüber der Exekutive zu vermindern, indem sie den im gesellschaftlichen Umfeld vorhandenen Sachverstand für sich mobilisierte. Die ›hearings‹ stellen damit ein laufendes Inventar der Handlungszusammenhänge dar, wie sie von der Perspektive der Legislative aus gesehen werden. Sie sind gleichzeitig der Ort, an dem gesellschaftliche Bedürfnisse, auch wenn sie noch nicht die politische Qualität einer Anforderung erlangt haben, dem politischen System vorgestellt werden.

Das System der Anhörungen verlangsamt natürlich den Entscheidungsprozeß, der ohnehin stets doppelt durchlaufen werden muß, und zwar in beiden Häusern. Daraus entsteht notwendigerweise Unübersichtlichkeit, Unberechenbarkeit. Es ist verständlich, daß sich Politiker und Diplomaten

darüber beklagen.[8] Die Kritik übersieht, daß das Herrschaftssystem der bürgerlichen Gesellschaft nicht auf Effizienz, sondern auf Kontrolle ausgerichtet ist, darauf, die Exekutive zu beschränken. Die »imperiale Präsidentschaft« entstand, als die Legislative, die Repräsentanz des gesellschaftlichen Umfeldes, diese Kontrollfunktion nicht ernst nahm.
Seit 1968 hat sich dies geändert, insofern der Kongreß mit der National Commitment Resolution, der Case Act und vor allem der War Powers Act[9] die Machtfülle des Präsidenten wieder beschnitt. Die Ergebnisse können nicht ohne weiteres zugunsten der Entspannung verbucht werden. Die Legislative hat in den Jahren 1945 bis 1968 bewiesen, daß sie den Kalten Krieg bis hin zur offenen Intervention unterstützte; eine solche Orientierung kann wiederkehren. Das sich verstärkende Interesse an der Außenwirtschaft kommt der Entspannung nur insofern zugute, als es die militärische Gewaltanwendung in den Hintergrund drängt. Dieses Interesse zu artikulieren und zu fördern, hat sich der Kongreß in den siebziger Jahren angelegen sein lassen. In diesem Maße balancierte er die »Sicherheitsgesellschaft« mit der Einsicht in die funktionale Notwendigkeit von Entspannung.

7. Gewinne und Steuerung: Anforderungen

7.1 Wirtschaft

Die Herausbildung der »Sicherheitsgesellschaft« in den Vereinigten Staaten nach 1945 hat die traditionelle Interessenfigur der bürgerlich-kapitalistischen Gesellschaft in den Hintergrund gedrängt, aber nicht geschwächt. Diese Figur wird vom Wirtschaftssystem bestimmt, das auch die ausschlaggebenden Handlungszusammenhänge zwischen der amerikanischen Gesellschaft und ihrer internationalen Umwelt dominiert. Die bürgerlich-kapitalistische Gesellschaft tauscht sich mit ihrer Umwelt vornehmlich wirtschaftlich aus: Darin sah die klassische liberale Theorie den Fortschritt zum Frieden. In den Vereinigten Staaten war – und ist – das wirtschaftliche System traditionell und prinzipiell sehr viel stärker als das politische. Es reguliert die Wertzuweisungen innerhalb der amerikanischen Gesellschaft – und müßte insofern im Modell Eastons als eigenes, bedeutendes, geradezu konkurrierendes Subsystem verzeichnet werden. Während das politische System sich über die Herausbildung der Sicherheitsgesellschaft, also in den »Außenbeziehungen« von seiner bisherigen Minderstellung emanzipieren konnte, blieb es im Hinblick auf die internen Wertverteilungen in seiner traditionell untergeordneten Rolle. In den von ihr unterhaltenen Handlungszusammenhängen, die im Falle der multinationalen Korporationen bis zur Integration verdichtet sind, ist die amerikanische Wirtschaft auf das politische System nur in wenigen Ausnahmebereichen angewiesen. Sie ist stark genug, um ihre Ziele selbst realisieren zu können,[1] stark genug jedenfalls, um auf zusätzliche Vorteile dann verzichten zu können, wenn sie nur um den Preis der erhöhten Kontrolle durch das politische System zu erlangen sind.

Das Hauptziel jeder kapitalistischen Wirtschaft ist der Gewinn. Für seine Beurteilung entscheidend ist der Verteilungsmodus und vor allem das Mittel, das zu seiner Realisierung eingesetzt wird. Dazu zählte auch in den Vereinigten Staaten über Strecken ihrer Entwicklung der territoriale Besitz, zumindest die politische Beherrschung. Sie war im wesentlichen auf die Hilfe durch das politische System angewiesen, die vom amerikanischen Kongreß auch bereitwillig bereitgestellt wurde.[2] Seit der Hochindustrialisierung haben sich diese Mittel jedoch entscheidend geändert. Die amerikanische Wirtschaft der Nachkriegszeit interessierte sich weniger für den Erwerb und die Beherrschung von Territorien als für Möglichkeiten des Zugangs und die gesicherte Ausübung wirtschaftlicher Tätigkeit.[3] Um ihre Gewinne verwirklichen zu können, war sie nicht mehr auf die Erweiterung der amerikanischen Herrschaft angewiesen, die ohnehin nicht weltweit ausgedehnt werden konnte.

Die Möglichkeiten des Gewinns aber hatten sich nach 1945 ebenso globalisiert wie die Politik selbst. Die Kontrolle oder die Steuerung der Weltwirtschaft erwiesen sich dementsprechend zunehmend als die geeigneten Mittel, Gewinne weltweit zu realisieren. Zunächst waren diese Mittel dem politischen Sicherheitssystem der Vereinigten Staaten an- und eingepaßt: Der Zusammenhang der Expansion der amerikanischen Wirtschaft mit dem amerikanischen Hegemonialsystem ist unverkennbar.[4] Die Ausbreitung der amerikanischen Wirtschaft folgte in ihrer Anlage den unterschiedlichen Entwürfen der amerikanischen Nachkriegspolitik, betonte 1945 bis 1947 die internationalen Wirtschaftsorganisationen, in der sich daran anschließenden Phase bis 1962 die unilateralen Mittel, vor allem die Auslandshilfe. Auf dem Höhepunkt der amerikanischen Macht 1962–1971, erfolgte der Ausgriff der multinationalen Korporationen, verstärkte sich die Direktinvestition, expandierten die Banken.[5] Als sich ausgangs der sechziger Jahre die amerikanische Macht zurückzubilden begann, als sich das politische Engagement der USA abschwächte, machte die amerikanische Wirtschaft diese Bewegung jedoch nicht mit. Im Gegenteil. Das Auslandsengagement der amerikanischen Banken verfünffachte sich in der Periode von 1970 bis 1976: Ihre im Ausland erzielten Gewinne stiegen von 177 Milliarden Dollar auf 886 Milliarden Dollar an. Hatte das Auslandsgeschäft 1970 nur 16,7% aller Gewinne erwirtschaftet, so waren es 1976 49%.[6] Die Auslandsinvestitionen stiegen immerhin um ein Drittel, auch der amerikanische Anteil am Welthandel nahm zu. Die amerikanische Wirtschaft erwies sich als stark genug, um ihre Ziele auch ohne Unterstützung durch eine Hegemonialpolitik durchsetzen zu können.

Eine solche Feststellung muß jedoch mehrfach differenziert werden. Zunächst waren in der Periode bis 1960 Wirtschaftsinteressen durchaus hinter die Sicherheitsinteressen zurückgetreten, etwa bei der politisch bedingten Hilfe an die europäischen Alliierten/Konkurrenten. Der Anti-Kommunismus der Vereinigten Staaten schuf zwar die ideologische Basis für die Ausbreitung der amerikanischen Wirtschaft, er schränkte sie jedoch gleichzeitig ein, zog sie auch zur Finanzierung der Hegemonie heran.[7] Vor allem aber waren an dieser Expansion die amerikanische Landwirtschaft, die Industrie, der Handel und die Banken ganz unterschiedlich beteiligt. Es ist ganz unzulässig, sie in dem Begriff der »amerikanischen Wirtschaft« zu integrieren. Die amerikanische Landwirtschaft konnte ihre Gewinne innerhalb und außerhalb der amerikanischen Gesellschaft überhaupt nur mit Hilfe von Entscheidungen des politischen Systems verwirklichen, die die Preise im Inland künstlich hochhielten und den Export ebenso künstlich finanzierten. Sie stellte dementsprechend die meisten Anforderungen an das politische System und war fast vollständig auf ihre Erfüllung angewiesen. Die Industrie meldete eine Reihe von Forderungen an, die ihre Gewinne im Ausland vergrößern helfen sollten. Alsbald zeigte sich jedoch, daß die wettbewerbsunfähigen Teile der amerikanischen Industrie, beispielsweise Stahl und Textilien, auf die Protektion

des politischen Systems angewiesen waren. Für die wettbewerbsstarken Teile dieser Industrie, beispielsweise Elektronik und Maschinenbau, erwies sich das politische System mit seinen Kontrollansprüchen nur als hinderlich. Ölindustrie und Großbanken ließen dem politischen System niemals eine Chance, Kontrollansprüche durchzusetzen.
Diese Unterschiede in den Interessen und den Möglichkeiten der amerikanischen Wirtschaft lassen sich nur zum großen Teil, nicht ausschließlich, auf die Unterschiede zwischen multinationalen Korporationen sowie deren Banken und nationalen Unternehmen zurückführen. Diese Unterschiede erklären viel: Der multinationale Konzern wird durch das politische System eher gestört, während das nationale Unternehmen auf den Schutz und die Hilfe des politischen Systems angewiesen ist. Der von George W. Ball geprägte Begriff »cosmocorp« veranschaulicht die Tendenz dieser Großunternehmen, sich nicht nur von der Kontrolle, sondern auch von der Zugehörigkeit zu einem Staat zu emanzipieren und sich selbst als politisches Gebilde merkantilistischer Prägung zu verstehen.[8] Unter ihren weitgestreuten Interessen hat »cosmocorp« auch solche, die auf die Protektion durch das politische System angewiesen sind, wie beispielsweise der Textilteil von DuPont. Nur mit Vorbehalt also lassen sich die Unterschiede in der amerikanischen Wirtschaft auf die Formel Multi oder Nicht-Multi bringen. Sie gewinnt jedoch an Triftigkeit in dem Maße, in dem die Konzentration in der amerikanischen Außenwirtschaft fortschreitet. Bis zu den siebziger Jahren muß jedoch gelten, daß die Anforderungen der amerikanischen Wirtschaft an das politische System unterschiedlich und verschieden groß gewesen sind.
Wiederum stark vereinfachend, lassen sich die Unterschiede auf die Formel bringen, daß die multinationalen Unternehmen das politische System benutzt haben, um die Weltwirtschaft zu steuern und zu beeinflussen, während die kleineren Konzerne, und vor allem die Landwirtschaft, das politische System eingeschaltet haben, wenn sie damit ihre Gewinnchancen verbessern konnten. Darauf haben freilich auch die Multis nicht verzichtet, ebenso wie die landwirtschaftlichen Unternehmen steuernde Eingriffe angefordert haben, die bedeutende Konsequenzen für das internationale System hatten. Die Grobunterscheidung zwischen diesen beiden Anforderungen wird jedoch dadurch nicht verwischt.
Mit der Absicht, ihre Gewinne zu verbessern, hat die amerikanische Wirtschaft zahlreiche Forderungen an das politische System der USA gerichtet. Dazu zählten vornehmlich die Steuererleichterungen, mit denen die Investitionen im Ausland ausgestattet wurden. Bis zur Tax Reduction Act von 1975 haben beispielsweise die amerikanischen Öl-Multis praktisch überhaupt keine Steuern in den Vereinigten Staaten bezahlt. Sie kämpften 1978 energisch gegen die Absicht des Internal Revenue Service, diese Steuererleichterungen, von denen auch die Angestellten im Ausland profitierten, weiter zu senken.[9] Die Auslandsinvestitionen profitierten ebenfalls davon, daß die im Ausland hergestellten und in die USA importierten

Produkte nur in dem Maße besteuert wurden, in dem sie ausländische Arbeit oder ausländisches Material enthielten.

Die mit der Auslandsinvestition verbundenen Risiken ließ sich die Wirtschaft schon immer vom politischen System weitgehend abnehmen. Die Export-Import-Bank wurde in dieser Funktion 1969 durch die Overseas Private Investment Corporation (OPIC) ergänzt, die als unabhängige Behörde amerikanischen Investoren helfen sollte, »gewinnbringend« in den Entwicklungsländern zu investieren. Die Forderungen der Wirtschaft erschöpften sich aber keineswegs in Steuererleichterungen und Risikoversicherungen für ihre Investitionen. Sie benutzten das politische System auch, um Märkte zu öffnen und zu sichern. So wurden unter dem Marshall-Plan in Europa nur amerikanische Raffinerien erbaut oder erneuert – wodurch sich der Marktzugang für die amerikanischen Ölfirmen verbesserte.[10] In die Verhandlungen mit den erdölbesitzenden Staaten haben die amerikanischen Öl-Multis zumindest bei Krisen das politische System eingeschaltet, ebenso wie bei den Handelsbeziehungen mit den sozialistischen Staaten.

Die Wirtschaft war dabei nicht immer erfolgreich: Japan konnte sich bis 1977 dem über das politische System vermittelten Druck entziehen, amerikanische Investitionen in größerem Stil zuzulassen. Die Osthandelsinteressen scheiterten am politisch motivierten Jackson-Vanik-Amendment im Kongreß. Diese Ausnahmen bestätigen jedoch mehr die Regel. In Europa setzten die amerikanischen Multis die Gleichbehandlung ihrer europäischen Töchter mit europäischen Firmen durch, indem sie das politische System der USA dafür gewannen, seine Unterstützung der europäischen Integration davon abhängig zu machen.[11]

Aber auch die Nicht-Multis schalteten das politische System für die Verbesserung ihrer Gewinne ein. Traditionelles Mittel dazu war – und ist heute noch immer zu einem gewissen Teil – die Zollgesetzgebung.[12] Nur auf dem Höhepunkt der liberalen Orientierung der amerikanischen Wirtschaft, in der kurzen Periode zwischen der Trade Expansion Act von 1962 und der Trade Act von 1974 verzichtete die amerikanische Wirtschaft auf ausgedehnten Zollschutz. Obwohl die Trade Act von 1974 nicht als protektionistisch bezeichnet werden kann, enthält sie doch die Möglichkeit, solche Forderungen verstärkt durchzusetzen. Da die nicht-tarifären Handelshemmnisse sehr viel wichtiger als die Zölle sind, müssen auch Gesetzentwürfe wie die »International Banking Bill of 1976« unter den Protektionismus gerechnet werden, mit der sich sogar die amerikanischen Banken gegenüber der Konkurrenz aus Europa schützen wollen.[13] Der Entwurf wurde nicht verabschiedet, er zeigt jedoch deutlich, in welcher Weise die amerikanische Wirtschaft das politische System zur Verbesserung ihrer Gewinne bemüht. Wo immer es möglich ist, nützt sie die spezifischen Allokationsmöglichkeiten des politischen Systems aus. Die wirtschaftlichen Handlungssysteme profitieren davon doppelt: Ihre Auslandsengagements werden finanziell erleichtert, deren Folgen – beispielsweise der Verlust von Arbeitsplätzen – werden wiederum der öffentlichen Hand überstellt.[14] In der Zeit von 1966–1969 waren von dieser Praxis 1 Million Arbeitsplätze betroffen, wie der amerikanische Gewerkschaftsführer Meany errechnet hat.[15]

Ein besonders anschauliches Beispiel bietet die amerikanische Landwirtschaft. Um nach Kriegsende ihre Gewinne trotz Überschußproduktion zu halten, setzte sie ein Subventionssystem durch, das einen relativ hohen Preis stützte (statt das Einkommen der Farmer zu garantieren). Da über den Preis der inneramerikanische Nahrungsmittelverbrauch gedrosselt wurde, konnten die Überschüsse nur durch Exporte abgebaut werden. Die Landwirtschaft drängte dementsprechend auf Auslandshilfsprogramme, mit denen die Exporte zunächst finanziert, später erleichtert werden konnten. Nach dem Marshall-Plan erfüllte die Mutual Security Act von 1951, 1954 dann die Agricultural Trade Development and Assistance Act, die später sogenannte Food for Peace-Hilfe (Public Law 480),[16] diese Forderung.

Bis zum Ausgang der siebziger Jahre wurden mehr als 26,5 Milliarden Dollar für diese Hilfsprogramme ausgegeben. In den fünfziger Jahren wurden 70% des produzierten Reis, 68% des Weizens, 63% des Futtergetreides über die Auslandshilfe exportiert. Die amerikanische Landwirtschaft vermochte daher ihre Handlungszusammenhänge mit der internationalen Umwelt erheblich auszubauen, ihre Märkte dort zu erweitern und zu stabilisieren.

Die amerikanische Auslandshilfe kann nicht mit den Exportinteressen der Landwirtschaft allein erklärt werden. Es gab – und gibt – die Nachfrage nach solcher Hilfe; es gab im gesellschaftlichen Umfeld die humanitär motivierte Bereitschaft dazu. Die Art und Weise der Vergabe muß jedoch auf die Anforderung der amerikanischen Landwirtschaft zurückgeführt werden, die damit ihre Gewinne steigern wollte.

Zugunsten dieser Gewinninteressen der amerikanischen Landwirtschaft (genauer: der großen Farmindustrien) wurde der amerikanische Verbraucher mehrfach belastet. Er mußte den überhöhten Preis steuerlich bezahlen, dann erneut für dessen Senkung auf das Weltmarktniveau finanziell aufkommen und darüber hinaus auf die mehrfach von ihm subventionierten Nahrungsmittel infolge ihres überhöhten Inlandspreises in seinem Konsum verzichten.[17] Nimmt man noch hinzu, daß über die künstliche Exportförderung der USA die Absatzchancen anderer Staaten beeinträchtigt wurden, so zeigt das Beispiel des P.L. 480 besonders deutlich, wann und warum das politische System eingeschaltet wird. Seine spezifischen Allokationsmöglichkeiten werden dann angefordert, wenn sie in dem betreffenden Umfeld den Gewinn erhöhen, erleichtern oder sichern können. Die rückständigen und schwachen Wirtschaftszweige nehmen diese Systemleistungen häufiger in Anspruch als die großen und innovativen Branchen, deren ökonomische Macht stark genug ist, um diese Gewinnbedingungen selbst herzustellen.

Die Steuerungsfunktion, die das politische System auf dem Weltmarkt ausüben kann, wird ausgangs der siebziger Jahre von der gesamten Außenwirtschaft angefordert, aber in unterschiedlicher Stärke und mit durchweg abnehmender Tendenz. Auf dem Währungssektor haben sich Banken und Multis fast verselbständigt. Der Außenhandel hingegen bedarf nach wie vor der Steuerungsfunktion des politischen Systems.
Für die Regulierung der monetären Handlungszusammenhänge hatte das politische System 1944 noch ein Monopol inne. Das System von Bretton Woods und die zum GATT reduzierte Welthandelsordnung konnten nur über das politische System durchgesetzt werden.[18] Das 1976 formalisierte Ende dieser Weltwährungsordnung brachte keineswegs deren Zusammenbruch: Das Währungssystem war aus der Kontrolle der Zentralbanken längst in die der multinationalen Korporationen und ihrer Banken übergegangen. Zwar waren sie an der Entscheidung des 15. August 1971 unmittelbar nicht beteiligt. Wie die vorangegangenen Arbeiten der Williams-Kommission zeigen, war die Schließung des Goldfensters und die Abwertung des amerikanischen Dollars mit den Interessen der amerikanischen Wirtschaft jedoch durchaus im Einklang.[19] Das gleiche gilt für die Beschlüsse des Weltwährungsfonds von Jamaika 1976, die in dem neuen Artikel VI des IWF-Abkommens ein System »kontrollierter Flexibilität« etablierten. Für einen solchen Kompromiß hatten sich auch Vertreter der amerikanischen Banken eingesetzt.[20] Man kann davon ausgehen, daß die Stellungnahmen des politischen Systems der USA zum Weltwährungssystem zumindest im Einklang mit den Interessen der amerikanischen Banken – wenngleich nicht immer im Einklang mit den Interessen der amerikanischen Exportindustrie – sich befinden. Aber hier nimmt die Rolle des politischen Systems als Steuerungsinstrument offensichtlich ab. Von den rund 5 Trillionen Dollar, die 1975 im westlichen Währungssystem, den Euro-Dollar-Markt eingeschlossen, vorhanden waren, befanden sich nur 16 Milliarden als Währungsreserven in der Hand der amerikanischen Zentralbank.[21] Entsprechend gering ist der Grad, in dem die amerikanische Wirtschaft auf die Kooperation des politischen Systems noch angewiesen ist.
Im Bereich des Handels ist die Entwicklung noch nicht so weit vorangeschritten. Unter den ersten beiden Entwürfen der amerikanischen Nachkriegspolitik hatte das politische System eine bedeutende Rolle gespielt, indem es im Hegemonialbereich liberal-kapitalistische Wirtschaftsordnungen wiederherstellte oder einrichtete und damit die Ausbreitung des amerikanischen Handels erleichterte. In den GATT-Runden war und ist das politische System wichtig, ebenso bei den UNCTAD-Verhandlungen. Insoweit die Neue Weltwirtschaftsordnung von den Entscheidungen des politischen Systems abhängig ist, wird es notwendig zum Adressat von Anforderungen der Wirtschaft.
Sie bedient sich vor allem der durch das politische System zu verabschiedenden Handelsgesetze, um ihre Nicht-Diskriminierung in der Welt

sicherzustellen und ihre Zugangschancen zu erhöhen. Die Trade Act von 1974 beauftragte in Titel III den amerikanischen Präsidenten mit wirtschaftlichen Vergeltungsmaßnahmen, falls Partnerländer den amerikanischen Handel benachteiligen oder seinen Zugang zu den Produkten und Rohstoffen des betreffenden Landes einschränken.[22] Das Auslandshilfegesetz trug dem Präsidenten auf, die freie Wirtschaft und das Privatunternehmen auf der ganzen Welt, vornehmlich in den Entwicklungsländern zu fördern, den privaten Handel und die Investitionen anzuregen, durch geeignete Informationen zu erleichtern und die entsprechenden Verträge abzuschließen. In den sechziger Jahren ließ die amerikanische Industrie ihre Direktinvestitionen in der Dritten Welt durch die beiden sogenannten Hickenlooper-Amendments absichern, die jede Enteignung mit dem Verlust der amerikanischen Auslandshilfe bedrohten. Auch Zahlungsverzug und Vertragsabbruch wurden auf diese Weise sanktioniert.

Freilich sah sich das politische System auf dem Gebiet der Außenwirtschaft auch anderen Anforderungen gegenüber. Die Handlungszusammenhänge Auslandsinvestitionen und Handel zeigen eher und leichter als die der Währung, welche Konsequenzen sie für das gesellschaftliche Umfeld bewirken. Gewerkschaften, Arbeitnehmer und Verbraucher befürchten die Zunahme von Arbeitslosigkeit und Inflation als Folge dieser Handlungszusammenhänge. Sie drängen auf eine Korrektur durch das politische System. Es hatte stets eingegriffen, wenn die Wirtschaft Sicherheitsinteressen zu beeinträchtigen drohte. Gegenüber den Entfaltungsinteressen des einzelnen, soweit sie mit dem Arbeitsplatz und der Geldwertstabilität verbunden sind, hat sich das politische System bis zum Ausgang der siebziger Jahre relativ zurückhaltend gezeigt.

Auch vom gesellschaftlichen Umfeld her gesehen, ist der Autonomisierungsprozeß des wirtschaftlichen Systems der Vereinigten Staaten noch voll in Gang. Befreit von den Zwängen der Sicherheitspolitik und zunehmend auf die Verstärkung der Entspannung hinarbeitend, hat das wirtschaftliche System erheblich an Bewegungsfreiheit gewonnen. Die Beziehungen zwischen den Vereinigten Staaten und ihrer internationalen Umwelt werden dementsprechend mehr und mehr von den Gewinninteressen des wirtschaftlichen Systems bestimmt, die zu den Interessen des politischen Systems, etwa an der Konfrontation mit der Sowjetunion, zunehmend in Konkurrenz treten.

Kennzeichnend für diese Gewichtsverteilung ist, daß das politische System keine wirtschaftspolitischen Entscheidungsinstrumente aufgebaut hat, die den sicherheitspolitischen auch nur annähernd entsprechen könnten. Es gibt kein wirtschaftliches Gegenstück zum National Security Council; im Weißen Haus spielt die Außenwirtschaftspolitik notorisch eine untergeordnete Rolle. Soweit das politische System überhaupt zu Entscheidungen herangezogen wird, werden sie in den funktionalen Departments wie dem Finanz- und dem Handelsministerium sowie den unabhängigen Behörden getroffen. In ihnen ist die Wirtschaft maßgebend repräsentiert. Man wird deswegen nicht von einer vollständigen Selbstregulierung der Wirtschaft sprechen können, wohl aber den für die Beziehungen zwischen der Ölindustrie und der amerikanischen Regierung geprägten Begriff der »symbiotischen Beziehung« übernehmen können.[23]

7.2 Verbände

7.2.1 Industrie- und Handelsverbände

Die wirtschaftlichen Interessenverbände lassen sich in zwei große Gruppen einteilen, je nachdem ob ihre Anforderungen an das politische System mehr auf die Steuerung der Umfelder oder auf die Zuteilung von Werten, also direkt auf Gewinne gerichtet sind.

Während die Verbesserung der Gewinne Sache einzelner Firmen oder Branchen ist, richtet sich die Arbeit der großen Interessenverbände auf die Steuerung. Zur Vertretung von Einzelinteressen, zur Gewinnzuweisung, sind sie aufgrund ihrer Größe und der Diversifizierung der von ihnen vertretenen Firmen und Branchen ohnehin nicht imstande. Andererseits setzt beides sie in den Stand, auf das politische System einen entsprechend großen Einfluß auszuüben. Sie stellen infolge ihres repräsentativen Charakters wichtige Bestandteile des amerikanischen Entscheidungsprozesses dar. Diesen Anspruch vertreten sie auch selbst: »Wenn Manager der Wirtschaft ihre Erfahrung in die Politik und die Gesetzgebung einbringen, dann sprechen sie für Millionen betroffener Menschen und verdienen eine Anhörung.«[1] Sie wird ihnen selten versagt.

Zu den großen Verbänden zählen die U.S. Chamber of Commerce und die National Association of Manufacturers, ferner das Committee for Economic Development, das Business Round Table und der Business Council. Für die Landwirtschaft sprechen die National Grange, die Farmers Union und die American Farm Bureau Federation. Die Finanzwelt wird duch die Bankers Association vertreten. Hinzu kommen eine Fülle von speziellen Zusammenschlüssen, die Einzelproblemenen gewidmet sind, etwa der Handels- und der Zollgesetzgebung.

Die amerikanische Handelskammer, die von sich behauptet, daß die Masse ihrer Mitglieder aus kleinen und mittleren Unternehmen besteht,[2] vertritt im wesentlichen die Interessen der großen multinationalen Korporationen. Der Grund dafür ist einfach: Die Wirtschaftsbeziehungen zwischen der amerikanischen Gesellschaft und ihrer internationalen Umwelt werden hauptsächlich von diesen Firmen gehandhabt. Außenwirtschaftspolitische Interessen der USA sind vorwiegend die Interessen der multinationalen Korporationen und der großen Banken. Bei der National Association of Manufacturers liegen die Dinge nicht anders. Sie ist zwar kleiner und erheblich konservativer als die Handelskammer,[3] im Hinblick aber auf das Interesse an der Steuerung des internationalen Systems genauso auf der Linie der multinationalen Korporationen.

Diese Linie läßt sich mit dem Stichwort »Freihandel« kennzeichnen. Die multinationalen Unternehmen sind daran interessiert, ihre Eindringungschancen im internationalen System zu verbessern, demzufolge die tarifären und nicht-tarifären Handelshemmnisse abzubauen. Aus diesem Grund treten sie für die Entspannung ein, als deren wirtschaftliche Basis sie den Freihandel, die Eliminierung aller Handels- und Wirtschaftsbeschränkungen definieren. Die NAM wandte sich dementsprechend gegen den Titel IV des Handelsgesetzes von 1974, das den amerikanisch-sowjetischen Handelsvertrag an die Emigrationserleichterung für sowjetische Juden band.[4] NAM und COC befanden sich in dieser Frage eindeutig hinter dem Außenminister Henry Kissinger. Sie verzichteten aber auch darauf, wirtschaftliche Vergünstigungen für sich anzufordern. Sie verlangten keine Exportsubventionen, traten vielmehr für deren Beseitigung ein. Sie kämpften gegen die protektionistischen Tendenzen im amerikanischen Kongreß, kritisierten die mengenmäßigen Beschränkungen. Sie forderten die Wiederherstellung der Wettbewerbsfähigkeit der Vereinigten Staaten im Wirtschaftssystem durch die Verbesserung der Produktivität und die Kontrolle der Inflation. Sie verlangten dementsprechend durchaus Hilfen für solche Firmen, die den Wettbewerb allein nicht zu bestehen vermochten, verlangten Finanzhilfen für die Gebiete Forschung und Entwicklung, »Frühwarnsysteme« für Produktionsgefährdungen aus Importen und ausgewählte, durchweg vom Staat zu finanzierende Anpassungsprogramme.[5] Die von den multinationalen Konzernen hergestellten, das inneramerikanische Wirtschaftssystem mit seiner internationalen Umwelt verklammernden Handlungszusammenhänge werden hier ganz besonders deutlich sichtbar. COC und NAM forderten die Beseitigung der Handelsschranken durch das politische System und bürdeten ihm auch die Kompensation für die Konsequenzen im inneramerikanischen Wirtschaftssystem auf. Sie sind gleichzeitig so gehalten, daß davon nicht die Gewerkschaften profitieren, sondern zunächst die Firmen und dann die Arbeitnehmer.[6] Die Forderung nach Freihandel als optimaler Organisation des internationalen Systems für die Interessen der multinationalen Konzerne wird also kombiniert mit der Forderung nach einer Anpassungshilfe, die innerhalb der Vereinigten Staaten die Interessen der Unternehmer ordnungspolitisch gegen die Ansprüche der Gewerkschaften absichert.

Steuerungsprobleme dieser Art stehen im Vordergrund der Aktivität der Handelskammer und der NAM.[7] An den zeitweise beinahe jährlich stattfindenden Verlängerungsdebatten der Handelsgesetze, an der Kennedy-Runde und am Trade Act von 1974 läßt sich daher die Einwirkungsart und die Stoßrichtung der Interessenverbände am besten erkennen. Beide sind nicht nur auf den Freihandel, sondern auch darauf gerichtet, die Einwirkungsmöglichkeit der Wirtschaft auf die Einzelentscheidungen der Exekutive zu vermehren. Chamber of Commerce und National Association of Manufacturers haben dementsprechend große Aufmerksamkeit auf die Einzelheiten der Gesetzgebung verwandt, zahlreiche Vorschläge zu ihrer Ausgestaltung vermittelt. »Viele von ihnen« gingen in das Gesetz ein.[8] Als Anschauungsbeispiel dafür kann die Section 135 der Trade Act gelten, die von einer Studiengruppe der amerikanischen Handelskammer entwickelt und im Sommer 1973 dem Committee on Ways and Means übermittelt wurde.[9] Sie wurde unverändert dem Gesetz inkorporiert und sorgt dafür, daß der Präsident bei den Zollverhandlungen der Tokio-Runde praktisch an die Vorstellungen der Industrie und des Handels gebunden wird.

In der gleichen Richtung wirken die anderen Großverbände. Das Committee for Economic Development repräsentiert mehr als 3000 Firmen. In ihm sind 200 Top-Manager großer Firmen vertreten, die sich vor allem um gute Beziehungen zur Regierung kümmern.[10] Außenwirtschaftspolitisch vertritt das CED die gleiche Linie wie die Handelskammer und die NAM, nämlich die des Freihandels. Das gilt auch für Business Round Table, eine relativ neue, aber außerordentlich einflußreiche Vereinigung führender Wirtschaftler. Business Round Table wurde 1974 gegründet und hat 180 Mitglieder, ebenfalls aus den oberen Führungsrängen der großen Konzerne.[11] Business Round Table hält sich öffentlich zurück, das Ansehen seiner Mitglieder öffnet ihm ohnehin jeden Zugang zum Kongreß und zur Exekutive. Die Organisation hat gerade seit 1977 zunehmend Einfluß auf die Gesetzgebung genommen, vor allem auf dem Gebiet der Energie und der Besteuerung von Auslandsinvestitionen.

In besonders dringenden oder in solchen Fällen, wo die Einflußnahme der bestehenden großen Wirtschaftsverbände nicht auszureichen scheint, sind auch spezielle Vereinigungen gegründet worden. 1953 wurde das Committee for a National Trade Policy gegründet, maßgeblich gefördert durch eine Washingtoner Rechtsanwaltfirma, in der George W. Ball tätig war.[12] Als Nachfolgeorganisation wurde 1967 auf Anregung Präsident Johnsons das Emergency Committee on American Trade gebildet. Sein Augenmerk wie das seines Vorgängers richtete sich auf die Handels- und Zollgesetzgebung, um sie im Sinne des Freihandels zu beeinflussen. Im ECAT sind die führenden Manager von 63 großen Firmen vertreten;[13] der Ausschuß kann aber sehr rasch eine Fülle von führenden Wirtschaftsvertretern mobilisieren. Als im Dezember 1973 das Handelsgesetz im Kongreß zu scheitern drohte, brachte ECAT, das zusammen mit der League of Women Voters 1970 das Trade Action Co-ordinating Committee gebildet hatte, eine große Veranstaltung mit Präsident Ford in Washington zustande, die ihren Einfluß auf die Kongreß-Mitglieder nicht verfehlte.[14]

Geht es um den Ost-West-Handel, so arbeitet ECAT eng mit dem East-West-Trade Council zusammen, der 1972 durch den früheren Senator von Oklahoma Harris gegründet worden war. Der Präsident von ECAT, Kendall, ist auch Vorsitzender des United States-Soviet Union Economic Council, in dem auf amerikanischer Seite mehr als 200 amerikanische Firmen vertreten sind. In diesen beiden Räten liegt freilich das Steuerungsinteresse schon sehr dicht am Gewinninteresse. Beim Emergency Committee on American Trade hingegen, beim Committee for a National Trade Policy oder bei der American Banker's Association, einem alten und traditionsreichen Verband,[15] ging und geht es ausschließlich darum, die amerikanische Außenwirtschaftspolitik und das internationale Wirtschaftssystem optimal für die Interessen der multinationalen Korporationen einzurichten.

Das Bild ist freilich komplizierter. Die Interessen von Industrie und Handel sind nicht einheitlich. Chemie, Textil und Maschinenbau sind an Schutzmaßnahmen interessiert, sind nicht freihändlerisch. Innerhalb der großen Konzerne muß diese Interessendifferenz im Unternehmen aufgefangen werden. Der Chemie-Konzern DuPont, beispielsweise, ist nur im Chemiebereich freihändlerisch, im Textilbereich hingegen protektionistisch. Die multinationalen Konzerne verfügen ohnehin nicht mehr über ein einförmiges Interesse, wie es die Unternehmerfirma gekennzeichnet hatte.

Jenseits der multinationalen Konzerne, vor allem auf der Importseite, wird das Interesse von Industrie und Handel stark diversifiziert. Der Protektionismus kommt stärker zum Vorschein, wie sich schon beim Handelsgesetz von 1974 zeigte. Er stellte bis zum Zweiten Weltkrieg ohnehin die vorherrschende Orientierung dar, hat eine lange und ausgeprägte Tradition und einen gefestigten Platz im politischen System. Die American Tariff League, 1885 gegründet, bildete bis zum Zweiten Weltkrieg die schlagkräftigste Repräsentanz des amerikanischen Protektionismus. Sie zählte zu denjenigen Interessengruppen, von denen Präsident Wilson sagte, daß »niemand so viel Macht besaß oder in einem solchen Ausmaß versucht hätte, die amerikanische Regierung zu korrumpieren, wie die Zoll-Lobbies«.[16] Seit den fünfziger Jahren aber, seit der Emanzipation der multinationalen Korporationen ist diese Macht erheblich gesunken. Die American Tariff League wurde 1959 in Trade Relations Council umbenannt. Er vertrat bei den Handelsgesetzen der fünfziger Jahre den Standpunkt, daß der Export die Amerikaner doppelt schädige, weil er sie der Produkte beraube, die sie geschaffen haben, und weil sie ihn mit künstlich ermöglichten Importen bezahlen müßten.[17] Er trat dafür ein, dem Präsidenten die Zollsenkungskompetenz zu nehmen, die er 1934, als Notstandsmaßnahme, erlangt hatte. Der Trade Relations Council konnte sich jedoch genauso wenig durchsetzen wie das Nationwide Committee on Export-Import-Policy, das die Dollar-Abwertungen mit den Zollsenkungen seit den dreißiger Jahren in Verbindung brachte.[18] Stattdessen ist die eigentliche Anwaltsrolle für den Protektionismus auf die amerikanischen Gewerkschaften übergegangen.

7.2.2 Gewerkschaften

Die Steuerungserfolge der Industrie- und Handelsverbände bekamen selbstverständlich die amerikanischen Arbeitnehmer am ehesten zu spüren. Die Steuererleichterungen für Auslandsinvestitionen, deren Versicherung über die Export-Import-Bank und die Overseas Private Investment Corporation (OPIC), die Steuererleichterungen, die über die Domestic International Sales Corporation (DISC) für die Produktion in Übersee gewährt wurden – all dies führte selbstverständlich zu einem Export amerikanischer Arbeitsplätze. Die AFL-CIO, die in der ersten Nachkriegszeit energisch den Freihandel befürwortet hatte, wurde zwangsläufig zu einem Anwalt des Protektionismus. Sie schätzte, daß in der Periode von 1966 bis 1973 mehr als 1 Million amerikanischer Arbeitsplätze exportiert worden sind.[19] Die einfließenden Billigimporte beseitigen erneut amerikanische Arbeitsplätze.

Diese Position läßt sich nicht einfach auf den Begriff des Protektionismus bringen. Es geht den amerikanischen Gewerkschaften nicht, wie den klassischen Protektionisten, um Gewinne, sondern um die Steuerung des internationalen Wirtschaftssystems in einer solchen Weise, die die Interessen des amerikanischen Arbeitnehmers nicht unzulässig schädigt. Hier sind sie in manchen Anforderungen an das politische System sicher über dieses Ziel hinausgeschossen, etwa wenn sie »Bevorzugungen für amerikanische Arbeiter« verlangten.[20]

Ihre auf Importbeschränkungen und auf die Verstärkung des ›buy american‹-Gesetzes gerichteten Forderungen[21] müssen auch im Zusammenhang gesehen werden mit ihren entspannungskritischen Einstellungen. Die Beziehung zwischen dem Anti-Kommunismus der AFL-CIO und der Ablehnung des Freihandels ist deutlich. Wie weit sie lediglich durch die Führungsschicht um den Präsidenten Meany hergestellt oder durch die Konflikthaltungen und Beschäftigungsinteressen der Amerikaner bewirkt wird, wäre zu prüfen. Diese Arbeitsplatzinteressen sind jedenfalls nicht notwendig an hohe Spannungsgrade gebunden, zumal diese einem anderen Bedürfnis, dem nach Frieden, widersprechen.

Die amerikanischen Gewerkschaften verfügen für die Präsentation und Durchsetzung ihrer Interessen beim Kongreß und in der Exekutive über die großzügig ausgestattete Organisation des Committee on Political Education (COPE). Darüber hinaus haben die einzelnen Industriegewerkschaften ihre Interessenvertretungen beim Kongreß.[22] Deren Schlagkraft ist jedoch im Detail bei weitem nicht so groß wie die der wirtschaftlichen Interessengruppen. Die amerikanischen Gewerkschaften brachten zwar ihr Gegenstück zum Regierungsentwurf des Handelsgesetzes von 1974 ein, die Burke-Hartke-Bill, vermochten sie jedoch nicht durchzusetzen. Die politische Bedeutung, die die amerikanischen Gewerkschaften für die Wahlen besitzen, kann offensichtlich den tagtäglichen Einfluß wirtschaftlicher Interessen nicht kompensieren. Hinzu kommt, daß die gewerkschaftlichen Handlungszusammenhänge in der internationalen Umwelt bei weitem nicht so intensiv und wirksam ausgeprägt sind wie die der Wirtschaft. Sie haben jedenfalls bis zum Ausgang der siebziger Jahre ihre Steuerungsinteressen beim Kongreß und bei der Exekutive nicht durchgesetzt.

7.2.3 Landwirtschaftliche Verbände

Eine Steuerungsanforderung ganz besonderer Art hat die amerikanische Landwirtschaft aufgestellt und durchgesetzt: die Ausgestaltung und Weiterführung der amerikanischen Auslandshilfe zum Zweck der Absatzsteigerung. Vorgang und Instrumentarium, das Public Law 480, wurden oben bereits erwähnt. Hier wurde nicht nur die inneramerikanische und die internationale Wirtschaft gesteuert, hier wurde sogar der außenpolitische Bedarf an Auslandshilfe zur Funktion wirtschaftlicher Absatzinteressen gemacht. Ein solcher Erfolg wäre ohne die drei landwirtschaftlichen Interessenverbände, die zu den schlagkräftigsten in den Vereinigten Staaten zählen, nicht denkbar gewesen. Die Stärke der National Grange, der National Farmers Union und der American Federation of Farm Bureaus ist notorisch. Zu Beginn der zwanziger Jahre dominierten sie den Kongreß,[23] stets spielten sie eine bedeutende Rolle. Der älteste Verband ist die National Grange. 1867 gegründet, vertritt er heute die relativ wohlhabenden Landwirte von Neu-England und der Ostküste. Demgegenüber repräsentiert die National Farmers Union vornehmlich die kleinen Bauern. Sie wurde 1902 in Texas gegründet und versteht sich seitdem als Anwalt der selbständigen Farmer gegenüber den Riesenunternehmen. Sie, wie überhaupt die industrialisierte Landwirtschaft, werden stark durch die American Farm Bureau Federation vertreten. Sie wurde 1919 formal als Zusammenschluß verschiedener einzelstaatlicher Farm Bureaus gegründet; sie ist die wichtigste und stärkste Vereinigung. Zusammen mit der Grange steht sie der republikanischen Partei nahe, während die National Farmers Union, als Repräsentant eben der mittleren und kleineren Landwirte, der demokratischen Partei zuneigt.[24]

Die Unterschiede in der Klientel machen sich auch in den Anforderungen bemerkbar. Alle drei Verbände traten für die Auslandshilfe und das Public Law 480, also für die staatliche Exportförderung, ein. Sie sorgten dafür, daß das Landwirtschaftsministerium die Federführung dieses Programmes bekam und behielt, die landwirtschaftlichen Ausschüsse des Kongresses die legislative Aufsicht führten. Sie spielten gemeinsam bei dieser Gesetzgebung eine »wichtige Rolle«.[25] Dennoch sind die Unterschiede unverkennbar. Während die National Farmers Union die staatliche Exportförderung am liebsten unbegrenzt beibehalten würde, also die unmittelbare Gewinnsicherung in den Vordergrund stellte, wollte die AFBF darin nur eine vorübergehende Notmaßnahme sehen. Als Vertreter der industrialisierten Landwirtschaft legte sie den Akzent eher auf eine Gestaltung des internationalen Wirtschaftssystems, das die Wettbewerbsfähigkeit der amerikanischen Landwirtschaft begünstigte.[26] Die Weizenverkäufe der USA an die Sowjetunion in den siebziger Jahren zeigen das System, an dem die Federation interessiert war.

7.2.4 Branchenverbände, Anwaltfirmen, Lobbyisten

Während die großen Interessenverbände der amerikanischen Wirtschaft bzw. der amerikanischen Gewerkschaften zumeist Steuerleistungen des politischen Systems anfordern, widmen sich die kleineren Interessenverbände den konkreten Gewinnzuweisungen, der Distribution im Sinne Lowis. Die Zahl dieser Interessenverbände und Lobbyisten ist unübersehbar. Das liegt nicht zuletzt an der Lückenhaftigkeit der Gesetzgebung, die nur dann die Registrierung verlangt, wenn die Gruppe oder der einzelne »hauptsächlich« als Lobbyist fungiert. So ist, wie Common Cause anläßlich der Energiegesetzgebung 1977 herausfand, keine der sieben großen Ölgesellschaften als Lobbyist registriert, obwohl allein Mobil Oil 4 Millionen Dollar für Anzeigen ausgab.[27] Von den 200 größten amerikanischen Korporationen unterhalten mindestens 130 eigene hauptamtliche Lobbyisten in Washington, in der Praxis dürfte kaum ein großer Konzern darauf verzichten. Diese auf die Gewinnverbesserung gerichtete Interessenvertretung wendet sich nicht nur an den Kongreß, sondern auch an die Exekutive. In dem »eisernen Dreieck«, das die Verteilung von Werten regelt, spielt der Kongreß die wichtigere Rolle.

Die politischen Folgen der Gewinnzuweisung sind geringer als die der Systemsteuerung, sie dürfen jedoch nicht vernachlässigt werden. Das Schicksal der Energiegesetzgebung 1977/78 zeigt, daß diese Gewinninteressen beträchtliche innen- und außenpolitische Konsequenzen nach sich ziehen können.[28] Zwar haben die amerikanischen Ölgesellschaften die Preiserhöhung des arabischen Öls von 1973 nicht verursacht,[29] sie haben sich aber alsbald auf die neue Lage eingestellt und sie für ihre Gewinne ausgenutzt. Wie weit hinter der Nuclear Non-Proliferation Act von 1978 auch das Interesse der amerikanischen Energiewirtschaft steht, sich nicht von europäischen Erfindungen überholen zu lassen, müßte geklärt, muß aber zumindest gefragt werden. Als Faustformel kann gelten, daß die politischen Folgen der Gewinninteressen um so größer sind, je größer das betreffende Unternehmen ist.

Neben den großen Konzernen, die als eigene Lobby-Gruppen anzusehen sind, unterhalten vornehmlich die Branchenverbände Interessenvertretungen in Washington, fungieren selbst als solche. Bei der Handelsgesetzgebung in den fünfziger Jahren traten mehr als 25 solcher Handels- und Wirtschaftsverbände auf; die Branchen-Repräsentanz wirkte gleichzeitig auch als Gewinn-Lobby. So versuchte die Schiffahrtsindustrie beispielsweise seit Jahren ein Gesetz durchzudrücken, das ihr den Transport von 9,5% des importierten Öls sicherte.[30] Sie unterlag, hatte aber bei dem amerikanisch-sowjetischen Weizenabkommen durchaus Erfolg. Die Marktordnungsabkommen (OMAs) für Stahl und Textilien, die abgeschlossen wurden, obwohl die amerikanische Stahlindustrie 1977 erhebliche Gewinne machen konnte; die Erfolge der Zucker-Lobby bei der Neuverteilung der Importquoten nach dem Boykott kubanischen Zuckers

– es gibt eine Fülle von Beispielen dafür, wie Interessenvertretungen die Gewinnverteilung durch das politische System beeinflussen.
Oft besteht die Methode nicht darin, den einzelnen Abgeordneten durch finanzielle Unterstützungen, Wahlkampffinanzierungen etc. zu beeinflussen. In viel stärkerem Maße hängt die Gewinnzuteilung davon ab, daß es der Interessengruppe gelingt, eine für sie günstige Problemdefinition durchzusetzen. Der Begriff der »Ölkrise«, beispielsweise, legte den Akzent auf die Versorgungs-, nicht auf die Preisseite, obwohl es sich vornehmlich um eine Preiserhöhung gehandelt hat. Wer die Situation definiert, hat die Gewinnverteilung schon festgelegt. Hier zeigt sich dann auch die Beziehung zwischen Gewinn und Politik. Nicht der Gewinn als solcher hat politische Folgen, wohl aber möglicherweise die Situationsdefinition, die zu seinen Gunsten vorgenommen wird. Gewinninteressen, die vom Ost-West-Konflikt abhängen, sind immer versucht, die Spannung in diesem Konflikt zu betonen und deswegen zu erhöhen.
Die wichtigsten Exponenten der Branchenverbände bei dieser Aufgabe sind ihre Institute. Die Bezeichnung ist eigentlich irreführend. Das American Petroleum Institute, das American Cotton Manufacturers Institute, das Tobacco Institute – um nur einige wichtige zu nennen –, sind weniger Forschungsinstitute als vielmehr Interessenvertretungen. Ihre Analyse-, Aufklärungs- und Informationstätigkeit ist nur ein Bestandteil jener wichtigen Lobbyfunktion, die »Situation zu definieren«. Im übrigen müssen diese Institute als Verbandsorgane angesprochen werden; das American Petroleum Institute ist die wichtigste Handelsassoziation der amerikanischen Ölindustrie.[31] Das American Cotton Manufacturers Institute repräsentiert die Baumwollindustrie des Südens; dieses Institut bewirkte, daß die ursprünglich freihändlerische Tradition des Südens sich langsam zum Protektionismus hinwandte. Die Brancheninstitute müssen insofern als außerordentlich wichtige Anwälte der Gewinninteressen von Handel und Industrie bezeichnet werden.
Die Rechtsanwalt-, Beratungs- und Werbefirmen bilden den Übergang zu den beruflichen Interessenvertretern. Ihre Tätigkeit ist fast ausschließlich auf Wertzuweisung und Gewinn gerichtet, auf die Erlangung von Vorteilen für ihre Klienten. Angesichts der Unübersichtlichkeit und Aufblähung des bürokratischen Apparates, der Komplexität der meisten zur Entscheidung anstehenden Sachverhalte sowie angesichts der mangelnden entscheidungsordnenden Funktionen der politischen Parteien ist eine solche vermittelnde Funktion kaum entbehrlich. Viele Abgeordnete haben deswegen, wenn sie den Kongreß verließen, den Weg in die Lobby genommen[32] ebenso viele frühere Regierungsmitglieder. Senator Kuchel von Kalifornien, beispielsweise, arbeitete nach seinem Ausscheiden für die Zucker-Lobby, der Abgeordnete von Wisconsin, Biemiller, ging nach seinem Mandatsende zur AFL-CIO.
Auch aus den Executive Departments führt der Weg sehr häufig entweder in die entsprechende Industrie oder aber eben in die Anwaltsbüros, die die

Interessen der Wirtschaft in der Exekutive und beim Kongreß vertreten. Dean Acheson ist mehrfach zwischen Covington and Burling, der wohl berühmtesten Anwaltfirma in Washington, und der amerikanischen Regierung hin und her gewechselt.[33] George W. Ball, stellvertretender Außenminister in der Regierung Kennedy, arbeitete vor- und nachher in seiner Rechtsanwaltfirma zusammen mit Cleary, Gottlieb, Steen und Hamilton. Selbst wenn sie jedoch, wie Lloyd Cutler, den Weg durch die »Drehtür« nicht selbst nahmen, zählen ihre Firmen zu den wichtigsten und einflußreichsten Interessenvertretungen. Auch ausländische Regierungen bedienen sich ihrer, um sich auf diese Weise in Washington durchsetzen zu können. Große Firmen, wie etwa Eilmer, Cutler und Pickering beschäftigen beinahe 100 Rechtsanwälte. In erster Linie dienen diese Firmen natürlich der Rechtspflege. Soweit es jedoch um Wirtschaftsrecht geht oder um internationales Privatrecht, rückt die Grenze der Interessenvertretung schon sehr nahe. Sie wird überschritten, wenn diese Firmen eingeschaltet werden, um Einfluß zugunsten eines bestimmten Verteilungsinteresses zu nehmen.

Ausschließlich dieser Funktion widmen sich die Werbe- und Beraterfirmen. Sie bemühen sich um die öffentliche Legitimierung, zumindest um die zustimmende Öffentlichkeit, ohne die größere Wertzuweisungen im politischen System nicht vorgenommen werden können. Sie arbeiten aber auch »vor Ort«, beim Kongreß und in der Exekutive, wo sie die Interessen ihrer Mandanten vertreten. Sie verfügen über die Detailkenntnisse des zu regelnden Problems und des Entscheidungsapparates. Die Leiter und Mitarbeiter dieser Firmen haben meist Regierungserfahrung. Harald B. Malmgren, Leiter der amerikanischen GATT-Delegation und Berater zahlreicher großer industrieller und landwirtschaftlicher Organisationen, eröffnete Mitte der siebziger Jahre eine eigene Beraterfirma in Washington.

Die Institution der Beratungsfirma als multipler Interessenvertretung hat inzwischen einen solchen Umfang angenommen, daß sie ökonomisch ins Gewicht fällt. Drei Viertel aller für die amerikanische Auslandshilfe bewilligten Gelder werden in den Vereinigten Staaten selbst ausgegeben, und zwar als Honorare für solche Beratungs- und Analysefirmen.[34]

7.3 Bilanz

Den von den Verbänden und Interessengruppen gestellten Anforderungen nach Systemsteuerung und Gewinnzuteilung kommt zweifellos eine große Bedeutung für den ›output‹ des politischen Systems zu. Sie präjudiziert noch nicht die Bewertung. Es wurde oben schon darauf hingewiesen, daß nicht die Existenz und Tätigkeit solcher Gruppen schlechthin, sondern die mangelnde Transparenz ihres Einflusses das entscheidende Defizit darstellt. In den die USA mit ihrer internationalen Umwelt verklammernden Handlungszusammenhänge ist das Interesse der Wirtschaft

an Freihandel und Abbau der Wirtschaftsschranken im internationalen System zu begrüßen. Die Probleme beginnen erst danach, insofern eine Instanz fehlt, die diese Gewaltminderung mit der sozialen Gerechtigkeit kombiniert. Während die wirtschaftlichen Handlungszusammenhänge sich verdichten, bleiben die politischen Systeme parzelliert und dementsprechend schwach. Die ausgleichende Funktion, die in der sozialen Demokratie durch das politische System ausgeübt wird, fehlt dementsprechend im internationalen System. Gewaltverminderung in Form der Entspannung und der sie stützenden Ausbreitung wirtschaftlicher Handlungs- und Kooperationszusammenhänge kann entsprechend einhergehen mit verstärkter Ausprägung sozialer Ungerechtigkeit, und zwar im gesellschaftlichen Umfeld wie in der internationalen Umwelt.
Diese Bewertungsprobleme können hier nur angedeutet, nicht abgehandelt werden. Für die Beziehungen der Vereinigten Staaten zu ihrer internationalen Umwelt ist es entscheidend, daß die wirtschaftlichen Handlungszusammenhänge mit ihren politischen Konsequenzen zunehmend von der Wirtschaft selbst organisiert werden. Das politische System wird nur dort eingeschaltet, wo es als Gesprächs- und Verhandlungspartner anderer Staaten erforderlich ist; ferner in den Vereinigten Staaten selbst, wo seine Allokationskompetenz entweder für die Zuteilung von Gewinninteressen oder für die Kompensation der durch sie hervorgerufenen Konsequenzen erforderlich ist. Wirtschaftliche Entscheidungen in den USA sind im wesentlichen Entscheidungen der amerikanischen Wirtschaft.

8. Gewinne und Steuerung: Entscheidungen

8.1 Der Präsident

Angesichts der Machtfülle und der weitgehenden Autarkie der Wirtschaft nimmt die korrespondierende Schwäche des politischen Systems nicht wunder. Sie findet ihren Ausdruck einmal in einer starken Streuung der Kompetenzen: mehr als 60 Behörden sind in irgendeiner Weise mit der Außenwirtschaftspolitik befaßt.[1] Selbst versierte Spezialisten und Journalisten in Washington wissen nicht, wer für die internationale Währungs-, Landwirtschafts-, Handels-, Kernenergie-Politik zuständig ist, oder für das Fischereiwesen und den Meeresboden.[2] Zweitens drückt sich diese Schwäche aus in dem Mangel an internationaler Zusammenarbeit. Während die Wirtschaft ihre Handlungszusammenhänge fast über die ganze Welt erstreckt und intensiv ausgebaut hat, kooperierte das politische System der Vereinigten Staaten auf dem Gebiet der Außenwirtschaft nur schwach mit anderen Regierungen. Dem lag ein Machtanspruch zugrunde, aber auch die Fehleinschätzungen der Möglichkeiten, über die das politische System der USA verfügt.
Ihren institutionellen Ausdruck findet die Schwäche des politischen Systems darin, daß auf dem Gebiet der wirtschaftlichen Außenbeziehungen dem Präsidenten im Executive Office und im White House Office keine Organe zur Verfügung stehen, die es auch nur annähernd mit dem Nationalen Sicherheitsrat und der Ausstattung auf dem Gebiet Sicherheit überhaupt aufnehmen könnten. Darin spiegelt sich der Grad der Autarkie wieder, die die amerikanische Wirtschaft, inbesondere die multinationalen Korporationen, gegenüber dem politischen System auf dem Gebiet der Wirtschaft gewonnen haben. Sie sind zwar, wie gezeigt wurde, streckenweise auf seine Steuerungsmöglichkeiten und Allokationskompetenzen angewiesen. Um sie zu beeinflussen, haben sie sich ihm verbunden,[3] bilden sie einen Winkel des »eisernen Dreiecks«. Der Präsident, der für die ›policy‹ zuständig ist, für die relevanten Verteilungsentscheidungen, steht in der Außenwirtschaftspolitik ganz auffällig abseits. Der Kontrast ist umso größer, als der Präsident die allgemeine ›Außenpolitik‹ geradezu als Grundlage seines Einflusses und seines politischen Profils benutzt. Dementsprechend hat er das Weiße Haus ausgestattet, hat er viele Entscheidungen direkt an sich gezogen, den Außenminister mediatisiert. Während ihm für die Umwandlung von sicherheitspolitischen Anforderungen ein großer Apparat zur Verfügung steht, in den er zwar eingebunden ist, den er jedoch auch benutzen kann, fehlt ihm in der Außenwirtschaftspolitik selbst dieser Apparat. Die Zuweisungsrolle des Präsidenten ist dementsprechend klein.

Hinzu kommt, daß auf dem Gebiet der Außenwirtschaft die Kompetenzverteilung zwischen Kongreß und Präsident sehr viel klarer und eindeutiger geregelt ist. Das Schwergewicht liegt eindeutig beim Kongreß, der nach Artikel I, Section 8, »den Handel mit auswärtigen Staaten (zu) regulieren« sowie Münzen prägen und den Außenwert der Währung festlegen kann. Auf dem Gebiet des Handels hat der Kongreß, wie gezeigt wurde, von dieser Kompetenz ausführlich und regelmäßig Gebrauch gemacht. Für Währungsfragen interessierte er sich hingegen erst seit der Mitte der siebziger Jahre; hier hatte der Präsident bislang weitgehend freie Hand gehabt. Die fundamentale Entscheidung vom 15. August 1971 hat er in einem ganz kleinen Kreis gefällt – freilich nachdem die Sache selbst in ausführlichen Verhandlungen einer Beratungskommission, in der maßgeblich auch Wirtschaftler und Wirtschaftswissenschaftler mitgearbeitet hatten, vorbereitet worden war.
Hinzu kommt ferner, daß die Wirtschafts- und Außenwirtschaftspolitik Fachkenntnisse erfordert, über die die amerikanischen Präsidenten in aller Regel nicht verfügten. Daß selbst Präsident Kennedy den Unterschied zwischen »monetary and fiscal policy« sich nur dadurch merken konnte, daß der Name des Zentralbankvorsitzenden Martin ebenfalls mit einem M begann,[4] karikiert diese Inkompetenz, charakterisiert sie aber gleichwohl. Vor allem die Außenwirtschaftspolitik war bis zum Beginn der siebziger Jahre politisch überhaupt nicht als relevant angesehen worden; sie spielte auch im Bewußtsein der Öffentlichkeit so gut wie keine Rolle.[5] Der ›benign neglect‹ wurde erst aufgegeben, nachdem Arbeitslosigkeit und Inflation, Dollarverfall und Energieabhängigkeit demonstriert hatten, welche Folgen er nach sich zog. Seit dem Londoner Wirtschaftsgipfel von 1975 scheint das politische System der USA und scheinen die Präsidenten an der Zusammenarbeit mit anderen Regierungen interessiert zu sein. Seit dem Beginn der siebziger Jahre breitet sich in den USA das Bewußtsein aus, daß die Steuerungsfunktionen des politischen Systems verbessert werden müssen, wenn Schäden aus den wirtschaftlichen Handlungszusammenhängen vermieden und die Austauschbeziehungen innerhalb der westlichen Welt stabilisiert werden sollen.[6]

8.1.1 Räte und Berater

Selbstverständlich war der Präsident niemals völlig ohne einschlägige Institutionen und Berater gewesen. Der 1946 mit der Employment Act eingerichtete Council of Economic Advisers war an sich als Gegenstück zum National Security Council geplant worden; er sollte die Konjunktur- und Beschäftigungspolitik des Präsidenten dichter an den Kongreß heranrücken.[7] Der Council of Economic Advisers, dessen binnenwirtschaftliche Funktion im Zusammenhang mit dem Office of Management and Budget und des Federal Reserve Board, der Bundeszentralbank, gesehen werden muß,[8] behandelte selbstverständlich auch die Außenwirtschaftspolitik. Der Jahresbericht des Rates, den der Präsident dem Kongreß übermittelt, enthält regelmäßig ein Kapitel über die internationalen Wirtschaftsbeziehungen und die Lage der Weltwirtschaft. Der CEA hat jedoch keine operativen Funktionen, er ist ein reines Beratungsgremium.

Präsident Nixon begann damit, eine Art Wirtschaftskabinett zusammenzurufen, den Council of Economic Policy. Präsident Ford entwickelte ihn zum Economic Policy Board (EPB), in dem praktisch alle Minister außer dem Verteidigungsminister vertreten waren. In dem eigentlich interessanten Executive Committee dieses Boards arbeiteten die Finanz-, Außen-, Arbeits-, Handelsminister mit dem Budgetdirektor, dem Vorsitzenden des Council of Economic Advisers und dem Council on International Economic Policy sowie mit den einschlägigen Beratern des Präsidenten zusammen.[9] Präsident Carter hat die Konstruktion beibehalten, in der Absicht, die den EPB unter Ford kennzeichnende strikte Trennung zwischen Binnen- und Außenwirtschaft zu überwinden.[10] Wie weit dies gelingt, bleibt abzuwarten, zumal die binnenwirtschaftlichen Probleme bei einer Großwirtschaft wie der amerikanischen stets im Vordergrund stehen werden. Die Chancen für ihren Einschluß sind jedoch bei diesen wirtschaftspolitischen Gremien größer als bei der traditionellen Troika, die den Präsidenten in Wirtschaftsfragen zu beraten hat: bestehend aus dem Finanzminister, dem Budgetdirektor und dem Vorsitzenden des Council of Economic Advisers. Ab und an wurde die Gruppe zur Quadriga erweitert und schloß dann den Vorsitzenden der Zentralbank mit ein.

Entscheidend ist, daß diese Ministerausschüsse in keiner Weise vergleichbar sind mit dem Nationalen Sicherheitsrat. Sie sind kein »Nationaler Wirtschaftsrat«. Zwar waren im Nationalen Sicherheitsrat auch immer Wirtschaftsexperten tätig. Der Assistant Secretary of the Treasury for International Affairs unter Carter, C. Fred Bergsten, war von 1969 bis 1971 Nationaler Sicherheitsberater Präsident Nixons für das Gebiet der internationalen Wirtschaft. Besonders sensitive wirtschaftliche Fragen, wie beispielsweise der Handel mit der Sowjetunion und der VR China wurden gleichfalls stets im Nationalen Sicherheitsrat mit behandelt.[11] Institutionelle Konsequenzen wurden daraus jedoch nicht gezogen. Weder wurde der Nationale Sicherheitsrat um den Finanzminister erweitert und entsprechend umgebildet, noch wurde ein eigener Wirtschaftsrat oder gar Außenwirtschaftsrat gegründet.

Stattdessen hat sich der Präsident auf dem Gebiet der Außenwirtschaftspolitik mit Koordinationsgremien begnügen müssen. 1945, beim Beitritt der USA zu den Bretton Woods-Abkommen, wurde der National Advisory Council on International Monetary and Financial Policies eingerichtet. Seine Mitglieder sind der Finanz-, Außen- und der Handelsminister, der Zentralbankvorsitzende, der Präsident und der Vorsitzende der Export-Import-Bank. Die Aufgabe des NAC besteht darin, die Tätigkeit der multilateralen Banken auf ihre Übereinstimmung mit amerikanischer Währungs- und Finanzpolitik sowie mit außenpolitischen und handelspolitischen Interessen zu überprüfen. Dieser Funktion entspricht es, daß die amerikanischen Direktoren dieser Banken sowie Vertreter der Agency for International Development, des Verteidigungs- und des Landwirtschaftsministeriums an den Arbeiten des NAC teilnehmen.[12] Er erstattet jedes Jahr einen ausführlichen Bericht an den Kongreß über die Position der Vereinigten Staaten im Weltwährungssystem, im Welthandel und in der Entwicklungshilfe.

Die Koordinierungsfunktion von NAC wurde ergänzt und teilweise überlappt durch die des Council on International Economic Policy (CIEP), der von 1971 bis 1976 tätig war, allerdings schon früher de facto in das Amt des Sonderbeauftragten für Handelsfragen des Präsidenten eingegliedert worden war. Seine Mitglieder waren der Außen-, Finanz-, Landwirtschafts-, Wirtschafts- und Arbeitsminister, der Budgetdirektor, der Vorsitzende des Council of Economic Advisers, der Direktor des Domestic Council, der Handelsbeauftragte des Präsidenten und sein Nationaler Sicherheitsberater. Wie viele andere Einrichtungen der Nixon-Administration, diente der Council vornehmlich als institutionelles Aushängeschild, hinter dem sich die Macht im Weißen Haus konzentrierte.[13] Die Leistungen des Council waren denn auch gering, beschränkten sich auf das Gebiet des Handels und auf die Herausgabe eines Jahresberichtes zur internationalen Wirtschaftspolitik, den der Präsident dem Kongreß zuleitete. Bevor die Auseinandersetzung zwischen dem Senat und dem Präsidenten über die Zustimmungsbedürftigkeit der Ernennung des Direktors des CIEP entschieden werden konnte, wurde der Council wieder aufgelöst.

Jenseits dieser beiden Gremien gibt es eine Fülle von interministeriellen Ausschüssen und Unterausschüssen, die sich um die Koordination der amerikanischen Währungs- und Handelspolitik kümmern. Die Entscheidungen auf den Gebieten Steuerung und Gewinnverteilung werden dadurch freilich weder transparenter noch besser. Koordination kann Entscheidungen nur ausführen, nicht herbeiführen. Für solche Entscheidungen ist jedoch das Präsidialamt nur mangelhaft ausgerüstet.

Jeder Präsident hat seinen Wirtschaftsberater; unter Nixon waren es Peter Flanigan und Peter Peterson. Flanigan kam von der New Yorker Investitionsbank Dillon, Read & Co.; Peterson war Direktor bei Bell und Howell. Im übrigen dient – wiederum im Unterschied zur Außenpolitik – der Finanzminister in der Tat als der oberste effektive Berater. Die gleiche Funktion hat in der Regel auch der Direktor des Office of Management and Budget. Lediglich ein einziges Amt hat der Präsident offiziell hinzubekommen, das Office of the Special Representative for Trade Negotiations. Kennzeichnenderweise wurde der Posten 1962 gegen den Wunsch Präsident Kennedys durch den Kongreß eingerichtet, der über die Handhabung der Handelspolitik durch das Außenministerium enttäuscht war. Da der Kongreß kein Fachministerium fand, an dem er einen Sonderbeauftragten für Handelsfragen sinnvollerweise unterbringen konnte – im Handelsministerium herrschte die Industrie, im Finanzministerium die Finanzwelt vor –, gab er dieses Amt direkt an den Präsidenten.[14] Im Handelsgesetz von 1974 institutionalisierte der Kongreß das Amt als eine Behörde im Executive Office. Zu den Aufgaben des Sonderbeauftragten gehört vor allem die Führung der Verhandlungen in den Zollsenkungsrunden des GATT.

Die Distributiveffekte der Handelspolitik wurden freilich durch die Ansiedlung des Amtes im Executive Office keineswegs egalisiert. Machte es schon sehr viel Schwierigkeiten für Präsident Carter, überhaupt einen allen Parteien angenehmen Sonderbeauftragten zu finden,[15] so werden Amt und Inhaber von den widerstreitenden Interessen praktisch lahmgelegt.

Wo der Entscheidungsprozeß nicht organisiert ist – auf dem Gebiet der Währungspolitik gibt es überhaupt kein Institut im Executive Office und im White House – herrscht die Informalität. Sofern die Präsidenten auf dem Gebiet der Steuerung und der Gewinne überhaupt Entscheidungen trafen, haben sie sich darin durch ad hoc-Beratungsgruppen (und durch private Berater) unterstützen lassen.[16] So untersuchte die Williams-Commission die handels- und währungspolitische Situation der Vereinigten Staaten am Ende der sechziger Jahre und empfahl praktisch die Schließung des Goldfensters, die Abwertung des Dollar und die Importsteuer.

Über solche Ausschüsse wie über die Berater des Präsidenten, aber schließlich notfalls auch direkt, können die Interessen der betroffenen Wirtschaftskreise an den Präsidenten und in das Entscheidungssystem vermittelt werden. Sie sind freilich außerordentlich heterogen, widersprüchlich und diffus. Von einer zielgerichteten, umfassenden breiten Beeinflussung des Präsidenten zugunsten von Steuerung und Gewinnverteilung kann keine Rede sein. Eher muß vermerkt werden, daß die Minderausstattung des Präsidenten ihn nicht in den Stand setzt, auf dem Gebiet der Außenwirtschaftspolitik eine Führungsrolle einzunehmen und politisch definierte Interessen der amerikanischen Gesellschaft im Entscheidungssystem geltend zu machen. Die vom Ausland, insbesondere 1978 von der Bundesrepublik, beklagte Entscheidungslosigkeit bzw. Führungsschwäche des amerikanischen Präsidenten ist nicht etwa auf die Person Carters, sondern auf diesen institutionellen Aspekt zurückzuführen. Ohne entsprechende Ausstattung ist der Präsident nicht im Stande, sich auf dem schwierigen Gebiet der Außenwirtschaftspolitik durchzusetzen. Die wichtigen Entscheidungen fallen, soweit sie überhaupt vom politischen System getroffen werden, in den Executive Departments und im Kongreß.

8.2 Ministerien und Behörden

Wie groß die Zahl der Ämter und Behörden ist, mit denen das politische System in die wirtschaftlichen Handlungszusammenhänge zwischen den

Vereinigten Staaten und ihrer Umwelt eingeschaltet ist, läßt sich nicht genau feststellen. Schon 1946 wurden neben dem Außenministerium 46 Behörden gezählt, die sich mit außenwirtschaftlichen Beziehungen beschäftigen.[1] Ausgangs der siebziger Jahre dürfte infolge der gewachsenen Interdependenz jedes Entscheidungszentrum des politischen Systems, das sich mit der Allokation wirtschaftlicher Werte oder den Umwandlungen wirtschaftlicher Anforderungen befaßt, selbst und direkt mit der internationalen Umwelt der USA verbunden sein. Die internationale Zusammenarbeit der Bürokratien ist nirgendwo so intensiv ausgeprägt wie auf dem Gebiet der Wirtschaft.

Einige Zuständigkeitsschwerpunkte sind erkennbar: Die Währungspolitik ressortiert im Finanzministerium und im Federal Reserve Board, der amerikanischen Zentralbank. Die Handelspolitik wird vom Handelsministerium, vom Landwirtschafts- und vom Energieministerium vornehmlich organisiert. Für die Außenzölle ist die International Trade Commission, für Kredite und Exportversicherungen die Export-Import-Bank verantwortlich. Im Department of Labor werden die arbeitsmarktpolitischen Konsequenzen der wirtschaftlichen Handlungszusammenhänge beachtet. Vor der Gründung des Energieministeriums betreute das Innenministerium Erdöl und Erdgas.

8.2.1 Außenministerium

Das formal für die Außenbeziehungen zuständige State Department spielt auch auf dem Gebiet der Wirtschaftsbeziehungen eine untergeordnete Rolle, und zwar aus mehreren Gründen. Für das Außenministerium stellen wirtschaftliche Belange nur einen Teil seiner Aktivität dar, im Finanz- und Handelsministerium hingegen nehmen sie den gesamten Aufgabenbereich ein. Dementsprechend arbeitet auch die Wirtschaft mit diesen beiden Ministerien intensiv zusammen, ist dort ganz anders präsent als im Außenministerium. Auch hat das traditionelle Verständnis von Außenpolitik dazu geführt, daß im State Department noch immer der Typ des politischen Generalisten vorherrscht, dem das Gebiet der Wirtschaft weitgehend verschlossen geblieben ist. Der Mangel an wirtschaftlicher Expertise im Außenministerium stärkt wiederum das Finanz- und das Handelsministerium, die ihre fachliche Überlegenheit politisch auszunutzen verstanden. Als Folge dessen können wirtschaftliche Anforderungen in den Außenbeziehungen erfüllt werden, ohne daß sie vorher durch den Filter der außenpolitischen Gesamtinteressen, den das State Department darstellt, gelaufen wären.

Das Außenministerium ist für eine solche Aufgabe durchaus gerüstet. Eine seiner großen funktionalen Abteilungen, das Bureau of Economic and Business Affairs, unter der Leitung eines Assistant Secretary of State, ist ausschließlich dem außenwirtschaftspolitischen Bereich gewidmet. Einer der fünf obersten Ränge im Außenministerium wird seit Jahren tra-

ditionell mit einem Wirtschaftler oder einem Wirtschaftswissenschaftler besetzt. William Clayton, Douglas Dillon, George Ball oder Nathaniel Samuels haben auf diesen Posten eine bedeutende Rolle gespielt. Präsident Carter hat mit Richard N. Cooper einen namhaften Wirtschaftswissenschaftler zum Under Secretary of State for Economic Affairs gemacht. Auf dieser Ebene konnte das Außenministerium also wenigstens kompetente Gesprächspartner für die anderen Ministerien bieten; seine Wirtschaftsabteilung wird an großen Entscheidungen, etwa in der Ölpolitik, beteiligt. In den geographischen Büros werden auch die wirtschaftlichen Beziehungen, die zwischen den Vereinigten Staaten und dem betreffenden Land bzw. der Region ablaufen, behandelt. Genauso wie die Missionen im Ausland die amerikanischen Geschäftsleute an Ort und Stelle durch Information und Einflußnahme unterstützen, bietet das Außenministerium vergleichbare Dienste in Washington an. Es informiert über Investitions- und Handelsmöglichkeiten sowie über die Gesetze des betreffenden Landes.
Dennoch rangiert das Außenministerium auf der Leiter der Bedeutung relativ weit unten. Ebensowenig wie im sicherheitspolitischen Bereich ist es ihm in der Außenwirtschaft gelungen, sich als wichtiges Kanalisierungs- und Steuerungsinstrument aufzubauen.[2] Dazu hat nicht nur beigetragen, daß die Beziehungen zwischen der amerikanischen Gesellschaft und ihrer internationalen Umwelt viel zu diversifiziert und kompliziert geworden sind, als daß sie sich von einem Ministerium aus handhaben ließen. Wichtiger war, daß das Finanz- und Handelsministerium die wirtschaftlichen Interessen der USA sehr viel stärker repräsentieren als das Außenministerium. State vertritt eher die Interessen des amerikanischen Verbrauchers und in gewisser Weise auch die des Auslands.[3] Es tendiert jedenfalls dazu, die spezifizierten Anforderungen der amerikanischen Wirtschaft nach Steuerung und Gewinnzuweisung auf deren Vereinbarkeit mit den politischen Interessen der Vereinigten Staaten an Stabilität und Entspannung zu prüfen. Diese Aufgeschlossenheit gegenüber dem Ausland und den Interessen der Allgemeinheit trägt viel dazu bei, das Außenministerium an die Peripherie des Entscheidungsprozesses zu drängen, in dem über die wirtschaftliche Gewinnzuteilung und Steuerung entschieden wird. Nicht zufällig war das State Department an den währungspolitischen Entscheidungen des 15. August 1971 und seinen Vorbereitungen praktisch nicht beteiligt.[4]

8.2.2 Finanzministerium

Stattdessen ist federführend auf dem Gebiet der Währungspolitik, aber auch auf anderen wichtigen Gebieten der Außenwirtschaftspolitik das Finanzministerium. Der Finanzminister ist der wichtigste wirtschaftspolitische Berater ex officio des Präsidenten; zusammen mit dem Vorsitzenden des Council of Economic Advisers und dem Direktor von OMB bildet er die Troika, die den Präsidenten in allen Wirtschaftsfragen berät.[5] Das Finanzministerium, 1789 als das dritte amerikanische Department eingerichtet, hat noch eine Reihe anderer Funktionen; es stellt die oberste Finanz- und Steuerbehörde dar, betreibt auch die Münze. Außenwirtschaftlich interessant ist vor allem die Kompetenz des Ministeriums auf dem Gebiet der Währungspolitik, der Zahlungsbilanz sowie auf ausgewählten Gebieten des Handels. Da es in den USA kein Wirtschaftsministerium gibt, wirkt der Finanzminister auch als wirtschaftspolitischer Berater des Präsidenten, sitzt in dieser Eigenschaft dem Economic Policy Board vor, der alle wirtschaftlichen, handelspolitischen und finanzpolitischen Angelegenheiten betreut und den Präsidenten binnenwirtschaftlich wie außenwirtschaftlich berät.

Das Finanzministerium gliedert sich in zwei, je von einem Under Secretary geleitete Bereiche. Während in dem einen nur die zollpolitische Abteilung, der U.S. Customs Service, außenwirtschaftlich interessant ist, besitzt die Währungsabteilung einen weitgefächerten internationalen Zweig. Unter der Leitung eines Assistant Secretary for International Affairs arbeiten sieben große Büros auf den Gebieten: Rohstoffe, Energie und Investitionen, internationale Währungsfragen, Entwicklungsländer, Forschung, Beziehungen zu Saudi-Arabien und internationale Finanz.[6]

Das Finanzministerium hat also über die währungs- und finanzpolitischen Zuständigkeiten hinaus eine Reihe von außenwirtschaftspolitischen Kompetenzen an sich gezogen. Sie beziehen sich sowohl auf bestimmte Sachgebiete, wie etwa die Investitionen, als auch auf bestimmte Regionen, die besonders sensitiv sind. Der Handel mit der Sowjetunion, mit China und mit Osteuropa wird vornehmlich von diesem Ministerium betreut. Der Finanzminister führt den Vorsitz in der amerikanisch-sowjetischen Handelskommission sowie im East-West Foreign Trade Board. Er sitzt auch den Joint Trade and Economic Commissions with Poland and Rumania vor. Alle diese Funktionen werden in der Abteilung für Internationale Beziehungen betreut, deren Bedeutung dementsprechend hoch zu veranschlagen ist. Hier ressortieren die wichtigsten Teile der amerikanischen Außenwirtschaftspolitik. Zahlungsbilanzausgleich, Handelsbilanzausgleich, Exportpolitik sowie vor allem die Währungs- und Wechselkurspolitik der USA werden hier entschieden.[7]

Berücksichtigt man den engen Zusammenhang zwischen der Außenwirtschaftspolitik und der »Außenpolitik«,[8] betrachtet man die dichte Beziehung zwischen dem Dollarblock und dem amerikanischen Sicherheitssystem,[9] so wird auch sichtbar, welche politische Bedeutung das Finanzministerium und seine internationale Abteilung besitzen. Von hier aus wird die währungspolitische Zusammenarbeit des Westens und ihr Schicksal weitgehend gesteuert: Wechselkursrelationen, die Verteilung von Inflation und Beschäftigung hängen von den Beschlüssen der verschiedenen internationalen Gremien ab, in denen die Vereinigten Staaten durch das Finanzministerium, und zwar führend, vertreten sind.[10]

In welchem Maße reflektieren die Entscheidungen des Finanzministeriums die Interessen der amerikanischen Wirtschaft? Diese Frage muß gestellt, kann aber nicht zureichend beantwortet werden. Auf der einen Seite verfügen die amerikanischen Banken und Konzerne über erheblich größere Währungsreserven als die amerikanische Regierung, die insofern auf ihr Wohlverhalten angewiesen ist. Auf der anderen Seite vermag sie, wie erneut der 15. August 1971 zeigt, Entscheidungen zu treffen, die keinesfalls total auf der Linie der amerikanischen Banken gelegen haben können. Dennoch haben sie durchweg Wohlverhalten gezeigt.[11]

Man wird von einer gewissen Symmetrie zwischen den Entscheidungen des Finanzministeriums und den Anforderungen der amerikanischen Wirtschaft, vornehmlich der Banken, insofern auszugehen haben, als die personellen Verflechtungen ziemlich eng sind. Was für alle Executive Departments und Independent Agencies in den Vereinigten Staaten charakteristisch ist: die starke personelle Repräsentanz des betroffenen Sachbereichs in den Spitzen der Behörde, trifft auch für das Department of the Treasury zu. Nicht alle, aber die meisten Finanzminister und ihre Stellvertreter kamen aus der Finanz- und Geschäftswelt. Wie Common Cause 1976 festgestellt hat, durchdringen infolge enger personaler Verflechtungen und regem Wechsel zwischen Wirtschaft und Regierung »industriegünstige Einstellungen die Spitzen der gesamten Bundesbürokratie«.[12] Damit werden die Ministerien und Behörden keineswegs zu Agenten der Wirtschaft. Da eine politische Elite fehlt, können Spitzenpositionen wenn nicht aus den Universitäten, so praktisch nur aus der Wirtschaft besetzt werden. Es ist auch nachweisbar, daß sich mit dem Eintritt in die Regierung und der Übernahme gesamtgesellschaftlicher Funktionen auch die Einstellung ändert. Andererseits bleiben die Kommunikationsnetze und die Grundorientierungen von Wirtschaftlern, die politische Entscheidungspositionen übernehmen, unverändert. Sofern die Wirtschaft überhaupt darauf angewiesen ist, die Regierung zu beeinflussen, hat sie über ihre Vertreter in den Executive Departments ausgiebig und leicht Gelegenheit dazu.

8.2.3 Federal Reserve Board

Die den gesamten exekutiven Apparat kennzeichnende Nähe zwischen Wirtschaft und Politik läßt sich besonders gut an dem zweiten, für die Währungspolitik zuständigen Institut ablesen, am Federal Reserve Board. Das System wurde 1913 vom Kongreß eingerichtet und ist nur ihm verantwortlich. Die Funktion der Zentralbank wird in den Vereinigten Staaten von den 12 Regionalbanken des Federal Reserve System wahrgenommen, als deren oberstes politisches Gremium der aus 7 Mitgliedern bestehende Board of Governors fungiert. Der vom Präsidenten jeweils für vier Jahre ernannte Vorsitzende dieses Gremiums hat die Funktion des Zentralbankpräsidenten.[13] Er sitzt gleichzeitig dem Federal Open Market

Committee vor, das die Liquiditätspolitik der Bank bestimmt. Der Vorsitzende erweitert die den amerikanischen Präsidenten in wirtschaftspolitischen Fragen beratende Troika zur Quadriga. Er tritt auch als Sprecher des Federal Reserve System gegenüber dem Kongreß auf.
Unter den 12 Distriktbanken nimmt die von New York den prominentesten Platz ein, insofern sie in internationalen Transaktionen als Agent aller 12 Banken und als offizieller Korrespondent ausländischer Zentralbanken und internationaler Institutionen auftritt. Praktisch werden also die internationalen Funktionen der Zentralbank vom Board of Governors des Federal Reserve System und seinem Vorsitzenden sowie der Federal Reserve Bank of New York wahrgenommen. Für sie alle gilt, wie der Stab des House Committee on Banking, Currency, and Housing 1976 festgestellt hat, daß in ihnen lediglich zwei Segmente der amerikanischen Gesellschaft, nämlich die Banken und die Großunternehmen repräsentiert sind. Die Studie schließt daraus, daß »die Direktoren des Federal Reserve System offensichtlich Vertreter einer kleinen Elitegruppe sind, die das wirtschaftliche Leben dieses Staates größtenteils beherrschen«.[14]
Dies gilt gerade auch für die Bank von New York, die als Agent des amerikanischen Zentralbanksystems handelt. Sieben ihrer neun Direktoren sind leitende Angestellte oder Vorstandsvorsitzende von Gesellschaften, die buchstäblich mit der gesamten amerikanischen Industrie und der Finanzwelt verbunden sind. Dementsprechend eng wird man die »FED« an die Handlungszusammenhänge heranrücken müssen, die Industrie und Finanz mit der internationalen Umwelt verbinden. Damit ist über die Richtung und die verteilungspolitischen Folgen der Entscheidungen der »FED« noch nichts ausgesagt. Es gibt nicht »das« Interesse der amerikanischen Wirtschaft, sondern ganz unterschiedliche Interessen in unterschiedlichen Handlungszusammenhängen. Obwohl die »FED« und das Finanzministerium gleichermaßen an die amerikanische Wirtschaft rückgebunden sind, haben sie beispielsweise für die Stabilisierung des Dollar ganz unterschiedliche Strategien bevorzugt. Im Frühjahr 1978 hat der Federal Reserve Board den Diskontsatz angehoben und die Liquidität eingeschränkt, damit den Zins erhöht und Dollarinvestitionen attraktiv gemacht. Das Finanzministerium hatte vergeblich gegen diese Dollarstützungspolitik opponiert, weil sie das binnenwirtschaftliche Wachstum erschwerte und die Arbeitslosigkeit erhöhte.[15] Von einheitlichen Interessen in der Währungspolitik kann demzufolge keine Rede sein.

8.2.4 Handelsministerium

Das gilt auch für die Handelspolitik. Die Vielfalt und die Konkurrenz der Umwandlungsinstanzen im politischen System ist hier besonders groß. Die wichtigste unter ihnen bildet zweifellos das Department of Commerce. 1903 durch Zusammenlegung mehrerer Dienststellen anderer Ministerien entstanden, hat das Ministerium den Auftrag, den Binnen-

und Außenhandel der Vereinigten Staaten zu pflegen, zu fördern und zu entwickeln. Inzwischen ist daraus eine breite Verantwortlichkeit für die wirtschaftliche und technologische Entwicklung der USA insgesamt geworden.[16] Dementsprechend groß ist die Anzahl der Aufgaben, die das Ministerium erfüllt; es enthält das Bureau of the Census, das National Bureau of Standards, das Patentamt, die Schiffahrtsverwaltung etc. Vom Personal und Budget her gesehen, zählt es nicht zu den größten Ministerien; unter den regulativen Behörden jedoch nimmt es einen wichtigen Platz insofern ein, als es die handelspolitischen Beziehungen zwischen der amerikanischen Wirtschaft und der internationalen Umwelt organisiert.

Die handelspolitisch wichtigste Abteilung des Ministeriums ist die Domestic and International Business Administration unter der Leitung eines Assistant Secretary.[17] Die Abteilung wurde zwar erst am 17. November 1972 eingerichtet, bestand aber unter anderem Titel und in anderer Kontruktion praktisch bereits seit 1905. Sie war hilfreich bei der 1912 erfolgten Gründung der amerikanischen Handelskammer und arbeitete seitdem kontinuierlich eng mit ihr zusammen. Die Ausweitung des amerikanischen Außenhandels nach dem Ersten und nach dem Zweiten Weltkrieg, die Expansion amerikanischer Investitionen gehörten zu ihrem Aufgabenprogramm. Das Büro steuerte die Ausführung des Marshall-Plans und den Korea-Boom. Es leitete nach 1953 die Offensive des amerikanischen Außenhandels ein, indem es Handelszentren im Ausland errichtete – beispielsweise das Trade Center in Frankfurt am Main –, Messen veranstaltete und Handelsdelegationen entsandte.

Innerhalb der Domestic and International Business Administration (DIBA) ist das 1972 eingerichtete Bureau of East-West Trade zuständig für den Osthandel der Vereinigten Staaten. Mit seinem Office of Export Administration verwaltet das Büro die Kontrolle der Exporte in die sozialistischen Staaten. Es arbeitet besonders eng mit dem Verteidigungsministerium, sowie mit dem Außen-, Finanz- und Energieministerium und der National Aeronautics and Space Administration zusammen.[18] Auf der obersten Stufe findet diese Zusammenarbeit im Rahmen des Export Administration Review Board statt, der von den Ministern gebildet wird. Wie erwähnt, ist der Finanzminister Vorsitzender des East-West Foreign Trade Board; im Coordinating Committee (COCOM), der 1949 praktisch im NATO-Rahmen gegründeten Organisation zur gemeinsamen Kontrolle des Exports strategischer Güter in die sozialistischen Staaten, führt der Außenminister die amerikanische Feder. An überlappenden Kompetenzen auf dem sensitiven Gebiet des Ost-West-Handels ist also kein Mangel.

Innerhalb von DIBA nimmt das Bureau for International Economic Policy and Research den Platz eines Planungsstabes ein. Unter der Leitung eines Deputy Assistant Secretary erarbeitet das Büro Strategien für die Verbesserung der amerikanischen Außenhandelsposition. Es war

maßgeblich bei den Formulierungen des Handelsgesetzes von 1974 beteiligt und berät seitdem den Sonderbeauftragten des Präsidenten bei seiner Politik in den GATT-Runden. Der Leiter des Büros nimmt praktisch an jeder wichtigen außenwirtschaftlichen Konferenz teil, leitete beispielsweise die amerikanische Delegation in den Industrie-Gesprächen mit der Kommission der Europäischen Gemeinschaften im Oktober 1974.[19] Mit seinem Office of International Finance and Investment arbeitet das Bureau for International Economic Policy and Research speziell auf dem sensitiven Gebiet der Investitionen und der Förderung des amerikanischen Außenhandels. Dieses Office nimmt im Rahmen der OECD und der Vereinten Nationen an der Erstellung von Leitlinien für das Verhalten multinationaler Korporationen teil. Es betreut gleichzeitig die amerikanische Exportförderung, vor allem über die Einrichtung der Domestic International Sales Corporation (DISC). Es berät die Wirtschaft hinsichtlich der Bildung von Exportvereinigungen und der Anwendung der Antitrust-Gesetze von 1918. Dementsprechend eng ist die Zusammenarbeit des Bureau for International Economic Policy and Research mit der betroffenen Wirtschaft. Es ist der Partner für die insgesamt 26 Branchenausschüsse der amerikanischen Wirtschaft, die unter dem Handelsgesetz von 1974 eingerichtet worden sind. Auf dem Gebiet des Ost-West-Handels nimmt es an 7 gemischten Beratungsausschüssen teil.[20] Die Zusammenarbeit enthält auch direkte Hilfe. Über das Bureau of International Commerce unterstützt DIBA die amerikanische Wirtschaft bei Vertragsabschlüssen. Im Jahre 1975 informierte es die amerikanische Wirtschaft über mehr als 20000 Geschäftsmöglichkeiten im Ausland. In zahlreichen Publikationen bietet es Hinweise auf potentielle Käufer und Märkte.
Auf der Importseite bemüht sich DIBA, die Folgen für die amerikanische Wirtschaft zu mindern. Es betreibt den Abschluß von Orderly Marketing Agreements (OMAs), beispielsweise 1974 das Abkommen für Textilien. Es förderte die Importbeschränkungen bei Stahl, Schuhen und Fernsehgeräten. Es schlug dem Ministerium diejenigen Firmen vor, die Bundeshilfe zur Anpassung an veränderte Importbedingungen erhalten sollten. Auf diesem zunehmend wichtiger werdenden Gebiet ist das Büro freilich nicht allein. Um den Schutz konkurrenzunfähiger Teile der amerikanischen Wirtschaft kümmern sich zahlreiche Behörden und nicht zuletzt der Kongreß.

8.2.5 Landwirtschaftsministerium

Vertritt das Handelsministerium in erster Linie die Interessen des amerikanischen Handels und der Industrie, so werden die der Landwirtschaft durch das Department of Agriculture repräsentiert. 1862 gegründet und dem Rang nach das achte Executive Department, stellt das Ministerium traditionell den Brückenkopf der Landwirtschaft in der Administration dar. Die Vereinigten Staaten machen hier keine Ausnahme von der bei-

nahe allen Staaten gemeinsamen Regel, daß die Landwirtschaft den schutzbedürftigsten und zugleich einen der einflußreichsten Teile der Wirtschaft darstellt. Minister und führende Beamte des Ministeriums kommen in der Regel aus der Landwirtschaft und gehen dorthin zurück. Das Ministerium fungiert als Interessenvertreter der Landwirtschaft; die Administration Carter versuchte, es darüber hinaus zu einem Ministerium zu entwickeln, das sich auch um Nahrungsmittel, um landwirtschaftliche Entwicklung und im übrigen um die Verbraucher kümmert.[21]
Das Public Law 480, ein Paradebeispiel für die Einschaltung des politischen Systems durch die Wirtschaft zum Zweck der Marktsteuerung und Gewinnmaximierung, wird im Landwirtschaftsministerium verwaltet. Es ressortiert großenteils bei der Commodity Credit Corporation, die 1933 als Subventionsinstrument im Zuge der ›reconstruction policy‹ Roosevelts eingerichtet worden war. Die Auslandshilfe unter P. L. 480 ist aber keineswegs das einzige Programm, bei dem sich die amerikanische Landwirtschaft in ihren Handlungszusammenhängen mit der internationalen Umwelt die Hilfe des politischen Systems verschafft hat.[22] Zunächst unterhält das Ministerium einen eigenen diplomatischen Dienst, den Foreign Agricultural Service. Sodann aber steuert es die Entscheidungen des politischen Systems hinsichtlich der internationalen Rohstoff- und Warenabkommen. Die Abteilung für International Affairs and Commodity Programs, unter der Leitung eines Assistant Secretary of Agriculture, betreut sowohl die inneramerikanischen Preisstützungs- und Anbauregulierungsprogramme als auch die amerikanische Position in den internationalen Verhandlungen über Rohstoff- und Warenabkommen.
Der Agricultural Stabilization and Conservation Service (ASCS), 1961 eingerichtet, unterhält in jedem Bundesstaat eigene Ausschüsse, die ihrerseits in den einzelnen Counties Unterausschüsse eingerichtet haben. Über dieses Netzwerk wird die freiwillige Reduzierung der Anbaufläche und werden die Stabilisierungsprogramme für Preise, Märkte und Einkommen ausgeführt. Gleichzeitig bemüht sich die Abteilung, jedenfalls unter der Regierung Carter, einige marktregulierende Programme in der internationalen Umwelt zu verwirklichen. 1977 standen die Programme für Zucker und Weizen auf dem Programm. Eine solche internationale Markt- und Preisregulierung würde selbstverständlich die inneramerikanischen Programme entlasten und damit auch dem amerikanischen Verbraucher in gewisser Weise zugute kommen.[23] Sie würde auf der anderen Seite den Entscheidungsspielraum der amerikanischen Landwirtschaft einschränken und wird aus diesem Grunde von ihr nicht uneingeschränkt begrüßt.[24] Die Landwirtschaft bietet hier ein interessantes Anschauungsbeispiel dafür, was in der »Außenpolitik« eigentlich abläuft. Das politische System steht ständig vor der Entscheidung, ob es die Anforderungen der amerikanischen Produzenten nach höheren oder die der Verbraucher nach niedrigeren Preisen stärker erfüllen soll. Dabei muß es gleichzeitig die korrespondierenden Interessen in anderen Ländern, die über deren

Regierung an das politische System der USA vermittelt werden, im Hinblick auf ihre Vereinbarkeit mit den inneramerikanischen Anforderungen berücksichtigen.

8.2.6 Energieministerium

Die Landwirtschaft ist dafür ein gutes, aber keineswegs das einzige Anschauungsbeispiel. Die Energiewirtschaft bietet ein weiteres, vielleicht noch besseres. Bis zur Errichtung des neuen Energieministeriums, 1977, waren die Zuständigkeiten auf diesem Gebiet unter drei unabhängigen Behörden aufgeteilt: Federal Energy Administration, Energy Research and Development Administration und Federal Power Commission. Darüberhinaus hatten neun der elf Ministerien, praktisch alle außer dem Gesundheits- und dem Arbeitsministerium, Energieprogramme zu verwalten, allen voran das Innenministerium. Die meisten dieser Ämter wurden 1977 in das neue Energieministerium integriert. Abgesehen von der Nuclear Regulatory Commission, die oben behandelt wurde, und abgesehen von einigen Umweltaufgaben, die beim Innenministerium verblieben, sind seit 1977 die wichtigsten Energiebereiche in dem neuen Ministerium zusammengefaßt worden.
Vor allem ging die Energy Research and Development Administration (ERDA) in das Ministerium ein. ERDA war erst zwei Jahre zuvor, 1974, gebildet worden und hatte 1975 ihre Arbeit aufgenommen. Sie faßte die bisher verstreut betreuten zivilen Energieprogramme einerseits, andererseits die militärischen Forschungs- und Produktionsprogramme, die bis dahin von der Atomic Energy Commission durchgeführt worden waren, zusammen. Mit ERDA erbte das Energieministerium die starke Repräsentanz der betroffenen Industrie: allein 50 Spitzenbeamte gehörten Firmen an, die mit ERDA zusammenarbeiteten.[25]
Interessant ist die Konsequenz, die der Kongreß daraus zog. Er überließ das entscheidende Problem der Preisgestaltung nicht dem Ministerium, sondern richtete dafür die Federal Energy Commission ein. Sie ressortiert zwar im Ministerium, ist aber unabhängig. Sie besteht aus fünf Mitgliedern, die der Präsident mit Zustimmung des Senates ernennt. Sie soll die Preise für Erdgas und Elektrizität bestimmen sowie alle Veränderungen der Ölpreisregulierung. Sollte in einem nationalen Notfall der Energieminister die Ölpreise eigenständig festsetzen, so behielt sich der Kongreß ein Veto-Recht innerhalb von 15 Tagen vor. Die Konstruktion ähnelt der, die der Kongreß der Nuclear Regulatory Commission mitgegeben hatte. Wenn die Eigenregulierung in dieser selbständigen, wirtschaftliche Interessen und politische Verwaltung miteinander kombinierenden Behörde aussetzte, sollte nicht der Präsident allein, sondern sollte auch die Legislative mitentscheiden, die für die distributive Wertverteilung vornehmlich zuständig ist.
Diese Konstruktion räumt der betroffenen Industrie eine Mitsprache bei

Versorgungs- und Preisgestaltungsproblemen ein. Die stark internationalisierten Handlungszusammenhänge, in denen diese Industrie steht, fließen entsprechend mit ein. Auf der anderen Seite werden die Kommissionsmitglieder vom Präsidenten ernannt, erläßt der Minister die Versorgungs- und Preisrichtlinien und behält sich der Kongreß die letzte Entscheidung über die Preise in Krisenzeiten vor. Das »eiserne Dreieck« erweist sich als intakt; es hat sich aber nicht so verselbständigt, daß der Präsident völlig ausgeschaltet ist und enthält vor allem im Winkel, den der Kongreß bildet, zumindest die Möglichkeit, daß auch Verbraucherinteressen berücksichtigt werden können.

8.2.7 Arbeitsministerium

Während das politische System für die Interessen des Verbrauchers kein Ministerium und keine Behörde aufweist – alle einschlägigen Projekte sind bis 1978 am erfolgreichen Widerstand der amerikanischen Wirtschaft gescheitert –, werden die Arbeitsplatzinteressen vom Department of Labor wahrgenommen. Das Arbeitsministerium stellt die Repräsentanz der amerikanischen Gewerkschaft im politischen System dar. In dem Maße, in dem die Interessen der amerikanischen Arbeitnehmer durch Handlungszusammenhänge mit der internationalen Umwelt und durch Vorgänge in dieser Umwelt berührt werden, ist das Ministerium auch mit »Außenpolitik« beschäftigt. Es unterhält dafür eine eigene große Abteilung unter einem Deputy Under Secretary for International Affairs. Über diese Abteilung ist das Ministerium mit den zentralen Ausschüssen und Beiräten verbunden, die sich mit der Außenwirtschaftspolitik beschäftigen. Sie unterhält an mehreren Botschaften im Ausland eigene Arbeitsattachés und ist demzufolge auch im Board of the Foreign Service vertreten. Gleichfalls über diese Abteilung nimmt das Ministerium auch teil an internationalen Institutionen wie der OECD und der ILO (bis zum Austritt der Vereinigten Staaten 1977).

Vor allem aber beteiligt sich das Ministerium über diese Abteilung an den Konferenzen über Handelsbeziehungen. Sein Interesse ist dort, diese Verträge so zu gestalten, daß Schäden für amerikanische Arbeitsplätze tunlichst vermieden werden. Sie entstehen selbstverständlich nicht nur aus Handelsverträgen mit den daraus resultierenden Importerleichterungen. Sie entstehen vornehmlich aus dem Export von Arbeitsplätzen über die Investitionen der multinationalen Korporationen. Darauf wurde oben bereits hingewiesen. Dem Arbeitsministerium geht es darum, die arbeitsplatzmindernden Folgen aus den sich intensivierenden Handelsbeziehungen abzuwenden oder zu mildern. Das Instrumentarium dafür ist die Anpassungshilfe, die Trade Adjustment Assistance.

Freilich ist nicht nur das Arbeitsministerium an der Anpassungshilfe interessiert. Sie ersetzt im Zeitalter der sich verstärkenden Interdependenz die Einfuhrbeschränkungen, mit denen sich traditionell die Industrie gegen den Wettbewerb von außen zu schützen versuchte. Die Beschränkungen blieben zwar erhalten, konnten aber in den auf Gegenseitigkeit aufbauenden Handelsverträgen seit dem Beginn der dreißiger Jahre nicht mehr voll eingesetzt werden. Zunehmende Importe beschädigten dementsprechend die Interessen einzelner Branchen und Firmen. Zwar enthielt der Artikel XIX des GATT für die Fälle »ernsthafter Schäden« die sogenannte Escape-Klausel, unter der Konzessionen vorübergehend und partiell rückgängig gemacht werden können. Da sie aber in aller Praxis nicht ausreichte, um die Schäden für einzelne Firmen und ihre Arbeitnehmer abzuwenden,[26] setzte sich seit den fünfziger Jahren die Anpassungshilfe als Ausgleichsinstrument durch. Die amerikanische Regierung akzeptierte sie im Trade Expansion Act of 1962.[27] Erst im Handelsgesetz von 1974, das unter starkem protektionistischem Druck entstand, wurden neben der Anpassungshilfe die Einfuhrbeschränkungen zumindest als Möglichkeit wieder stärker in den Vordergrund gerückt.[28]

8.2.8 International Trade Commission

Ob durch Anpassungshilfe oder durch Einfuhrbeschränkungen – mit der Milderung von Importschäden ist eine ganze Reihe von Ministerien und Behörden des politischen Systems befaßt: das Handels-, Innen- und das Außenministerium, das Office for Management and Budget, das Amt des Sonderbeauftragten für Handelsfragen und, vor allem, die International Trade Commission. Sie besteht aus sechs Mitgliedern, die vom Präsidenten auf die Dauer von neun Jahren ernannt werden. 1916 als United States Tariff Commission gegründet, 1974 mit dem Handelsgesetz umbenannt in United States International Trade Commission, ist diese Kommission damit beauftragt, die binnenwirtschaftlichen Folgen des internationalen Handels sowie das Gleichgewicht zwischen Importen und inneramerikanischer Produktion zu beobachten und den Präsidenten entsprechend zu beraten. Präferenzen fallen ebenso in den Aufgabenbereich dieser unabhängigen Kommission wie die Entgegennahme von Klagen importgeschädigter Industrien und Arbeitnehmerorganisationen sowie die Entscheidung darüber. Fällt die Entscheidung positiv aus, so kann der Präsident wählen, ob er Anpassungshilfen gewähren oder Importbeschränkungen verhängen will.

Die Unabhängigkeit der International Trade Commission macht sie zum geeigneten und bevorzugten Adressaten importbetroffener Industrien. Während die Ministerien, allen voran das Außenministerium, die Interessen der Exportindustrie und auch die ihrer internationalen Wirtschaftspartner im Auge haben, demzufolge die außenwirtschaftlichen und die außenpolitischen Nachteile etwaiger amerikanischer Importbeschränkungen sehr hoch veranschlagen, konzentriert sich die ITC ausschließlich auf das Interesse der amerikanischen Industrie. Sie wird demzufolge von ihr entschieden bevorzugt, wenn es darum geht, außenpolitisch empfind-

liche Probleme, wie z. B. das Eindringen der japanischen Stahlindustrie in den amerikanischen Markt, zu untersuchen.[29] Fällt die Kommission aus, weil sie in einem konkreten Fall geteilter Meinung ist, so hat sich auch hier der Kongreß das letzte Wort vorbehalten. Er kann die Entscheidung des Präsidenten durch seine eigene ersetzen. Andererseits kann die Industrie, ist sie mit Entscheidungen der ITC nicht zufrieden, Berufung beim United States Customs Court, dann beim Court of Customs and Patent Appeals und schließlich beim Obersten Gerichtshof einlegen.[30]
Das Handelsgesetz von 1974 mit seiner zumindest latenten Protektionismusdrohung hat die Kompetenz der International Trade Commission neu formuliert und entsprechend verstärkt. Sie zählt dementsprechend zu den wichtigen neuralgischen Stellen im politischen System, an denen konfligierende Interessen entschieden werden müssen. Nicht nur stellt die Industrie ganz unterschiedliche Anforderungen; sie müssen auch jeweils gegen die der amerikanischen Verbraucher und die der Partnerländer, mit denen die Vereinigten Staaten eine Reihe politischer und militärischer Interessen verbinden, abgewogen werden. Da es in der Außenwirtschaftspolitik kein integriertes Entscheidungsgremium gibt, ist die Bedeutung solcher unabhängiger Kommissionen, die sich in dem Raum zwischen Legislative und Exekutive befinden, entsprechend groß.

8.2.9 Export-Import-Bank und OPIC

Auf der Exportseite hat das politische System eine Reihe von Institutionen eingerichtet, die den Absatz amerikanischer Waren und Dienstleistungen im Ausland fördern sollen. Die wichtigste und bekannteste unter ihnen ist die Export-Import-Bank of the United States, kurz Eximbank. 1934 gegründet und 1945 zu einer unabhängigen Behörde der Regierung gemacht, hat die Bank die Aufgabe, die amerikanischen Exporte durch Kredite, Garantien oder Versicherungen zu erleichtern. Ursprünglich eingerichtet, um den Handel der Vereinigten Staaten mit der Sowjetunion zu erleichtern, kommt der Eximbank in den siebziger Jahren, die durch ein Handelsdefizit der USA gekennzeichnet sind, besondere Bedeutung zu. Ihre Kredite sollen die Abnehmerländer in Stand setzen, mehr amerikanische Waren und Dienstleistungen einzuführen als sie sich finanziell leisten können. 7% der amerikanischen Exporte wurden 1976 auf diese Weise gefördert, während die Bundesrepublik 10%, Frankreich 39% und Japan 48% ihres Exportes auf ähnliche Weise unterstützen.[31] Der Vergleich macht deutlich, in welch geringem Maß der amerikanische Export auf die finanzielle Unterstützung des politischen Systems angewiesen ist. Die Bedeutung der Eximbank für die amerikanische Außenwirtschaftspolitik und für die Expansion des amerikanischen Handels wird damit keineswegs geleugnet.[32] Sie wird lediglich in Proportion gesetzt zu der Eigenmacht des wirtschaftlichen Systems, das insbesondere über die multinationalen Korporationen und ihre Banken sich selbst längst in den Stand gesetzt hat, ohne große Unterstützung durch das politische System zu agieren. Anders läßt sich nicht erklären, daß der amerikanische Osthandel, der auf Kredite angewiesen ist, sich zwar mit dem die Kreditierung durch die Eximbank stark einschränkenden Stevenson-Amendment von 1974 nicht abgefunden hat, aber doch durchaus mit ihm zu leben verstand.

Für ihre Investitionen in unterentwickelten Ländern hat die amerikanische Wirtschaft das politische System sehr viel stärker herangezogen. Die Overseas Private Investment Corporation (OPIC) versicherte 1971 immerhin 31,4% aller amerikanischen Investitionen in Entwicklungsländern; nimmt man die Ölindustrie aus, deren Investitionen prinzipiell nicht versichert werden, so liegt der Anteil entsprechend höher.[33] OPIC wurde 1969 mit dem Auslandshilfegesetz eingerichtet und nahm ihre Arbeit 1971 auf. Vorläuferprogramme, die vor allem von der Agency for International Development betrieben worden waren, sind seitdem in OPIC aufgegangen. Der Administrator der Agency for International Development ist gleichzeitig der Vorsitzende des Direktoriums von OPIC, dessen insgesamt 12 Mitglieder je zur Hälfte aus der Privatindustrie und aus der amerikanischen Regierung stammen. OPIC versichert gegen Enteignung, Kriegsschäden und Inkonvertibilität der Gewinne. Das Programm soll einerseits den Entwicklungsländern zugutekommen, andererseits aber auch die amerikanische Zahlungsbilanz stärken und dem amerikanischen Investor nützen. Dieser Widerspruch in der Zielsetzung wird in der Regel so aufgelöst, daß »Hilfsgesichtspunkte nationalen Handelsinteressen geopfert werden«.[34]

Dieses amerikanische Investitionsversicherungsprogramm, das im Grunde genommen bis auf den Marshall-Plan zurückgeht, hat als Vorbild für entsprechende Programme in Europa und in Japan gedient. Es überragt hinsichtlich seiner Leistungen diese Programme um ein Vielfaches. 1972 hatte OPIC 109 Millionen Dollar an Versicherungsleistungen ausgezahlt, während die Bundesrepublik nur 4,6 Millionen und Japan sogar nur 149000 Dollar Entschädigungen gezahlt hatten. Die größte Schadensregulierung mußte OPIC in Chile vornehmen, wo infolge der Verstaatlichungen 1972 die amerikanische Firma Anaconda einen Schaden von 154 Millionen Dollar reklamierte.[35]

OPIC beschränkt sich nicht nur auf die Versicherung von Investitionen, es informiert auch potentielle Investoren über entsprechende Chancen in den Entwicklungsländern, beispielsweise in seiner zweimonatlich erscheinenden Zeitschrift TOPICS. In den Entwicklungsländern, wo das politische Risiko nicht überschaubar ist, greift also die amerikanische Wirtschaft gern und ausgiebig auf die öffentlich finanzierten Unterstützungsleistungen des politischen Systems zurück. Freilich ist auch hier unverkennbar, daß die multinationalen Korporationen weniger von dieser Möglichkeit Gebrauch machen als die großen und mittleren Unternehmen. Die multinationalen Korporationen bewerten offensichtlich die Versicherungsleistungen niedriger als den damit einhergehenden Kontrollanspruch des politischen Systems. Andererseits haben auch multinationale Unternehmen, wenn es um ihre Investitionen in der extraktiven Industrie ging, die Leistungen von OPIC immer wieder in Anspruch genommen.[36] Mit einem Drittel aller Versicherungen lag der Schwerpunkt eindeutig auf Mittel- und Südamerika. In Zaïre waren 1972 praktisch 70% aller amerikanischen Investitionen von OPIC versichert worden.

8.3 Der Kongreß und seine Ausschüsse

Auf dem Gebiet der Außenwirtschaft besitzt der Kongreß eine Fülle von Kompetenzen. Schon die der Regulierung des Außenhandels reicht völlig aus, um ihm den gesamten Bereich der wirtschaftlichen Beziehungen zwischen den Vereinigten Staaten und ihrer internationalen Umwelt zuzuweisen. Er muß dementsprechend als einer der wichtigsten »Umwandler« gelten, der maßgeblich über die Steuerung des internationalen Systems und die Gewinnzuweisung entscheidet.

Intern sind diese Kompetenzen unter zahlreiche Ausschüsse aufgesplittert, und zwar in beiden Häusern nicht immer gleich. Daher bietet der Kongreß ein außerordentlich vielfältiges und sehr verwirrendes Bild. Für das Gebiet der Handels- und Zollpolitik ist im Senat das Committe on Finance, im Haus das Committee on Ways and Means zuständig. Beide haben das Handelsgesetz von 1974 und seine Vorläufer bis hinunter zum Smoot-Hawley-Gesetz von 1930 bearbeitet und dabei den Versuch gemacht, die widersprüchlichen, teilweise begrenzt lokalen Interessen der amerikanischen Wirtschaft mit den internationalen, nationalen und regionalen Interessen zu kombinieren.[1] Anders als in der Bundesrepublik, wo die Zollsätze durch die Regierung festgelegt werden, befindet darüber in den Vereinigten Staaten traditionell der Kongreß, der damit über ein griffiges Instrument zur Steuerung des internationalen Systems und zur Gewinnzuweisung an die einzelnen Teile von Handel, Industrie und Finanz sowie an die Arbeitnehmer und Verbraucher verfügt.

Im Rahmen dieser allgemeinen Regulierung sind für die Außenbeziehungen der einzelnen Wirtschaftszweige unterschiedliche Ausschüsse zuständig. Die Landwirtschaft wird von den Landwirtschaftsausschüssen der beiden Häuser betreut, Schiffahrtsprobleme ressortieren im Senat beim Committee on Commerce, Science, and Transportation und im Haus beim Committee on Merchant Marine and Fisheries. Exportkontrollen und Exportfinanzierung behandeln die Bankausschüsse (im Haus: Committee on Banking, Finance, and Urban Affairs; im Senat: Committee on Banking, Housing, and Urban Affairs). Sie sind in erster Linie für die internationale Währungspolitik und für die Investitionspolitik zuständig. Wie wenig exklusiv diese Kompetenzverteilung ist, ergibt sich jedoch daraus, daß auch der Handels- und der Finanzausschuß des Senates sich mit Investitionsfragen befassen.[2] Wenn es um die Förderung von Investitionen geht, reklamiert der Auswärtige Ausschuß des Hauses die Zuständigkeit. Schließlich sprechen auch die Bewilligungsausschüsse ein wichtiges Wort mit, indem sie die für die Gewinnverteilung verfügbare Masse definieren. Die neuerdings gebildeten Budget-Ausschüsse nehmen ebenfalls Einfluß, weil sie diese Masse der Höhe nach insgesamt begrenzen. Handelt es sich um allgemeine außenwirtschaftspolitische Probleme, schalten sich auch die Auswärtigen Ausschüsse der beiden Häuser ein; der des Hauses beschäftigte sich ausführlich mit dem ersten Jahresbericht des Council on International Economic Policy.[3] Andererseits ist für grundsätzliche Fragen das Joint Economic Committee zuständig, das mit der Employment Act von 1946 eingerichtet worden war. Es sollte den Jahreswirtschaftsbericht des Präsidenten diskutieren und sich insgesamt um die Steuerung der amerikanischen Wirtschaft in Richtung auf Stabilität und Vollbeschäftigung innerhalb des internationalen Systems kümmern. Die Stellungnahmen dieses Ausschusses, aber auch seine Untersuchungen über die Währungspolitik der Vereinigten Staaten sind dementsprechend wichtige Quellen für die Politik des Kongresses. Mit der Bildung der Budgetausschüsse hat das JEC an Bedeutung verloren.

Für die Energiefragen richtete der Senat einen eigenen Ausschuß für Energy and Natural Resources ein, allerdings ohne Exklusivanspruch. Im Haus werden Energiefragen vom Committee on Interstate and Foreign Commerce sowie vom Committee on Government Operations behandelt. Der Senat hat im Februar 1977 allgemein die Aufgabenverteilung zwischen seinen Ausschüssen neu geordnet.[4]

Generell sind diese Zuständigkeiten, sieht man einmal von den traditionellen Aufgabenverteilungen ab, nicht von Dauer. Sie wechseln, sie überlappen sich vor allem häufig. Auskunft darüber gibt das jährlich erscheinende Congressional Directory und die ebenfalls jährlich erscheinenden Arbeitsberichte der einzelnen Ausschüsse. Eine genaue Kenntnis des Kongresses und seiner Arbeiten ist deswegen so entscheidend, weil er den wichtigsten Winkel im »eisernen Dreieck« bildet. Anforderungen des gesellschaftlichen und des wirtschaftlichen Systems auf Gewinnzuweisung und Steuerung werden häufig zunächst an den Kongreß gerichtet. Er ist für die Distribution in erster Linie zuständig; steht aber hinsichtlich der Steuerung des internationalen Systems und der amerikanischen Teilnahme darin der Exekutive kaum nach. Zwar hatte auch der Kongreß sich seit 1945 im Zuge der Herausbildung der »Sicherheitsgesellschaft« mehr und mehr auf das Gebiet der militärischen Sicherheit und später auf das der Entspannung konzentriert. Erst seit der zweiten Hälfte der sechziger Jahre wurde sich die Legislative erneut bewußt, daß die »außenpolitischen« Interessen der bürgerlich-kapitalistischen Gesellschaft klassisch in den wirtschaftlichen Austauschbeziehungen mit der internationalen Umwelt zu finden sind; ihnen hat der Kongreß seitdem verstärkte Aufmerksamkeit zugewendet.

Die Beziehung zwischen den Sicherheits-, den Entspannungs- und den Steuerungs- und Gewinninteressen in den Außenbeziehungen der USA wird nirgendwo so deutlich sichtbar wie in den Anhörungen und Verhandlungen des Kongresses. In seinen Arbeiten bildet sich am ehesten die Integration der Handlungszusammenhänge ab, in denen Wirtschaft, Gesellschaft und das politische System der USA mit ihrer internationalen Umwelt verbunden sind. An den Arbeiten und Entscheidungen des Kongresses läßt sich dementsprechend auch am besten bilanzieren, wie Gewaltverminderung und Zunahme der Gerechtigkeit in diesen Handlungszusammenhängen ausgebildet und verteilt sind.

Anmerkungen

1. Einführung

1.1 Friede als erkenntnisleitendes Interesse

1 Vgl. Hubert Groten: Friedensforschung – Anspruch und Praxis. Studien zur Realisationsmöglichkeit des positiven Friedensbegriffs, Baden-Baden 1977.
2 Zu Einzelheiten dieses Friedensbegriffs vgl. E.-O. Czempiel: Schwerpunkte und Ziele der Friedensforschung, Mainz, München 1972.
3 Karl R. Popper: Das Elend des Historizismus, Tübingen [4]1974.
4 Ders.: Objektive Erkenntnis. Ein evolutionärer Entwurf, Hamburg 1973, S. 266.
5 Georg Lührs et al. (Hg.): Kritischer Rationalismus und Sozialdemokratie, Berlin, Bonn 1975, S. 42.
6 Popper (Anm. 3), S. 274.
7 Ekkehart Krippendorff: Internationale Beziehungen – Versuch einer politökonomischen Rahmenanalyse, in: Politische Vierteljahresschrift [PVS] 13/3, (1972), S. 356, 359.

2. Außen- und Innenpolitik: Ein strukturfunktionales Modell

2.1 Der Forschungsstand

1 R. C. Snyder, H. W. Bruck, B. Sapin: Foreign Policy Decision-Making: An Approach to the Study of International Politics, New York 1962.
2 J. A. Robinson, R. C. Snyder: Decision-Making in International Politics, in: H. C. Kelman (ed.): International Behavior, New York 1966, S. 435ff.; A. W. Lerner: The Politics of Decision-Making. Strategy and Conflict, London 1977; Helga Haftendorn (Hg.): Verwaltete Außenpolitik. Sicherheits- und entspannungspolitische Entscheidungsprozesse in Bonn, Köln 1978.
3 M. Brecher, P. Steinberg, J. Stein: A Framework for Research on Foreign Policy Behavior, in: Journal of Conflict Resolution 13 (1969), S. 75ff.
4 Karl W. Deutsch: Die Analyse internationaler Beziehungen. Konzeptionen und Probleme der Friedensforschung, Frankfurt 1971.
5 Morton H. Halperin: Bureaucratic Politics and Foreign Policy, Washington; Brookings, 1974, I. M. Destler: Presidents, Bureaucrats, and Foreign Policy. The Politics of Organizational Reform, Princeton 1972; G. T. Allison: The Essence of Decision, Boston 1971.
6 Günter Walpuski, Dieter A. O. Wolf: Der Militärisch-Industrielle Komplex, in: Aus Politik und Zeitgeschichte, B 14/78, 8. 4. 1978, S. 23ff.
7 Deutsch unter dem Titel: Macht und Frieden. Grundlegung einer Theorie der internationalen Politik, Gütersloh 1963.
8 Gabriel und Joyce Kolko: The Limits of Power. The World and United States Foreign Policy, 1945–1954, New York 1972.
9 Weitere Besipiele: William A. Williams: Die Tragödie der amerikanischen Diplomatie, Frankfurt 1973; Hans-Ulrich Wehler: Der Aufstieg des amerikanischen Imperialismus. Studien zur Entwicklung des Imperium Americanum 1865–1900, Göttingen 1974; Richard J. Barnet: The Roots of War, New York 1972; Raymond Aron: Die imperiale Republik. Die Vereinigten Staaten von Amerika und die übrige Welt seit 1945, Stuttgart 1975.

2.2 Das Modell

1 David Easton: A Framework for Political Analysis, New York 1965, S. 483–488.
2 Ebd., S. 50.

3 Ebd., S. 43. Niklas Luhmann: Funktionen und Folgen formaler Organisation, Berlin 1964.
4 David Easton: A Systems Analysis of Political Life, New York 1965, S. 21ff.
5 W.-D. Narr: David Eastons Systemanalyse, ein Königs- oder Holzweg einer allgemeinen Theorie des politischen Verhaltens, in: Politische Vierteljahresschrift 8/3 (1967), S. 424ff.
6 Das Folgende nach Easton, Systems Analysis (Anm. 4), S. 345ff.
7 Easton hat in seinem Modell die einzelnen Prozesse und Stadien sehr differenziert ausgearbeitet, das Modell aber praktisch nicht erprobt. Der vierte Band seiner Arbeiten ist bis 1978 nicht erschienen.
8 Easton, Systems Analysis (Anm. 4), S. 483–488.
9 Wolfram F. Hanrieder: Compatibility and Consensus. A Proposal for the Conceptual Linkage of External and Internal Dimensions of Foreign Policy, in: American Political Science Review, 61/4 (1967), S. 971–982.
10 Das Spinnweb-Modell hat bisher keine systematische Darstellung gefunden, vgl. aber A. J. R. Groom: Functionalism and World Society, in: ders. und Paul Taylor (eds.): Functionalism. Theory and Practice in International Relations, London 1975, S. 97f.
11 Joseph S. Nye, Jr. und Robert O. Keohane: Transnational Relations and World Politics. An Introduction, in: dieselben (eds.): Transnational Relations and World Politics, Cambridge, Mass. 1973, S. IXff.
12 Werner Link: Deutsche und amerikanische Gewerkschaften und Geschäftsleute, 1945–1975. Eine Studie über transnationale Beziehungen, Düsseldorf 1978, S. 9f.
13 Dazu Klaus Türk: Handlungssysteme, Opladen 1978.
14 Claus Offe: Krisen des Krisenmanagement: Elemente einer politischen Krisentheorie, in: Martin Jänicke (Hg.), Herrschaft und Krise, Opladen 1975, S. 211f.

3. Das Politische System der USA und sein Umfeld

1 Vgl. Kurt L. Shell: Das politische System der USA, Stuttgart 1975. Den System-Ansatz Eastons verwenden Peter Roll und Robert H. Binstock: America's Political System, New York ^{2}1975.
2 Vgl. die Aufstellung in: Historical Statistics of the United States, 1789–1945, Washington 1954, Series P 99–107.
3 Stephen Hess: Organizing the Presidency, Washington, Brookings 1976, S. 81.
4 Andrew Shonfield: Geplanter Kapitalismus, Köln 1968, S. 367ff.
5 Statistical Abstract of the United States, 1975, S. 242.
6 Thomas E. Cronin, The State of the Presidency, Boston ^{3}1973.

3.1 Das Verhältnis von Politik und Wirtschaft

1 E. E. Schattschneider: The Semi-Sovereign People, New York 1960, S. 121.
2 A. Shonfield: Geplanter Kapitalismus, Köln 1968, S. 361.
3 Walter D. Burnham: Critical Elections and the Mainsprings of American Politics, New York 1970, S. 131.
4 V. O. Key, jr.: Politics, Parties, and Pressure Groups, 5. Ausgabe, New York 1969, S. 95.
5 Ebd., S. 96.
6 Dies versucht Hans-Jürgen Puhle: Der Übergang zum organisierten Kapitalismus in den USA. Thesen zum Problem einer aufhaltsamen Entwicklung, in: H. A. Winkler (Hg.): Organisierter Kapitalismus. Voraussetzungen und Anfänge, Göttingen 1974, S. 172–194.

3.2 Sozialstruktur und Eliten

1 Vgl. dazu Lester C. Thurow, Robert E. B. Lucas: The American Distribution of Income: A Structural Problem. A Study Prepared for the Use of the Joint Economic Committee, U.S. Congress, 92/2, Washington 1972.

2 International Herald Tribune, 20.2.1978.
3 Statistical Abstract of the United States, 1975, S. 451.
4 Thurow und Lucas (Anm. 1), S. 7. Freilich darf Ungleichheit nicht auf eine so einfache Weise gemessen werden, vgl. M. Paglin: The Measurement and Trend of Inequality: A Basic Revision, in: American Economic Review, September 1975, S. 598ff., 605f.
5 James D. Smith, Stephen D. Franklin: The Concentration of Personal Wealth, 1922–1969, ebd., Mai 1974, S. 162.
6 Ebd., S. 164.
7 Thurow, Lucas (Anm. 1), S. 21. Vgl. die etwas positiveren Zahlen bei Herman P. Miller: Income Distribution in the United States, Department of Commerce, Bureau of the Census, Washington 1966, passim.
8 Advisory Commission on Intergovernmental Relations: Significant Features of Fiscal Federalism, 1976 ed., vol. 1, Washington 1976, S. 41.
9 Tom Wicker: The U.S. Satisfaction Boom, in: International Herald Tribune, 20.2.1978.
10 James P. Smith, Finis R. Welch: Black-White Male Wage Ratios: 1960–1970, in: American Economic Review, Juni 1977, S. 232ff.
11 Talcott Parsons: Structure and Process of Modern Societies, New York 1960, S. 216.
12 G. William Domhoff: Who Made American Foreign Policy 1945–1963?, in: D. Horowitz (ed.): Corporations and the Cold War, New York 1963, S. 25–69; ders.: Who Rules America?, Englewood Cliffs 1967.
13 David T. Stanley et al.: Men Who Govern. A Biographical Profile of Federal Political Executives, Washington, Brookings 1976, S. 38.
14 Vgl. die Aufzählung der sieben Eliten-Gruppen bei R. A. Dahl, Ch. Lindblom: Politics, Economics, and Welfare, New York 1953, S. 325–326.
15 Theodore J. Lowi: American Business, Public Policy, Case-Studies and Political Theory, in: World Politics, 16/4, (1964), S. 690ff.

3.3 Politische Kultur

1 Zum Begriff allgemein vgl. Patrick V. Dias: Der Begriff ›politische Kultur‹ in der Politikwissenschaft, in: D. Oberndörfer (Hg.): Systemtheorie, Systemanalyse und Entwicklungsländerforschung, Berlin 1971, S. 409–448.
2 Donald J. Devine: The Political Culture of the United States. The Influence of Member Values on Regime Maintenance, Boston 1972, S. 23f.
3 Hans-Ulrich Wehler: Der Aufstieg des amerikanischen Imperialismus, Göttingen 1974.
4 Manfred Knapp: Die Stimme Amerikas; Auslandspropaganda der USA unter der Regierung John F. Kennedys, Opladen 1972.
5 Mark Green: Why the House Voted Down the Consumer Bill, in: Washington Post, 26.2.1978, S. D 3.
6 Gabriel Almond, G. Bingham Powell, Jr.: Comparative Politics, A Developmental Approach, Boston 1966, S. 50.
7 Auf 100000 Einwohner kamen in den Vereinigten Staaten 11,1, in der Bundesrepublik 20,6, in der Schweiz 17,3 Selbstmorde, Statistical Abstract 1975, S. 841. Zum Zusammenhang allgemein vgl. Michael Stohl: War and Domestic Political Violence. The American Capacity for Repression and Reaction. London 1977.
8 J. David Singer und Melvin Small: The Wages of War, 1816–1965. A Statistical Handbook, New York 1972, S. 282.

4. Sicherheit und Entspannung: Anforderungen

4.1 Die öffentliche Meinung

1 Bernard C. Cohen: The Public's Impact on Foreign Policy, Boston 1973.

2 Morton Berkowitz et al.: The Politics of American Foreign Policy, Englewood Cliffs 1977, S. 251.
3 Dies ist die These von Gabriel A. Almond: The American People and Foreign Policy, New York 1962, S. 85.
4 Die Gegenthese wird vertreten von William R. Caspary: The ›Mood Theory‹: A Study of Public Opinion and Foreign Policy, in: American Political Science Review, Juni 1970, S. 546.
5 Manfred Stinnes: Bevölkerung und Außenpolitik der USA, Mimeo, Hessische Stiftung Friedens- und Konfliktforschung, S. 30, 39.
6 International Herald Tribune, 20. 2. 1978.
7 Stinnes (Anm. 5), S. 25.
8 William Watts, Lloyd A. Free: State of the Nation, New York 1973, S. 257f. Vergleichbare Ergebnisse bei Albert H. Cantril, Charles W. Roll, Jr.: Hopes and Fears of the American People, New York 1971, S. 23.
9 United States Congress, 94/1 und 2, Committee on Foreign Relations, Senate: Foreign Policy Choices for the Seventies and Eighties, vol. 1, Washington 1976, Statement Louis Harris, S. 15.
10 Bruce M. Russett: The Revolt of the Masses: Public Opionion on Military Expenditures, in: J. P. Lovell, P. S. Kronenberg (eds.): New Civil-Military Relations, New Brunswick, 1974, S. 57ff.
11 Ders. und M. Ninic: American Opinion on the Use of Military Forces Abroad, in: Political Science Quarterly, 91/3 (1976), S. 429.
12 Harris (Anm. 9), S. 15.
13 Daniel Yankelovich, ebd., S. 77.
14 Stinnes (Anm. 5), S. 34, 58.
15 Harris (Anm. 9), S. 13.
16 Ebd., S. 123. Ferner Chadwick F. Alger: ›Foreign‹ Policies of U.S. Publics, in: International Studies Quarterly 21/2 (1977), S. 277–318.
17 E.-O. Czempiel: Rückwirkungen internationaler Konflikte auf die Gesellschaft, in: Landeszentrale für politische Bildung des Landes Nordrhein-Westfalen (Hg.): Der Mensch in den Konfliktfeldern der Gegenwart, Köln 1975, S. 95.
18 Statistical Abstract, 1975, S. 349.
19 William Schneider: Public Opinion: The Beginning of Ideology?, in: Foreign Policy 17, (1974/75), S. 114–115.
20 Ebd., S. 117.

4.2 Verbände

1 David Easton: A Systems Analysis of Political Life, New York 1965, S. 181.
2 Arthur Bentley: The Process of Government, Cambridge, Mass. 1967 (Erstausgabe 1908). Vgl. G. David Garson: On the Origins of Interest-Group Theory: A Critique of a Process, in: APSR 58/4 (1974), S. 1505–1519.
3 Gene E. Rainey: Patterns of American Foreign Policy, Boston 1975, S. 126.
4 Congressional Quarterly, 6. 11. 1976, S. 3136.
5 National Journal, 11. 12. 1977, S. 1775. Vgl. allgemein Lester W. Milbrath: The Washington Lobbyists, Chicago 1963.
6 Russell W. Howe, Sarah H. Trott: The Power Peddlers. How Lobbyists Mold America's Foreign Policy, New York 1977, S. 17.
7 Philip Taft: Gewerkschaftliche Außenpolitik. Das Beispiel der amerikanischen Gewerkschaften, Köln 1975. Allgemein zu den amerikanischen Gewerkschaften Peter Loesche: Die amerikanischen Gewerkschaften. Zum Integrationspotential kapitalistischer Systeme, Berlin 1974.
8 Robert Godson: American Labor and European Politics. The AFL as a Transnational Force, New York 1977.
9 Werner Link: Deutsche und amerikanische Gewerkschaften und Geschäftsleute, 1945–1975. Eine Studie über transnationale Beziehungen, Düsseldorf 1978, S. 62.

10 Joachim Foss: 3 Jahre gewerkschaftlicher Außenpolitik in den Vereinigten Staaten, in: Taft (Anm. 7), S. 218.
11 John P. Windmuller: The Foreign Policy Conflict in American Labor, in: Political Science Quarterly, 82/2 (1967), S. 204ff.
12 David Heaps: Union Participation in Foreign Aid Programs, in: Industrial and Labor Relations Review 9/1 (1955), S. 100ff.
13 Ronald Radosch: American Labor and United States Foreign Policy, New York 1969, passim.
14 United States Congress, 94/1, 2, Committee on Foreign Relations, Senate: Foreign Policy Choices for the Seventies and Eighties, vol. 1, Washington 1976, Statement Meany, S. 199.
15 Vgl. die offizielle Unterstützung des Tickets Carter-Mondale durch das General Board der AFL-CIO, in: The American Federationist, 83/9 (1976), S. 1ff.
16 United States Congress 94/2, Committee on Finance, Senate: Oversight Hearings on U.S. Foreign Trade Policy, Washington 1976, S. 380.
17 Link (Anm. 9), S. 142ff.
18 Link und andere verwenden dafür den Begriff »linkage groups«.
19 Foreign Policy Choices (Anm. 14), Statement Richard L. Lesher, S. 132ff. Lesher war Präsident der Amerikanischen Handelskammer.
20 Ebd., S. 144.
21 Oversight Hearings (Anm. 16), Statement Richard O. Lehmann, S. 380ff. Lehmann war der für die Außenhandelspolitik zuständige Associate Director der Amerikanischen Handelskammer.
22 United States Congress, 94/2, Committee on Banking, Housing, and Urban Affairs, Senate: Extension of the Export Administration Act, Hearings, Washington 1976, S. 193–195.
23 United States Congress, 93/2, Committee on Finance, Senate: The Trade Reform Act of 1973, Hearings, part 3, Washington 1974, Statement E. Douglas Kenna, S. 714ff. Kenna war Präsident der NAM.
24 R. Joseph Monsen, Jr., Mark W. Cannon: The Makers of Public Policy: American Power Groups and their Ideologies, New York 1965, S. 46ff.
25 Zahlen für 1973, Statistical Abstract, 1975, S. 47.
26 E.-O. Czempiel: Die Südafrika-Politik der Vereinigten Staaten 1970–1975, in: ders. und Franz Ansprenger: Südafrika in der Politik Großbritanniens und der USA, Mainz, München 1977, S. 136.
27 National Council of Churches, Governing Board: Defense and Disarmament: New Requirements for Security, angenommen am 12. 9. 1968.
28 Choices (Anm. 14), Statement Randell, S. 243ff. Randell war der Generalsekretär des National Council of Churches of Christ in den Vereinigten Staaten.
29 Ebd., Statement Bischof Peter L. Gerety, S. 258ff. Gerety war Erzbischof von Newark.
30 Ebd., Statement Rabbi Marc Tanenbaum. Tanenbaum war gleichzeitig National Director of Interreligious Affairs of the American Jewish Committee.
31 Zitiert bei Martin Weil: Can the Blacks Do for Africa what the Jews Did for Israel?, in: Foreign Policy 15 (1974), S. 109.
32 Ebd., S. 114.
33 Niels Hansen: Der Einfluß ethnischer Minderheiten auf die Außenpolitik der Vereinigten Staaten, in: Europa-Archiv. 32/17, 10. 9. 1977, S. 558ff.
34 Roger Wilkins: What Africa Means to Blacks, in: Foreign Policy 15 (1974), S. 139ff.
35 Howe/Trott (Anm. 6), S. 32ff.
36 Ebd., S. 292.
37 Ebd. zahlreiche weitere Beispiele für ausländische Agenten.
38 E. E. Schattschneider: The Semi-Sovereign People. A Realist's View of Democracy in Europe, New York 1960, S. 24.
39 National Journal, 31. 12. 1977, S. 2012.

40 Howe/Trott (Anm. 6), S. 260.
41 United States Congress, 93/2, Committee on Finance, Senate: The Trade Reform Act of 1973, Hearings, part 4, Washington 1974, S. 1239, Statement Mrs. Lucy Wilson Benson. Frau Benson war Präsident der League of Women Voters.
42 Ebd., S. 1246.
43 V. O. Key, Jr.: Politics, Parties, and Pressure Groups, New York [5]1969, S. 107.
44 Statistical Abstract, 1975, S. 332.
45 Donald E. Nuechterlein: United States National Interests in a Changing World, Lexington, Kent. 1973, S. 93.
46 Vgl. beispielsweise das Rundschreiben des National Strategy Committee des American Security Council vom 15. 11. 1971. Der Council verschickte Hintergrundsmaterial zu allen Rüstungs- und Abrüstungsfragen, vornehmlich zu SALT II, an seine 225000 Mitglieder. Der von ihm hergestellte Film über »The Price for Peace and Freedom« war bis 1977 mehr als 500 mal im Fernsehen gezeigt worden (National Journal, 31. 12. 1977, S. 1984).
47 Gert Krell: Zur Theorie der Rüstungsdynamik im Ost-West-Konflikt. Ein kritischer Überblick über die verschiedenen Ansätze, in: PVS 17/4 (1976), S. 437ff.
48 Gert Krell: Rüstungsdynamik und Rüstungskontrolle. Die gesellschaftlichen Auseinandersetzungen um SALT in den USA 1969–1975, Frankfurt [2]1978.
49 Vgl. beispielsweise: The Quest for Détente, A Statement by the Foreign Policy Task Force of the Coalition for a Democratic Majority, Washington, 31. Juli 1974.
50 Vgl. z. B.: National Committee on American Foreign Policy: The Middle East and Détente, A Rational Alternative to Current U.S. Policy, Washington 1974.
51 Washington Post, 20. 2. 1977, S. 18.
52 Vgl. die verschiedenen Stellungnahmen in: United States Congress, 93/2, Committee on Foreign Relations, Senate: Détente, Hearings, Washington 1975.
53 R. Evans, R. Novak: New Defense Mood Detected in U.S., in: International Herald Tribune, 6. 3. 1978.
54 Jeremy Stone: Containing the Arms Race: Some Specific Proposals, Cambridge, Mass. 1966.
55 Roger M. Williams: Hard Cash from Tender Minds, in: World Magazine, 27. 2. 1973, zitiert nach dem Abdruck in United States Congress, 94/1, Committee on International Relations, House: Nuclear Proliferation: Future U.S. Foreign Policy Implications, Hearings, 1975, S. 49.
56 Ebd., S. 51.
57 Marian Irish, Elke Frank: U.S. Foreign Policy. Context, Conduct, Content, New York 1975, S. 280–281.
58 Nuechterlein (Anm. 45), S. 96.
59 Gene M. Lyons, Louis Morton: Schools for Strategy, Education and Research in National Security Affairs, New York 1965, S. 104.
60 The Battle to Shape and Sell the New Arms Control Treaty, in: National Journal, 31. 12. 1977, S. 1984.
61 Foreign Policy Association: Twenty-Five Years of the Foreign Policy Association, 1918–1943, New York 1943.
62 Gebhard Schweigler: Politikwissenschaft und Außenpolitik in den USA, München 1977, S. 212ff.
63 Lyons (Anm. 59), S. 192.
64 Einzelheiten bei Schweigler (Anm. 62), S. 120ff.

4.3 Wirtschaft

1 E.-O. Czempiel: Entwicklungslinien der amerikanisch-europäischen Beziehungen, in: Europa-Archiv 22 (1973), S. 781ff.
2 Dies die These von Richard J. Barnet: Roots of War, New York 1972.

3 Robert Gilpin: U.S. Power and the Multinational Corporation: The Political Economy of Foreign Direct Investment, New York 1975, S. 142f.
4 Vgl. z. B. Herry Magdoff: Das Zeitalter des Imperialismus, Die ökonomischen Hintergründe der U.S.-Außenpolitik, Frankfurt 1969, S. 170; Gabriel Kolko: The Roots of American Foreign Policy: Analysis of Power and Purpose, Boston 1969; Paul A. Baran, Paul M. Sweezy: Notes on the Theory of Imperialism, in: K. T. Fann, Donald C. Hodges (eds.): Readings in U.S. Imperialism, Boston 1971, S. 81.
5 Immanuel Kant: Zum ewigen Frieden, 2. Abschnitt, 1. Definitivartikel: »Wenn (wie es in dieser [republikanischen, d. V.] Verfassung nicht anders sein kann) die Beistimmung der Staatsbürger dazu erfordert wird, um zu beschließen, ob Krieg sein solle oder nicht, so ist nichts natürlicher, als das, da sie alle Drangsale des Krieges über sich selbst beschließen müßten ... sie sich sehr bedenken werden, ein so schlimmes Spiel anzufangen.«
6 Raymond Aron: War and Industrial Society, London 1958.
7 United States Congress, 93/1, Committee on Finance, Senate: Implications of Multinational Firms for World Trade, and Investment, and for U.S. Trade and Labor, Committee Print, Washington 1973, S. 283.
8 Ebd., S. 411.
9 J. N. Behrman: National Interests and the Multinational Enterprise, Englewood Cliffs 1970.
10 Barnet (Anm. 2), S. 185ff.
11 Bruce, M. Russett, Elizabeth C. Hanson: Interest and Ideology. The Foreign Policy Beliefs of American Businessmen, San Francisco 1975, S. 81.
12 Zu den einzelnen Theoremen vgl. Gert Krell: Zur Theorie der Rüstungsdynamik im Ost-West-Konflikt, in: PVS 17/4 (1976), S. 437ff.
13 United States Congress, 93/2, Committee on Finance, Senate: The Trade Reform Act of 1973, Hearings, Part 3, Washington 1973, S. 929ff., Statement G. W. Fincher. Fincher war Senior Vicepresident of General Tire International.
14 Russet/Hanson (Anm. 11), S. 89ff.
15 Gilpin (Anm. 3), S. 16f.
16 Vgl. die verschiedenen Statements in United States Congress, 94/2, Committee on Banking, Housing, and Urban Affairs, Senate: Extension of the Export Administration Act, Hearings, Washington 1976.
17 Vgl. dazu Edwin Czerwick, Harald Müller: Rüstungskonzerne, ökonomisches Interesse und das Konzept des militärisch-industriellen Komplexes, in: Friedensanalysen 6/1977, S. 153–177.
18 Russet/Hanson (Anm. 11), S. 74.
19 United States Congress, 93/1, Committee on Foreign Relations, Senate: Multinational Corporations and United States Foreign Policy: The International Telephone and Telegraph Company and Chile, 2 vols., Washington 1973.
20 Robert F. Smith: The United States and Cuba, Business and Diplomacy 1917–1960, New York 1961.

4.4 Die Parteien

1 Noch immer grundlegend V. O. Key, Jr.: Politics, Parties, and Pressure Groups, New York ^{5}1969. Ferner W. N. Chambers, W. D. Burnham (eds.): The American Party System: Stages of Political Development, New York ^{2}1975.
2 Gene E. Rainey: Patterns of American Foreign Policy, Boston 1975, S. 136.
3 Paul R. Abramson: Generational Change and the Decline of Party Identification in America: 1952–1974, in: APSR 70/2, (1976), S. 469ff.
4 Walter De Vries, Lance Tarrante, Jr.: The Ticket Splitter. A New Force in American Politics, Michigan 1972.
5 William Schneider: Public Opinion: The Beginning of Ideology? in: Foreign Policy, 17 (1974), S. 93.

6 Dazu E.-O. Czempiel: Das amerikanische Sicherheitssystem 1945–1949, Berlin 1966.
7 Das demokratische Programm ist abgedruckt in: Congressional Quarterly, Weekly Report, 34, 29, 17. 7. 1976, S. 1913–1929. Das republikanische Programm ist abgedruckt ebenda, 34, 34, 21. 8. 1976, S. 2282–2307. Zu den Wahlen von 1976 vgl. Peter Loesche: Politik in USA. Das amerikanische Regierungs- und Gesellschaftssystem und die Präsidentschaftswahlen 1976, Opladen 1977.
8 Das demokratische Programm von 1968 ist abgedruckt in: Congressional Quarterly, Weekly Reports, 26, 35, 30. August 1968, S. 2296–2324. Das republikanische Programm von 1968 ebd., 26, 32, 9. 8. 1968, S. 2126–2134.
9 Party Platform: Differing Views on their Value, in: Congressional Quarterly, Weekly Report, 30, 24, 10. 6. 1972, S. 1327ff. Vgl. allgemein dazu Stephen Hess: Foreign Policy and Presidential Campaigns, in: Foreign Policy, Nr. 8, Herbst 1972, S. 3–22.
10 John J. Rhodes: The Futile System, New York 1976.
11 William C. Harvard (ed.): The Changing Politics of the South, Baton Rouge 1972.
12 A. G. Stevens, Jr. et al.: Mobilization of Liberal Strength in the House, 1955–1970: The Democratic Study Group, in: APSR 68/2 (1974), S. 667ff. Von deutscher Seite auch Jürgen Hartmann: Der amerikanische Präsident im Bezugsfeld der Kongreßfraktionen, Berlin 1977, S. 57ff.
13 House Reforms – The Emphasis is on Productivity, not Power, in: National Journal, 4. 12. 1976, S. 1731ff.
14 Congressional Quarterly, Weekly Report, 34, 26, 26. 6. 1976, S. 1634ff.
15 Marjorie Holt (ed.): The Case against the Reckless Congress, Ottawa, Ill. 1976, bes. S. 189ff.
16 Vgl. New Right: ›Many Times more Effective‹ now, in: Congressional Quarterly, Weekly Report, 24. 12. 1977, S. 2649.

5. Sicherheit: Entscheidungen

5.1 Der Präsident und das White House Office

1 Peter Woll, Robert H. Binstock: America's Political System, New York ²1975, S. 371ff.
2 Vgl. Karl Loewenstein: Verfassungsrecht und Verfassungspraxis der Vereinigten Staaten, Berlin 1959, S. 321ff.
3 I. M. Destler: National Security Advice to U.S. Presidents: Some Lessons from 30 Years, in: World Politics, 29/2 (1977), S. 143ff.
4 Harry McPherson: A Political Education, Atlantic Monthly Press 1972, S. 268.
5 I. M. Destler: Presidents, Bureaucrats, and Foreign Policy. The Politics of Organizational Reform, Princeton 1972. Ferner Morton H. Halperin: Bureaucratic Politics and Foreign Policy, Washington, Brookings, 1974.
6 Stephen Hess: Organizing the Presidency, Washington, Brookings, 1976, S. 26.
7 David Halberstam: The Best and the Brightest, New York 1969.
8 Roland Evans, Jr., Robert D. Novak: Nixon in the White House: The Frustration of Power, New York 1972, S. 37ff.
9 Auch Carter machte davon keine Ausnahme, vgl. J. I. Wooten: Carter Draws his Appointees from very Familiar Network, in: International Herald Tribune, 7. 2. 1977.
10 Für ihre Beiträge zum Vietnam-Krieg vgl. The New York Times (ed.): The Pentagon Papers, New York 1971.
11 Destler (Anm. 3), S. 172.
12 Richard Barnet: Roots of War, New York 1972, S. 178ff.
13 David S. Broder: Carter: Other Voices, other Views, in: International Herald Tribune, 7. 9. 1977.
14 Chester A. Crocker: The President's External Advisors in Foreign Policy, in:

Commission on the Organization of the Government for the Conduct of Foreign Policy (Murphy Commission), vol. 6, Appendix S, Washington, Juni 1975, S. 413ff.

15 United States Congress, 94/1, Committee on Foreign Relations, Senate, und Committee on International Relations, House: The Role of Advisory Committees in U.S. Foreign Policy, Joint Committee Print, Washington 1975.

5.2 Das Büro für Management und Budget

1 Aaron Wildavsky: The Politics of the Budgetary Process, Boston 1964, S. 4.
2 Louis Fisher: Presidential Spending Power, Princeton 1975, S. 55.
3 Ebd., S. 52.
4 Joel Havemann: OMB – Writing the Budget in the Post-Lance Era, in: National Journal, 1. 10. 1977, S. 1516ff.
5 United States Congress, 95/1, Committee on Government Operations, Senate: Compendium of Materials on Zero-Base Budgeting in the States, Washington 1977, passim.
6 Fisher (Anm. 2), S. 214ff.
7 Commission on the Organization of the Government for the Conduct of Foreign Policy (Murphy Commission): Report, Washington 1975, S. 9.

5.3 Der Nationale Sicherheitsrat

1 Zitiert bei Chalmers M. Roberts: In Search of a U.S. Doctrine to fit the Ideas, in: International Herald Tribune, 22. 7. 1977.
2 Congressional Quarterly, 20. 12. 1975, S. 2834f.
3 Robert Cutler: The Development of the National Security Council, in: Foreign Affairs, 34, 3, April 1956, S. 441ff.
4 Für die Einzelheiten vgl. Stanley L. Falk: The National Security Council under Truman, Eisenhower, and Kennedy, in: A. Wildavsky (ed.): The Presidency, Boston 1969, S. 671ff.
5 United States Congress 87/1, Committee on Government Operations, Senate: Organizing for National Security, Hearings, 3 vols., Washington 1961. Statement Cutler, S. 580ff. Cutler war Special Assistant to the President vom Januar 1953 bis zum April 1955 und vom Januar 1957 bis zum Juli 1958.
6 Arthur M. Schlesinger: Die tausend Tage Kennedys, Bern 1965, S. 196.
7 Henry F. Graff: The Tuesday Cabinet, Englewood Cliffs 1970.
8 Vgl. die Liste der Nationalen Sicherheitsmemoranden bei John P. Leacacos: Kissinger's Apparat, in: Foreign Policy 5 (1971/72), S. 25–27.
9 Ebd., S. 7f.
10 Wilfried L. Kohl: The Nixon-Kissinger Foreign Policy System and U.S. European Relations: Patterns of Policymaking, in: World Politics 28/1 (1975), S. 7.
11 I. M. Destler: Can One Man Do?, in: Foreign Policy 5 (1971/72), S. 39ff.

5.4 Das Verteidigungsministerium

1 Robert O. Keohane, Joseph S. Nye, Jr. (eds.): Transnational Relations and World Politics, Cambridge, Mass. 1972, S. 731.
2 John Franklin Campbell: The Foreign Affairs Fudge Factory, New York 1971, S. 204.
3 Monika Medick: Waffenexporte und auswärtige Politik der Vereinigten Staaten. Gesellschaftliche Interessen und politische Entscheidungen, Meisenheim/Glan 1976, S. 133ff.
4 Das folgende nach C. W. Borklund: The Department of Defense, New York 1968, S. 3ff.
5 United States Government Manual 1977/78, S. 174.
6 Vgl. William W. Kaufmann: The McNamara Strategy, New York 1964.
7 International Herald Tribune, 21./22. 1. 1978, S. 4.
8 Eisenhower sprach von der »Durchdringung unseres Geistes davon, daß die

einzige Sache, in der dieses Land engagiert ist, Waffen und Raketen seien.« Zitiert bei Ralph E. Lapp: Arms Beyond Doubt, New York 1970, S. 119.

9 Dazu E.-O. Czempiel: Die Vereinigten Staaten von Amerika und die Entspannung, in: Aus Politik und Zeitgeschichte, B 37/77, S. 3ff.

10 Vgl. die Forschungsergebnisse bei Gert Krell: Rüstungsdynamik und Rüstungskontrolle. Die gesellschaftlichen Auseinandersetzungen um SALT in den USA 1969–1975, Frankfurt [2]1978.

11 Congressional Quarterly: The Power of the Pentagon, Washington 1972, S. 103.

12 Statistical Abstract of the United States, 1975, S. 321.

13 The New Face of the Defense Industry, in: Business Week, 10. 1. 1977, S. 53.

14 Barry M. Blechman et al.: Setting National Priorities: The 1976 Budget, Washington, Brookings 1975, S. 151.

15 International Herald Tribune, 24. 1. 1978.

16 Campbell (Anm. 2), S. 203.

17 Commission on the Organization of the Government for the Conduct of Foreign Policy, Washington 1975 (Murphy-Commission), Report, S. 75.

18 Gert Krell: Die Kritik der amerikanischen Rüstung und die Debatte um die »national priorities«, in: PVS 14, 4, Dezember 1973, S. 527ff.

19 W. Lloyd Warner et al.: The American Federal Executive. A Study of the Social and Personal Characteristics of the Civilian and Military Leaders of the United States Federal Government, New Haven 1963, S. 18.

20 C. Wright Mills: The Power Elite, London 1956; Morris Janowitz: The Professional Soldier, New York 1960.

21 Jahresbericht des amerikanischen Verteidigungsministers Donald H. Rumsfeld, 1976, abgedruckt in: Europa-Archiv 31/14, 25. 7. 1976, D 345.

5.5 Die Geheimdienste

1 Eine kurze, aber authentische Entstehungsgeschichte der CIA findet sich in United States Congress, 94/2, Select Committee to Study Governmental Operations, Senate: Final Report, Book I, Washington 1976, S. 97–126.

2 Ebd., S. 23.

3 Zitiert ebd., S. 132.

4 Vgl. dazu United States Congress, 94/1, Select Committee to Study Governmental Operations, Alleged Assassination Plots Involving Foreign Leaders, Senate Report 94–465, Washington 1975.

5 Dasselbe: Intelligence Activities, Hearings, Vol 7: Covert Action, Washington 1976.

6 Don Bonafede: The CIA under Turner, in: National Journal, 17. 12. 1977, S. 1952.

7 Final Report (Anm. 1), Book I: Foreign and Military Intelligence, Washington 1976, S. 137.

8 Final Report (Anm. 1), Book III: Supplementary Detailed Staff Reports on Intelligence Activities and the Rights of Americans, Washington 1976.

9 Intelligence Acitivities (Anm. 5), Vol 4: Mail Opening, Washington 1975.

10 Vgl. den Brief des CIA-Direktors Helms an Kissinger, 18. 2. 1969, ebenda, Book II: Intelligence Activities and the Right of Americans, Washington 1976, S. 101.

5.6 Die Energiebehörden

1 Vgl. dazu allgemein Karl Kaiser, Beate Lindemann (Hg.): Kernenergie und internationale Politik, Wien 1975.

2 Zu den Independent Agencies vgl. Hans J. Kleinsteuber: Staatsintervention und Verkehrspolitik in den USA. Die Interstate Commerce Commission, Stuttgart 1977, S. 181ff.

3 United States Congress, 94/1, Committee on International Relations, House: Nuclear Proliferation: Future U.S. Foreign Policy Implications, Hearings,

Washington 1975, S. 100, Statement Minikes. Minikes war Senior Vice President der Export-Import-Bank of the United States.

4 Dazu Karl Kaiser: Auf der Suche nach einer Welt-Nuklearordnung. Zum Hintergrund deutsch-amerikanischer Divergenzen, in: Europa-Archiv, 33/6, 25. 3. 1978, S. 153ff.

5 United States Congress, 94/2, Committee on Government Operations, Senate: Export Reorganization Act of 1976, Hearings, Washington 1976. Statement Kratzer, S. 415. Kratzer war Acting Assistant Secretary of State for Oceans and International Environmental and Scientific Affairs.

5.7 Der Kongreß und seine Ausschüsse

1 Senator Fulbright, in: United States Congress, Committee on Foreign Relations, Senate: Strategic and Foreign Policy Implications of ABM Systems, Hearings, Part 1, 1969, S. 91.

2 Gert Krell: »Falken« und »Tauben« im amerikanischen Senat; Konfliktideologien und ökonomische Interessen als Bedingungsfaktoren der amerikanischen Rüstungspolitik, in: Aus Politik und Zeitgeschichte, B 44/75, S. 30.

3 Siehe die Zusammensetzung des 95. Kongresses, in: Congressional Quarterly, 1. 1. 1977, S. 19ff.

4 Umfrageergebnisse des National Center for Urban Ethnic Affairs, zitiert nach International Herald Tribune, 29. 10. 1976, S. 3.

5 Die Liste der Ausschüsse und ihrer Besetzung ist jeweils abgedruckt im Congressional Directory für die betreffende Legislaturperiode.

6 Siehe die Aufstellung der Zuständigkeiten in: United States Congress 90/1, Committee on Governmental Affairs, Senate: Table of Federal Programs; Presentation of Federal Programs by Budget Function, Authorizing Legislation, and Legislative Committee Jurisdiction, Committee Print, Washington 1977, S. 2–10.

7 Krell (Anm. 2), S. 30.

8 Barbara Hinckley: The Seniority System in Congress, Bloomington 1971.

9 A New Old Guard has Come Forward in the House, in: National Journal, 13. 8. 1977, S. 1264ff.

10 Vgl. die Einzelheiten in: House Reforms – The Emphasis is on Productivity, not Power, in: National Journal, 4. 12. 1976, S. 1731ff.

11 Allen Schick: Congressional Views of its Money Power to Control Foreign Policy, in: Commission on the Organization of the Government for the Conduct of Foreign Policy, Washington 1975, Vol. 6, S. 453ff.

12 Zu den Aufgaben und Leistungen des Congressional Budget Office vgl. Joel Havemann: After Two Years CBO Gets High Marks from Congress, in: National Journal, 13. 8. 1977, S. 1256ff.

13 J. Kenneth Fasdick: The U.S. General Accounting Office and International Affairs, Referat vor dem ISA-Kongreß in St. Louis, 16. 3. 1977, Fasdick war Direktor der International Division des GAO.

14 Comptroller General of the United States: Ways to Improve U.S. Foreign Trade Strategies, Report to Congress, B-172255, 23. 11. 1973, S. 4.

15 Ders.: Disincentives to Agricultural Production in Developing Countries, ID-76-2, 26. 11. 1975.

16 Fasdick (Anm. 13), S. 8. Vgl. allgemein zur Aufgabe und Leistung des GAO: Elmer B. Staats: The GAO: Present and Future, in: Public Administration Review 28 (1968), S. 461ff.

6. Entspannung: Entscheidungen

6.1 Der Präsident, der Nationale Sicherheitsberater und der Außenminister

1 United States Congress 93/2, Committee on Foreign Affairs, House: Détente, Hearings, Washington 1974, Statement Hartman, S. 48. Hartman war Assistant

Secretary of State for European Affairs.

2 Dazu Louis Henkin: Foreign Affairs and the Constitution, Mineola 1972.

3 Robert A. Dahl: Democracy in the United States: Promise and Performance, Chicago [3]1976, S. 149.

4 Commission on the Organization of the Government for the Conduct of Foreign Policy (Murphy Commission), Report, Washington 1975, S. 4.

5 I. M. Destler: Presidents, Bureaucrats, and Foreign Policy, Princeton 1972, S. 113.

6 Ebd., S. 159–160.

7 Eric F. Goldman: The Tragedy of Lyndon Johnson, New York 1969, S. 272.

8 Dazu Alexander L. George: The Case for Multiple Advocacy in Making Foreign Policy, in: American Political Science Review 66 (1972), S. 751ff.

9 David K. Hall: The »Custodian-Manager« of the Policymaking Process, in: Murphy Commission (Anm. 4), Appendices, Vol. 2, Washington 1975, S. 100ff.

10 Richard E. Neustadt: Presidential Power. The Politics of Leadership, New York 1960, S. 9–10.

11 Zitiert bei Destler (Anm. 5), S. 139.

12 Destler (Anm. 5), S. 151ff.

13 Ders.: National Security Advice to U.S. Presidents: Some Lessons from Thirty Years, in: World Politics 29/2 (1977), S. 143ff. Dort auch weitere Literatur.

14 Vgl. Will Sparks: Who Talked to the President Last?, New York 1971.

15 Morton H. Halperin: Bureaucratic Politics and Foreign Policy, Washington, Brookings 1974, S. 219f.

16 Questions about a Cozy Relationship, in: Time, 10. 4. 1972, S. 52.

17 Zitiert bei C. L. Sulzberger: The United States Policy Machine I, International Herald Tribune, 28. 4. 1972.

18 Wilfried L. Kohl: The Nixon-Kissinger Foreign Policy System and U.S. European Relations. Patterns of Policymaking, in: World Politics 28/1 (1975), S. 1ff.

6.2 Das Außenministerium

1 John Franklin Campbell: The Foreign Affairs Fudge Factory, New York 1971, S. 220.

2 I. L. Horowitz: The War Game: Studies of the New Civilian Militarists, New York 1963, S. 31.

3 Bernard Mennis: American Foreign Policy Officials. Who They are and What They Believe Regarding International Politics, Ohio State University Press 1971, S. 81.

4 Ebd., S. 186.

5 Ebd., S. 172ff.

6 Vgl. dazu aus späterer Sicht Hartmut Velbinger: Eindämmung und Entspannung. George F. Kennan und die amerikanische Strategie in den 70er Jahren, München 1977.

7 Thomas S. Estes, E. Lightner, Jr.: The Department of State, New York 1976, S. 74.

8 Das folgende nach Estes und Lightner (Anm. 7), S. 67ff.

9 Vgl. den Titel des Buches von Walt W. Rostow: View from the 7th Floor, New York 1964.

10 Vgl. die Diskussion in: United States Congress 94/2, Committee on International Relations, House: International Security Assistance and Arms Export Control Act of 1976, Hearings, Washington 1976.

11 Commission on the Organization of the Government for the Conduct of Foreign Policy, Juni 1975 (Murphy Commission), Report, S. 7.

12 James W. Clark, Foreign Affairs Personal Management, ebd., Appendix P, Vol. 6, S. 191ff.

13 Ebd., S. 190, nämlich 1333 Foreign Service Officers zu 1527 Beamten des General Service.

14 Dazu E.-O. Czempiel: Der diplomatische Dienst der Vereinigten Staaten zwischen Tradition und Spezialisierung, in: PVS 3/1 (1962), S. 64ff.
15 A Diplomacy for the 70's, a Program of Management Reform for the Department of State (Macomber Task Forces), Washington 1970.
16 Ebd., S. 4.
17 Ebd., S. 19.
18 Clark (Anm. 12), S. 198.
19 United States Congress 93/1, Committee of Foreign Relations, Senate: Department of State Appropriations Authorization, Fiscal Year 1974, Hearings, Washington 1973, S. 61. Vgl. zum Problem allgemein Henry M. Jackson (ed.): The Secretary of State and the Ambassador. Jackson Subcommittee Papers on the Conduct of American Foreign Policy, New York 1964.
20 Diplomacy (Anm. 15), S. 403ff.

6.3 Die Rüstungskontroll- und Abrüstungsbehörde

1 Section 22 der Arms Control and Disarmament Act, 22 U.S.C. 2551.
2 United States Congress, 93/2, Committee on Foreign Affairs, House: Arms Control and Disarmament Agency, Hearings, Washington 1974, Statement McCloy, S. 3ff. McCloy war der von Präsident Kennedy gebetene Berater für die ACDA und der erste Vorsitzende des General Advisory Committee.
3 Die Einzelheiten bei: Review of Arms Control Legislation and Organization, in: Hearings (Anm. 2), S. 196.
4 The Role of ACDA in Arms Control Policy and Negotiations, ebd., S. 222ff.
5 Vgl. die Aussagen von Fisher, Brennan und Nitze über die »Purge« der ACDA im Jahre 1973, ebd., S. 55, 56, 64.
6 Chalmers M. Roberts: Arms Control: A Bad Time for Disarray, in: International Herald Tribune, 17. 1. 1973.
7 Vgl. die Diskussion in: United States Senate 95/1, Committee on Foreign Relations, Senate: Warnke Nomination, Hearings, Washington 1977. Der Ausschuß diskutierte sogar anonyme Warnungen gegen Warnke, S. 30ff.
8 Role of ACDA (Anm. 4), S. 219.

6.4 Die International Communication Agency

1 Manfred Knapp: Die Stimme Amerikas; Auslandspropaganda der USA unter der Regierung John F. Kennedys, Opladen 1972, S. 118ff.
2 Vgl. die vorsichtigen Äußerungen von Keogh, in: United States Congress 93/1, Committee on Foreign Relations, Senate: USIA Appropriations Authorization, Fiscal Year 1974, Washington 1973, S. 32. Keogh war Direktor der USIA.
3 Die Aufstellung ebd., S. 5.
4 The Budget of the United States Government FY 1977, S. 303.
5 USIA Appropriations (Anm. 2), S. 172, 173.
6 Ebd., S. 174.
7 United States Congress 93/2, Committee on Foreign Affairs, House: United States Information Agency Authorization for FY 1975, Washington 1974, S. 35, Statement Keogh.
8 USIA Appropriations (Anm. 2), S. 129.
9 Ebd., S. 69–73.
10 John W. Henderson: The United States Information Agency, New York 1969, S. 42, 79.

6.5 Die Agency for International Development

1 Marian Irish, Elke Frank: U.S. Foreign Policy, New York 1975, S. 434–435.
2 Christopher L. Bach: U.S. Government Foreign Grants and Credits, 1965–75, in: Survey of Current Business, November 1976, S. 15.
3 Manlio F. DeAngelis: Foreign Aid – The Transition from ICA to AID 1960–61, in: Commission on the Organization of the Government for the Conduct of

Foreign Policy, Washington 1975, Appendix O, Vol. 6, S. 148–149.

4 Siehe die Zusammenstellung der Auslandshilfe-Gesetze 1977, in: Congressional Quarterly, 18. 6. 1977, S. 1205f.

5 United States Congress 94/2, Committee on Appropriations, House: Foreign Assistance and Related Agencies Appropriations for 1977, Hearings, Washington 1976, Statement Nooter, S. 697. Nooter war Assistant Administrator für den Nahen Osten.

6 Vgl. die Klage des Vorsitzenden des Auslandshilfe-Unterausschusses des Bewilligungsausschusses des Hauses, Passman, ebd., S. 206.

7 Statement Parker, ebd., S. 14–15. Parker war der Administrator von AID.

8 John W. Elley, John H. Petersen: Economic Interests and American Foreign Policy Allocations, 1960–1969, in: SAGE International Year Book of Foreign Policy Studies 1 (1973), S. 183ff.

9 Parker (Anm. 7), S. 321.

6.6 Das Peace Corps

1 Henry T. Nash: American Foreign Policy: Response to a Sense of Threat, Homewood 1973, S. 83. Dazu allgemein Robert G. Carey: The Peace Corps, New York 1970.

2 United States Congress 90/2, Committee on Foreign Relations, Senate: Peace Corps Act Amendment of 1968, Hearings, 23. 4. 1968, Statement Vaughn, S. 9. Vaughn war Direktor des Peace Corps.

3 Gerald D. Berreman: The Peace Corps: A Dream Betrayed, in: The Nation, 26. 2. 1968.

4 International Herald Tribune, 6. 4. 1978.

5 Ebd.

6.7 Der Kongreß und seine Ausschüsse

1 Zu diesen Entwürfen E.-O. Czempiel: Entwicklungslinien der amerikanisch-europäischen Beziehungen, in: Europa-Archiv 22 (1973), S. 781ff.

2 Louis Henkin: Foreign Affairs and the Constitution, Mineola 1972.

3 United States Congress 94/2, Committee on Foreign Relations, Senate: United States Senate – 160th Anniversary, 1816–1976, S. Doc. 94-265, Washington 1976, S. 17ff.

4 United States Congress, Committee on Foreign Relations, Senate: Multinational Corporations and United States Foreign Policy, Hearings, pt. 1–17, Washington 1973ff.

5 United States Congress 94/1, Select Committee to Study Governmental Operations with Respect to Intelligence Activities, Senate: Intelligence Activities, Hearings, Vol. 1–7, Washington 1975, sowie Supplementary Reports on Intelligence Activities, Book I–VI, Washington 1976.

6 United States Congress 93/2, Committee on Foreign Affairs, House: Détente, Hearings, Washington 1977.

7 United States Congress 91/2, Committee on Foreign Affairs, House: United States Foreign Policy for the 1970's, Hearings, 2 Vols., Washington 1970. Committee on Foreign Relations, Senate, 94/1 und 2: Foreign Policy Choices for the Seventies and Eighties, 2 Vols., Washington 1975ff.

8 So auch George F. Kennan: The Cloud of Danger, Current Realities of American Foreign Policy, Boston 1977, S. 16.

9 Thomas M. Franck: After the Fall: The New Procedural Framework for Congressional Control over the War Power, in: The American Journal of International Law 71 (1977), S. 605–641.

7. Gewinne und Steuerung: Anforderungen

7.1 Wirtschaft

1 Peter J. Katzenstein: International Relations and Domestic Structures: Foreign Economic Policies of Advanced Industrial States, in: International Organization 30/1 (1976), S. 14.
2 Stephen Cooney: Political Demand Channels in the Processes of American and British Imperial Expansion, 1870–1919, in: World Politics 28/2 (1975), S. 239.
3 Samuel P. Huntington: Transnational Organizations in World Politics, in: World Politics 25/3 (1973), S. 343ff.
4 Vgl. Robert Gilpin: U.S. Power and the Multinational Corporation; The Political Economy of Foreign Direct Investment, New York 1975. Vgl. ferner Joseph S. Nye, Jr.: Multinationale Konzerne in der Weltpolitik, in: Aus Politik und Zeitgeschichte, B 5/75, 1. 2. 1975, S. 25ff.
5 Vgl. die einzelnen Phasen bei Stephen D. Krasner: US Commercial and Monetary Policy: Unravelling the Paradox of External Strength and Internal Weakness, in: International Organization 31/4 (1977), S. 637ff.
6 United States Congress 95/1, Committee on Foreign Relations, Senate: International Debt, the Banks, and U.S. Foreign Policy, a Staff Report, Washington 1977, S. 10.
7 Gilpin (Anm. 4), S. 140ff.
8 David P. Calleo und Benjamin M. Rowland: America and the World Political Economy; Atlantic Dreams and National Realities, Bloomington 1973, S. 174.
9 International Herald Tribune, 18. 1. 1978, 11. 4. 1978.
10 Katzenstein (Anm. 1), S. 42.
11 Gilpin (Anm. 4), S. 154.
12 Dazu grundsätzlich Raymond A. Bauer, Ithiel de Sola Pool, Lewis Antony Dexter: American Business and Public Policy; The Politics of Foreign Trade, New York 1968, S. 258.
13 Otto Graf Lambsdorff: Ein gefährliches Gesetz, in: Die Zeit, 20. 8. 1976, S. 21.
14 Vgl. National Association of Manufacturers: Trade Adjustment Assistance, in: United States Congress 93/2, Committee on Finance, Senate: The Trade Reform Act of 1973, Hearings, pt. 3, Washington 1974, S. 766ff.
15 Statement Meany, ebd., pt. 4, S. 1138.
16 Dazu R. B. Talbot: Effect of Domestic Political Groups and Forces on U.S. Trade Policy, in: Iowa State University (ed.): U.S. Trade Policy and Agricultural Exports, Ames 1973, S. 145.
17 Vgl. die Kritik von D. Gale Johnson: Agricultural Price Policy and International Trade, in: United States Congress 85/2, Committee on Ways and Means, House: Foreign Trade Policy, Compendium of Papers, Washington 1958, S. 717ff.
18 Zur Währung: C. Fred Bergsten: The Dilemmas of the Dollar; the Economics and Politics of United States International Monetary Policy, New York, Council on Foreign Relations, 1975. Zum Handel: William Diebold, Jr.: The United States and the Industrial World; American Foreign Economic Policy in the 1970's, New York, Council on Foreign Relations, 1972.
19 Commission on International Trade and Investment Policy (The Williams Commission): United States International Economic Policy in the Interdependent World, Report to the President, Washington 1971.
20 United States Congress 94/1, Committee on Banking, Currency and Housing, House, and Joint Economic Committee: International Monetary Reform and Exchange Rate Management, Hearings, Washington 1975, Statement LeJeune, S. 10ff. und Levy, S. 15ff. Le Jeune war Vizepräsident der Harris Trust und Savings Bank, Chicago; Levy Vizepräsident der Marine Midland Bank, New York.
21 Statement Wallich, ebd., S. 203. Henry C. Wallich war Mitglied des Board of Governors of the Federal Reserve System.
22 Wilbur F. Monroe: The New Internationalism; Strategy and Initiatives for

U.S. Foreign Policy, Lexington 1976, S. 35f.
23 Katzenstein (Anm. 1), S. 41.

7.2 Verbände

1 Reginald Jones von General Electric, Co-Chairman des Business Round Table, zitiert in Congressional Quarterly, 17. 9. 1977, S. 1968.
2 Brief der Chamber of Commerce vom 11. 4. 1974, abgedruckt in United States Congress 92/2, Committee on Finance, Senate: The Trade Reform Act of 1973, Hearings, pt. 3, Washington 1974, S. 737.
3 R. Joseph Monsen, Jr., Mark W. Cannon: The Makers of Public Policy: American Power Groups and their Ideologies, New York 1965, S. 48ff.
4 Statement E. Douglas Kenna, in: Committee on Finance (Anm. 2), S. 750–751. Kenna war Präsident der National Association of Manufacturers.
5 Ebd., S. 715.
6 National Association of Manufacturers: Trade Adjustment Assistance, abgedruckt ebd., S. 766ff.
7 Harmon Zeigler: Interest Groups in American Society, Englewood Cliffs 1964, S. 123.
8 United States Congress 94/2, Committee on Finance, Senate: Oversight Hearings on U.S. Foreign Trade Policy, Washington 1976, Statement Lehman, S. 381. Lehman war Associate Director für Außenhandelspolitik bei der amerikanischen Handelskammer.
9 Ebd., S. 382.
10 Monsen (Anm. 3), S. 46ff.
11 Congressional Quarterly, 17. 9. 1977, S. 1964. Die Namen der Mitglieder des Policy Committee von Business Roundtable S. 1965.
12 Russell Warren Howe and Sarah Hays Trott: The Power Peddlers. How Lobbyists Mold America's Foreign Policy, New York 1977, S. 248.
13 Committee on Finance (Anm. 2), S. 838.
14 Howe (Anm. 12), S. 231.
15 Vgl. die Stellungnahme der American Banker's Association zugunsten der Nicht-Beschränkung ausländischer Investitionen in den USA, in: United States Congress 93/1, Committee on Commerce, Senate: Foreign Investment Legislation, Hearings, Washington 1975, S. 205.
16 Zitiert bei M. E. und G. O. Dimock: American Government in Action, New York 1946, S. 739.
17 U.S. Congress 85/1, Committee on Ways and Means, House: Foreign Trade Policy, Hearings, Washington 1957, Statement Anthony, S. 76. Richard H. Anthony war Executive Secretary der American Tariff League.
18 Committee on Finance (Anm. 2), Part IV, Statement Strackbein, S. 1246ff. Strackbein war Präsident des Nationwide Committee on Import-Export-Policy.
19 Ebd., Statement Meany, S. 1138.
20 Erklärung des Bundesvorstandes der AFL/CIO, abgedruckt in: Nordamerikanische Arbeiter Nachrichten 2, 6, 15. 3. 1978, S. 1.
21 Ebd., 2, 9, 1. 5. 1978, S. 1.
22 National Journal, 4. 3. 1978, S. 351.
23 V. O. Key, Jr.: Politics, Parties, and Pressure Groups, New York ^{7}1947, S. 46ff.
24 Zeigler (Anm. 7), S. 167ff., 172ff.
25 R. B. Talbot: Effect of Domestic Political Groups and Forces on U.S. Trade Policy, in: Iowa State University (ed.): U.S. Trade Policy and Agricultural Exports, Ames 1973, S. 145.
26 U.S. Congress 93/1, Committee on Ways and Means, House: Trade Reform, Hearings, Part V, Washington 1973, Statement Kuhfuss, S. 1426. William J. Kuhfuss war Präsident der American Farm Bureau Federation.
27 Washington Post, 2. 2. 1978, S. A 4.

28 Vgl. Harald Müller: Energiepolitik als Problem demokratischer Entscheidungssysteme: Das Beispiel USA, HSFK Arbeitspapier 9/1978.
29 Vgl. dazu V. H. Oppenheim: The Past: We Pushed them, in: Foreign Policy 25 (1976–77), S. 24ff.
30 International Herald Tribune, Special Report, 30. 1. 1978.
31 National Journal, 26. 11. 1977, S. 1838.
32 Lester W. Milbrath: The Washington Lobbyists, Chicago 1963.
33 Mark J. Green: The Other Government; The Unseen Power of Washington Lawyers, New York 1975, S. 19, 22.
34 Washington Post, 5. 3. 1978, S. A 1.

8. Gewinne und Steuerung

8.1 Der Präsident

1 Harald B. Malmgren: Managing Foreign Economic Policy, in: Foreign Policy, 6, 1972, S. 43.
2 James Reston: The Peak and the Valley, International Herald Tribune, 12. 5. 1972.
3 Peter J. Katzenstein: International Relations and Domestic Structures: Foreign Economic Policy of Advanced Industrial States, in: International Organization 30/1 (1976), S. 40.
4 Silvio Borner: Die amerikanische Stabilitätspolitik seit 1946. Strategien und Erfahrungen des Council of Economic Advisers, Bern, Stuttgart 1977, S. 45.
5 Harald B. Malmgren: The United States, in: W. L. Kohl: Economic Foreign Policies of Industrial States, Lexington 1977, S. 40.
6 Vgl. United States Congress 92/2, Committee on Foreign Affairs, House: U.S. Foreign Economic Policy, Implications for the Organization of the Executive Branch, Washington 1972.
7 Stephen Hess: Organizing the Presidency, Washington, Brookings 1976, S. 53.
8 Dazu umfassend Borner (Anm. 4). Einen kleinen Überblick bietet Helmut Matthias: U.S.-Präsidenten und Wirtschaftspolitik, in: Außenpolitik 29, 1, 1978, S. 27–37.
9 Congressional Quarterly, 28. 2. 1976, S. 475–477.
10 National Journal, 29. 1. 1977, S. 168–169.
11 Malmgren (Anm. 5), S. 42.
12 U.S. Congress 93/2, Committee on Foreign Affairs, House: The United States and the Multilateral Development Banks, Committee Print, Washington 1974, S. 103ff.
13 D. Del Guidice: Creation and Evolution of the Council of International Economic Policy, in: Commission on the Organization of the Government for the Conduct of Foreign Policy, Appendices Vol. 6, Washington 1975, S. 122.
14 Anne H. Rightor-Thornton: An Analysis of the Office of the Special Representative for Trade Negotiations. The Evolving Role, 1962–1974, in: Commission (Anm. 13), Appendices, Vol. 3, S. 88ff.
15 Vgl. die Schwierigkeiten bei der Auswahl von Strauss, International Herald Tribune, 14. 3. 1977.
16 U.S. Congress 94/1, Committee on Foreign Relations, Senate and Committee on International Relations, House: The Role of Advisory Committees in U.S. Foreign Policy, Joint Committee Print, Washington 1975.

8.2 Ministerien und Behörden

1 James L. McCamy: The Administration of American Foreign Affairs, New York 1950, S. 120.
2 John F. Campbell: The Foreign Affairs Fudge Factory, New York 1971, S. 218ff.
3 Ebd., S. 220.

4 Elizabeth Stabler: The Dollar Devaluations of 1971 and 1973, in: Commission on the Organization of the Government for the Conduct of Foreign Policy, Appendix H, Vol. 3, Washington 1975, S. 144.
5 Silvio Borner: Die amerikanische Stabilitätspolitik seit 1946, Bern, Stuttgart 1977.
6 Vgl. das Organogramm in U.S. Government Manual 1977/1978, S. 434.
7 Vgl. z. B. das Statement des Leiters dieser Abteilung, C. Fred Bergsten, in: Wireless Bulletin, 15. 3. 1978, S. 1ff.
8 C. Fred Bergsten, Robert O. Keohane, Joseph S. Nye: International Economics and International Politics. A Framework for Analysis, in: International Organization, Winter 1975, S. 3ff.
9 Dazu C. Fred Bergsten: The Dilemmas of the Dollar, New York, Council on Foreign Relations 1975. Ferner Gernot Volger: Die Zahlungsbilanzpolitik der Vereinigten Staaten, Berlin 1976.
10 Robert W. Russell: Transgovernmental Interaction in the International Monetary System, 1960–1972, in: International Organization, Herbst 1973, S. 431ff.
11 U.S. Congress 94/1, Committee on Foreign Relations, Senate: Multinational Corporations in the Dollar Devaluation Crisis, Report on a Questionnaire, A Staff Report, Washington 1975.
12 Zitiert nach International Herald Tribune, 22. 10. 1976.
13 Einzelheiten bei R. A. Young: Instruments of Monetary Policy in the United States. The Role of the Federal Reserve System, Washington 1973, S. 4ff.
14 U.S. Congress 94/2, Committee on Banking, Currency, and Housing, House: Federal Reserve Directors: A Study of Corporate and Banking Influence, Washington 1976, S. 120.
15 International Herald Tribune, 12. 1. 1978.
16 Annual Report of the Secretary of Commerce 1975, Bicentennial Edition, Washington 1976, S. 1.
17 Vgl. das Organogramm in U.S. Government Manual 1977/1978, S. 136.
18 U.S. Congress 94/2, Committee on Banking, House, and Urban Affairs, Senate: Extension of the Export Administration Act, Hearings, Washington 1976, Statement Downey, S. 128. Downey war Deputy Assistant Secretary of Commerce for East-West Trade.
19 Annual Report (Anm. 16), S. 58.
20 Downey (Anm. 18), S. 136.
21 National Journal, 10. 12. 1977, S. 1918.
22 U.S. Congress 94/2, Committee on Agriculture and Forestry, Senate: American Foreign Food Assistance, Public Law 480 and Related Materials, Committee Print, Washington 1976.
23 Dale E. Hathaway: Trade Restrictions and U.S. Consumers, in: U.S. Trade Policy and Agricultural Exports, Iowa State University Press, Ames 1973, S. 103ff.
24 Vgl. die Ablehnung durch den früheren Assistant Secretary of Agriculture Brunthaver, 1978 Vizepräsident der Cook Industries, einer großen Weizenfirma, in: Business Week, 9. 5. 1977, S. 79.
25 International Herald Tribune, 22. 10. 76.
26 Für die Einzelheiten vgl. Stanley D. Metzger: Adjustment Assistance, in: Commission on International Trade and Investment Policy (Williams Commission): United States International Policy in an Interdependent World, Vol. 1, Washington 1971, S. 322ff.
27 Ebd., S. 324. Vgl. auch William Diebold, Jr.: The United States and the Industrial World, New York, Council on Foreign Relations, 1972, S. 153ff.
28 Dazu Reinhard Rode: Die Handelspolitik der U.S.A. in den siebziger Jahren: Ein freihändlerisch-protektionistisches Verwirrspiel, in: PVS 19/3 (1978), S. 315ff.

29 United States Congress 95/1, Committee on Finance, Senate: Authorization of Appropriations for the U.S. International Trade Commission, Fiscal Year 1978, Hearings, Washington 1977, Statement Minchew, S. 13. Minchew war der Vorsitzende der International Trade Commission.
30 National Journal, 10. 5. 1975, S. 696.
31 C. Fred Bergsten, Assistant Secretary of the Treasury, in: Wireless Bulletin 52, 15. 3. 1978, S. 4.
32 Frederick C. Adams: Economic Diplomacy. The Export-Import Bank and American Foreign Policy 1934–39, Columbia, Mo., 1976.
33 U.S. Congress 93/1, Committee on Foreign Relations, Senate: Multinational Corporations and U.S. Foreign Policy, Hearings, Part 3, Staff Report, S. 637.
34 Ebd., S. 639.
35 Comptroller General of the United States: Audit of the Overseas Private Investment Corporation, 1972, abgedruckt ebd., S. 612.
36 Vgl. das Statement des Vizepräsidenten der Kaiser Aluminium & Chemical Corporation, Hobbs, ebd., S. 151.

8.3 Der Kongreß und seine Ausschüsse

1 Noch immer grundlegend E. E. Schattschneider: Politics, Pressures, and the Tariff, Englewood Cliffs 1935.
2 Vgl. beispielsweise U.S. Congress 94/1, Committee on Commerce, Senate: Foreign Investment Legislation, Hearings, Washington 1975, sowie Committee on Banking, Housing, and Urban Affairs, Senate: Foreign Investment and Arab Boycott Legislation, Hearings, Washington 1975.
3 U.S. Congress 93/1, Committee on Foreign Affairs, House: Foreign Economic Policy, Hearings, Washington 1973.
4 Siehe den Überblick in Congressional Quarterly: Guide to Current American Government, Washington 1978, S. 18ff.

Bibliographien, Nachschlage- und Referenzwerke

1. Bibliographien

Bemis, Samuel F./Griffin, Grace, G.: Guide to the Diplomatic History of the United States, 1775–1921, Washington 1935.
Council on Foreign Relations: Foreign Affairs Bibliography,
1919–1932, New York 1933
1942–1952, New York 1955
1952–1962, New York 1964
1962–1972, New York 1976.
Reader's Guide to Periodical Literature; an Author and Subject Index, New York (erscheint vierzehntäglich mit zahlreichen Indices).
Recent Books on International Relations, in: Foreign Affairs, (regelmäßig, mit ausgedehntem US-Teil).

2. Nachschlage- und Referenzwerke

2.1 Zur amerikanischen Gesellschaft

2.1.1 Allgemein

The New York Times Index (jährlich).
The Encyclopedia Americana, New York 1977, 30 Vols.
American Council of Learned Societies: Dictionary of American Bibliography, New York 1928; letzte Neuauflage 1964, 10 Vols., außerdem 4 Supplements: 1. 1944, 2. 1958, 3. 1973, 4. 1974.
National Cyclopedia of American Biography, 52 Volumes, 1–50 Ann Arbor 1976, 51 und 52 New York 1969, Index to all volumes, New York 1971.
Who's Who in America, Chicago, zweijährlich.
Department of Commerce: Statistical Abstract of the United States, jährlich.

2.1.2 Wirtschaft

Poor's Register of Corporations, Directors and Executives, jährlich, plus 3 Supplements.
Moody's Banking and Finance Manual (jährlich), New York.
Encyclopedia of Associations. Directory of National Trade and Professional Associations in the United States, unregelmäßig, jedes Mal 3 Bände, 10. Ausgabe Detroit 1975–76.
Dealer's Digest Publishing Co.: The Corporate Financing Directory (halbjährlich) New York.
The Fortune Directory (jährlich in der Ausgabe von Fortune vom 15. Juni).
Forbes Annual Report on American Industry (jährlich in der Ausgabe von Forbes am 1. Januar)

2.1.3 Öffentliche Meinung

Potomac Associates: State of the Nation, Washington (zweijährlich seit 1972).
Louis Harris and Ass.: The Harris Survey Yearbook of Public Opinion, New York, jährlich.
Georg H. Gallup: The Gallup Polls. Public Opinion 1935–1971, New York 1972.
American Institute of Public Opinion: Gallup Opinion Index, monatlich.
American Association for Public Opinion Research (ed.): Public Opinion Quarterly (vierteljährlich), Princeton, N. J.

2.2 *Zum politischen System der USA*

2.2.1 *Legislative*

2.2.1.1 *Amtliche Publikationen*

United States Congress, Committee on Printing: Official Congressional Directory, jährlich (informiert über die Abgeordneten, die Zusammensetzung des Kongresses und der Ausschüsse).

Dasselbe: Biographical Directory of the American Congress, 1774–1971, unregelmäßige Neuauflagen (enthält Biographien aller Abgeordneten).

United States Congress, Senate: Senate Manual, Containing the Standing Rules, Orders, Laws and Resolutions Affecting the Business of the United States Senate (jährlich).

United States Congress, House: Jefferson's Manual and Rules of the House of Representatives of the United States (jährlich).

Clarence Cannon: Cannon's Procedure in the House of Representatives, House Document 122, 86/1, Washington 1959.

Congressional Record (Stenographische Sitzungsberichte).

United States Congress, Committee on International Relations, House, and Committee on Foreign Relations, Senate: Legislation on Foreign Relations, 3 vols. Band 1 und 2 dokumentieren die laufende Gesetzgebung und erscheinen jährlich. Band 3 enthält Verträge und Abkommen, erscheint unregelmäßig (erstmals 1978).

2.2.1.2 *Nichtamtliche Publikationen*

Michael Barone, Grant Ujifusa, Douglas Matthews: The Almanac of American Politics 1978: – The Senators, the Representatives the Governors –: Their Records, States and Districts, Boston 1977.

Congressional Quarterly Inc.:
Congressional Quarterly Weekly Reports (wöchentlich)
Congressional Quarterly Almanac (jährlich)
Congress and the Nation, 1945–1976, 4 Vols.

C. B. Brownson (ed.): Congressional Staff Directory, Alexandria, jährlich (enthält Biographien der Mitarbeiter des Kongresses).

Congressional Information Service: CIS Index (monatlich, jährlich).

2.2.2 *Exekutive*

2.2.2.1 *Amtliche Publikationen*

Office of the Federal Register et al.: United States Government Manual (jährlich).

Department of State: The Biographic Register (jährlich).

Department of State: Foreign Service List (vierteljährlich).

2.2.2.2 *Nichtamtliche Publikationen*

Government Research Corporation: National Journal (wöchentlich), informiert über die wichtigsten Vorgänge vornehmlich in der Exekutive.

Namenregister

Sachregister

(Nach den amtlichen amerikanischen Bezeichnungen alphabetisch geordnet. Die Zuordnungsbegriffe: »U.S.« oder »of the United States« wurden weggelassen. Werden Ministerien angegeben, um die Lokalisierung von Behörden zu erleichtern, so wird dafür die gebräuchliche Abkürzung verwendet, z. B. DoT für Department of the Treasury.)